De

staatsgrens Georgië
provinciegrenzen
overige staatsgrenzen
secundaire wegen
spoor
Kaukasus
RUSLAND
Grozny
Vladikavkaz
Soechoemi
ABCHAZIË
Zoegdidi
Ambrolauri
ZUID-OSSETIË
Koetaisi
Poti
Samtredia
Gori
Telavi
ZWARTE ZEE
GEORGIË
ADZJARIË
Batoemi
Tbilisi
Roestavi
Akhalkalaki
Bolnisi
Kür
TURKIJE
Rize
ARMENIË
AZERBEIDZJAN
0
50
100 km.

Sandra Elisabeth Roelofs

De first lady van Georgië

Het verhaal van een idealiste

ARCHIPEL

Amsterdam · Antwerpen

Eerste druk maart 2005
Tweede druk maart 2005
Derde druk maart 2005

Omslagontwerp: Marjo Starink
Omslagfoto: Leo van Velzen

ISBN 90 6305 170 0 / NUR 681
www.boekboek.nl

Opgedragen aan overgrootmoeder Tamara

Inhoud

Woord vooraf

Als kind heb ik altijd schrijfster willen worden. Ik had vanaf mijn eerste verhaaltje al een pseudoniem: Ardnas Sfoleor. De letters van mijn naam in omgekeerde volgorde. Dat klonk lekker spannend, een beetje Russisch eigenlijk. Schrijven en dan bekend worden. Het is – heel toepasselijk – de omgekeerde volgorde geworden: bekend worden en dan schrijven. Dat geeft meteen een ander perspectief. Dan schrijf je niet de verhalen die je hebt bedacht maar beschrijf je de belevenissen die je bekendheid hebben gegeven: die in Georgië dus.

Dit land hangt in miniatuurvorm al jaren in goud aan een kettinkje rond mijn nek. Ik wil hiermee laten zien dat ik me het lot van het land aantrek. In de Georgische taal is het woord voor echtgeno(o)t(e): 'me-oeghle' oftewel 'medejukdrager'. Deze beeldspraak spreekt me bijzonder aan: zo voel ik het ook, ossen die samen de kar trekken en er stap voor stap beweging in krijgen.

Een boek schrijven over een bepaalde periode in je leven is een prachtige manier van 'overstappen op de volgende trein'. De trein waar je uitstapt rijdt door naar onbekende bestemmingen en jij verbindt je lot aan dat van een trein in een andere richting, op naar het volgende station. Het beschrijven van de turbulente afgelopen tien, twaalf jaar is voor mij een moment van uitbollen, van stilstaan op een tussenstation, al is het maar enkele maanden, om alles op een rijtje te zetten, overzicht te behouden en mijn kompas bij te stellen.

Al schrijvend merk ik dat ik met dit boek veel wil zeggen: bijvoorbeeld dat het bereiken van het presidentschap voor mijn man en mijzelf een heel bewust proces is geweest, weliswaar met een kortere aanloop dan verwacht maar het was geen gebeurtenis die ons plotseling overviel of die ons in de schoot viel. Ook wil ik laten zien dat het o zo belangrijk is om in je woorden en daden te streven naar een evenwicht tussen vorm en inhoud. Idealisme mag de wereld nog niet uit zijn. De sleutel tot succes heb je in eigen hand: een flinke dosis zelfvertrouwen en zelfkritiek, engelengeduld, openheid, doelgericht bezig zijn en blijven geloven dat eerlijkheid het langst duurt en gerechtigheid overwint. En dat alles overgoten met een saus van humor en spontaneïteit. Succes hebben is er klaar voor zijn als de gelegenheid zich voordoet.

Men zegt wel dat de top bereiken eenvoudiger is dan er blijven. Wij staan dus nog voor heel wat uitdagingen en... zetten onze schouders er onvermoeibaar onder. Het is een heuse eer om als ossen voor de kar te staan van een land als Georgië en een volk als de Georgiërs dat zoveel beter verdient dan wat het het afgelopen decennium heeft moeten doorstaan. *Sakartvelos gaumardjos!*: Moge Georgië de overwinning behalen!*

*Traditionele heildronk aan de Georgische tafel.

1 ‘Groetjes uit het gekke, groene Georgië’

In 1992 zette ik voor het eerst voet in Georgië en wel in Soechoemi, hoofdstad van de regio Abchazië die vandaag de dag buiten het gezag van de Georgische regering valt. Wij, behalve ik nog twee Vlaamse broers die ik uit mijn studententijd in Brussel kende en een Russische tolk-vertaalster, zetten in een zwoele zomernacht voet op Georgische bodem.

Contact met een hartelijke Georgiër die bijverdiende in Moskou had tot een uitnodiging naar het Georgische platteland geleid op voorwaarde dat hij groentezaden uit Nederland zou krijgen. De trein uit Moskou had een immense vertraging opgelopen, vooral op het laatste stuk door Abchazië. Het spoor was vernield, er werd met stenen gegooid. Als nietsvermoedende toeristen geloofden we onze gastheer uit Koetaisi op zijn woord dat het kwajongenstreken betrof. Vanuit Soechoemi reisden we door met een boemeltreintje dat ‘elektritsjka’ genoemd werd naar Koetaisi, de tweede stad van Georgië, een land bijna twee keer zo groot als Nederland met vijf en een half miljoen inwoners en voor zeventig procent bestaand uit berggebied. Koetaisi is een stad met driehonderdduizend inwoners, gelegen aan de rand van de zogenaamde *groene driehoek*, een subtropisch gebied in West-Georgië met een oppervlakte van 12.000 km^2 en zich uitstrekkend van de Zwarte-Zeekust met havens als Poti en Batoemi tot aan Koetaisi, en waar men palmbomen, thee, citrusvruchten, tabak en subtropische begroeiing kan vinden. We rolden Koetaisi pas om vijf uur ’s morgens binnen. Oververmoeid reden we per mini-vrachtwagen het erf van het woonhuis op en werden we verzocht aan te schuiven aan een, jawel, gedekte tafel. De eerste verbazing. Na het ‘diner’ zo in de vroege ochtend kregen we de bovenverdieping toegewezen, de dames ieder een aparte kamer, de gebroeders samen in een groot bed waarvan de veren ongeveer tot op het parket hingen. Het mocht niet deren. Wij sliepen als rozen. De muren hadden zachte pasteltinten en op het plafond zaten kitscherige krullen. Er hingen foto's van gestorven grootouders en in de muur zaten angstwekkende barsten van een aardbeving. Het gezin zelf, bestaande uit vader, moeder, twee tienerzonen en hun opa trok zich tien dagen lang in de kelder terug. Overdag aten we buiten aan een kleine houten tafel. Er was vaak geen water en we behielpen ons met pannetjes waarmee uit volle noodemmers geschept werd.

We waren niet met lege handen gekomen: een Nederlandse zadenfirma had tientallen kilo's groentezaden aangeboden, die Hans en Johan in grote rugzakken hadden meegetorst via Moskou. De zadenfirma beschouwde dit als een zogenaamd *pilot project* om te weten te komen welke tomaten-, komkommer- en bonenzaden het beste zouden gedijen in dit subtropische klimaat. Het waren zogenaamde professionele en daardoor zeer kostbare zaden. In de zijvakken van de loodzware rugzakken zaten petjes, pennen, sleutelhangers en stickers om uit te delen: Royal Sluys deed zijn intrede in Imereti, de provincie waarvan Koetaisi de hoofdstad is.

De tien dagen die we in Imereti verbleven maakten een onuitwisbare indruk op ons allemaal, al was onze Russische tolk Natasja soms wat cynisch. Dat begon al in de trein toen ik mijn best deed me het Georgische alfabet eigen te maken. 'Wat wil je daar nu mee?' vroeg ze. 'We gaan toch maar tien dagen, dat is toch de moeite niet?' Maar ik ben een talenmens en vond het heerlijk om de letters op de gevels en de borden te kunnen ontcijferen en mijn naam te kunnen schrijven.

Uit de Griekse mythologie kennen we de held Jason, die in de dertiende eeuw vóór Christus vanuit Griekenland met zijn schip de *Argo* via de Dardanellen en de Bosporus de havenplaats Phazis (het huidige Poti) aandoet en zo het koninkrijk Kolchis (in het huidige West-Georgië) binnenvaart. Hij gaat er op zoek naar het Gulden Vlies dat het geheim van goudwinning in zich draagt en wordt daarin bijgestaan door de Kolchische koningsdochter Medea die magische krachten bezit. De medische wetenschap zou haar naam aan Medea te danken hebben. Jason en zijn geliefde

Medea overwinnen koning Aeëtes en keren na vele beproevingen met het Gulden Vlies naar Griekenland terug.

De benaming 'gulden vlies' komt hoogstwaarschijnlijk van de schapenvachten die naar oude Kolchische gewoonte in bergrivieren werden gelegd om stofgoud op te vangen en vervolgens te drogen werden gehangen en prachtig blonken in de zon. Tot de elfde eeuw is Georgië nooit een eenheid geweest maar altijd opgedeeld tussen het aanvankelijk onder Griekse invloed staande Kolchis en het Perzische Kartli (hedendaagse Oost-Georgië). Beide staatjes werden door de eeuwen heen voortdurend binnengevallen door Perzen, Romeinen, Arabieren en Byzantijnen. Van de elfde tot begin dertiende eeuw van onze jaartelling kende Georgië haar Gouden Eeuw. Het strekte zich toen uit tot de Kaspische Zee en zuidelijk tot in het huidige Armenië en was een welvarende staat. Daarna verzwakte Georgië echter aanzienlijk ten gevolge van Mongoolse invallen (1220) en de pestepidemie. De val van het Byzantijnse rijk in 1453 sneed Georgië af van Europa waardoor het de Renaissance en de Verlichting misliep. Georgië viel vervolgens weer uiteen in diverse staatjes en werd overheerst door Perzen en Ottomanen.

In 1801 lijfde Rusland het huidige Oost-Georgië als een provincie bij het tsarenrijk in en in de halve eeuw die daarop volgde werden ook alle westelijke regio's onder de Russische knoet gebracht wat minder religieuze en politieke vrijheid betekende. Georgië werd onder Russische overheersing wel weer één administratief geheel en kreeg toegang tot Russische universiteiten waar de opkomende Georgische intelligentsia kennis kon nemen van westerse denkbeelden en trends zoals naturalisme en romantiek die Georgische dichters als Alexander Tsjavtsjavadze, Nikoloz Baratasjvili en Vazja Psjavela beïnvloedden. De beroemde Georgische schrijver Ilja Tsjavtsjavadze speelde in de tweede helft van de negentiende eeuw als vrijheidsstrijder een belangrijke rol in het aanwakkeren van nationale gevoelens. Hij wilde autonomie voor de *Tifliskaia* en *Kutaiskaja goebernia*'s bereiken en dat leidde tot een korte onafhankelijkheidsperiode van 26 mei 1918 tot 1921. In mijn Georgische postzegelverzameling heb ik enkele postzegels uit deze eerste periode van onafhankelijkheid die de Georgiërs eind jaren tachtig als inspiratiebron gebruikten bij hun strijd om de onafhankelijkheid, die op 9 april 1991 een feit werd. De eerste verkozen president werd Zviad Gamsachoerdia, zoon van een beroemd historische-romanschrijver Konstantin Gamsachoerdia.

Of we nu wel of niet geïnspireerd waren door het mythische verhaal van de Argonauten, we waren wel allemaal vol van de slingerende paden door de groene heuvels met hun prachtige begroeiing, de vele historische bouwwerken en middeleeuwse kerkjes op toppen van heuvels badend in het gouden licht van de avondzon, de gastvrijheid van de breeduit lachende, zingende en dansende Georgiërs, de rijkelijk gevulde tafels... Op het ansichtkaartje dat ik naar huis stuurde schreef ik: 'Groetjes uit het gekke, groene Georgië'. Het heeft jaren op de tegels van de keukenmuur in Terneuzen gehangen tot het verbleekte en ik allang in Georgië woonde. Op de voorkant staat een foto van het kloostercomplex Gelati, waar in de tiende eeuw een academie huisde en waar nota bene bijna een eeuw geleden Misja's betovergrootvader Iosef Tsereteli priester was geweest. Ruim tien jaar na mijn eerste bezoek aan Georgië legde mijn man de eed af op het graf van de middeleeuwse koning David de Bouwer toen hij tot president van Georgië verkozen was.

Na mijn thuiskomst in Brussel pakte ik de draad weer op maar was toch niet meer zo tevreden met mijn leventje als tolk-vertaalster Frans en Duits en ging op zoek naar nieuwe uitdagingen. Mijn hele leven gebruiksaanwijzingen, brochures en rechtszaken vertalen bleek te weinig bevredigend. Als mijn enige verzetje de correspondentie was met een gevangene die als drugskoerier voor vijf jaar de bak indraaide en het tot gevangeniskok in Oudenaerde schopte, dan had ik het wel gezien. Vertalen is en blijft een passieve bezigheid en ik kon er mijn creativiteit, organisatietalent en maatschappelijke bewogenheid niet voldoende in kwijt.

Op een goede dag stapte ik dan ook naar de Vlaamse afdeling van het Belgische Rode Kruis en kreeg een redactionele vrijwilligersbaan aangeboden bij de 'Dienst Internationale Aangelegenheden' die kort daarna omgedoopt zou worden tot het wat dynamischere 'Dienst Internationale Acties'. Ik kon goed met mijn collega's overweg en kreeg dat jaar twee mooie kansen om op een andere manier kennis te maken met de internationale Rode-Kruisbeweging: ik deed een basiscursus in het Belgisch-Limburgse dorpje Neerpelt voor toekomstige Rode-Kruisafgevaardigden en werd een betaalde coördinator van een cursus voor Franssprekend medisch personeel van Nationale Rode-Kruisverenigingen overal ter wereld. Ik stond daarbij in voor logistiek en boekhouding. Dat betekende met een grote witte Rode-Kruisjeep op de luchthaven van Zaventem artsen en verpleegkundigen ophalen die aan kwamen vliegen uit Rwanda, Burundi, Mali, Mauretanië, Peru, Zwitserland, Canada, ze begeleiden naar het Vlaamse Elewijt waar de cursus plaatsvond, dagvergoedingen uitbetalen, uitstapjes organiseren en zorgen dat een ieder zijn materiaal, tickets en dergelijke op tijd had.

Op een dag nam ik een deel van de groep in de grote jeep mee naar het Minnewater in Brugge en naar mijn ouderlijk huis in Terneuzen waar we met ons veelkleurig vrolijk gezelschap 's avonds aanschoven.

Ik kreeg steeds meer zin om me als ontwikkelingswerker in een van hun landen in te zetten en hoopte dat mijn baas Jo Wouters van het Vlaamse Rode Kruis me op de lijst zou zetten voor een interessante missie. Net voor de zomer van 1993 kreeg ik te horen dat mijn curriculum vitae opgestuurd was naar Genève om als 'dissemination officer' een kans te maken voor een missie naar Somalië waar het in 1993 behoorlijk rommelde. Ik begon me daar psychologisch op voor te bereiden, las boeken als *De hoorn der waanzin* van Els De Temmerman en vroeg me af wanneer ik antwoord uit Genève zou krijgen.

In het Rode-Kruisblaadje waarvoor ik nog steeds wekelijks redactioneel werk deed, stuitte ik op een advertentie voor een cursus mensenrechten in Straatsburg. De inschrijftermijn was al verstreken, maar ik vroeg het Rode Kruis of ze een aanbevelingsbrief voor me wilden schrijven als ik op eigen kosten deel zou nemen aan die maandcursus. Het leek me een goede voorbereiding op mijn komende missie. En zo geschiedde. Begin juli 1993 nam ik de trein naar Straatsburg, mijn lotsbestemming tegemoet, ik zou er mijn Georgische prins op zijn witte paard ontmoeten met een roos in de hand...

Die ontmoeting vond plaats in de 'refter' oftewel het universiteitsrestaurant. De cursus was enkele dagen aan de gang en ik had al wat studiegenoten leren kennen. Toen ik met mijn volle dienblad van de kassa naar de tafels liep koos ik een lege tafel voor vier personen uit. Toen ik mijn soep naar binnen begon te lepelen kwam er een lange jongeman in donkerblauwe broek, overhemd met korte mouwen en een sjaaltje om de hals wat onwennig schuin tegenover me zitten. We hielden elkaar in de gaten maar hij noch ik gaf een kik. Een elegante jongeman, dacht ik bij mezelf, waarschijnlijk een Fransman. Kort daarop kwam een andere lange jongeman tegenover mij en naast 'de Fransman' zitten, zijn naam was Øyvind en hij kwam uit Noorwegen. Met hem had ik wel al eens gesproken. De vierde die met haar dienblad aanschoof was een Spaans meisje, Rocío. Haar kende ik ook uit mijn groep. Het was Øyvind die een babbel begon. Hij vroeg 'de Fransman' waar hij vandaan kwam waarop hij datgene antwoordde wat ik tien jaar lang tot in den treure zou herhalen voor de Georgische pers: 'I am from Georgia, but not Georgia in America.' Ik verslikte me bijna in mijn soep. Ik was daar immers geweest! Ik zei gauw: 'I know, I have been there last year!' Toen was het Misja die bijna van zijn stoel tuimelde. En ik vertelde hem dat ik tien dagen in Koetaisi was geweest, dat het een prachtig land was maar dat ze er wel wreed voor honden waren. We hadden een gespreksthema en wat voor één! Øyvind en Rocío kwamen er niet meer tussen en 's avonds zat ik met Misja op de gang van het studentencomplex Georgische woordjes te herhalen en letters op te schrijven. Ik kon me, tot grote vreugde van Misja, nog wat woorden en uitdrukkingen herinneren. Ook kon ik na een jaar nog tot zes tellen, het aantal ogen van een dobbelsteen die we bij 'nardi' gebruikten, de Georgische benaming voor het populaire backgammonspel. Het geluid van de minuscule dobbelsteentjes die tegen de rand van het speelbord ketsen vind ik een van de fijnste geluiden die bij een zwoele Georgische zomeravond horen. Het is een heuse 'ik hoor je wel maar ik zie je niet'-ervaring: je laat je blik glijden langs de typische in elkaar overlopende balkonnetjes van de zogenaamde 'Italiaanse' binnenhoven of je probeert achter de open ramen twee

Georgiërs met gebogen ruggen te ontwaren, maar altijd vergeefs: ze blijven onzichtbaar voor het oog.

Samen beklommen we diezelfde dag de kathedraal van Straatsburg waar hij foto's van mij maakte met een authentieke Zenith-fotocamera. Aan het einde van de maand wisselden we adressen en telefoonnummers uit en keerden naar huis terug, hij naar Tbilisi, ik naar Brussel en beiden tot over onze oren verliefd.

Misja zou enkele weken later via Frankfurt naar New York vliegen om aan een postuniversitair jaar Master of Law aan Columbia University te beginnen. Ik moest en zou hem zien voordat hij de grote plas overstak en nam vanuit Brussel de trein naar Frankfurt alwaar ik op een uren vertraagde vlucht uit Tbilisi moest wachten. Het was in die tijd namelijk zo dat het vliegtuig wel vertrok uit Tbilisi maar vanwege de schaarste slechts voor een uur vliegen brandstof bij zich had en dus vanuit de lucht moest onderhandelen met bijvoorbeeld de verkeerstoren in Grozny, Tsjetsjenië om daar een tankstop te maken.

In de aankomsthal sprak ik een man aan die arts bleek te zijn en er erg Georgisch uitzag. Ik vroeg hoe ik mijn geliefde in het Georgisch zou kunnen verwelkomen en hij leerde me het woord 'dzvirphaso' wat 'dierbare' betekent en eigenlijk helemaal niet past in de woordenschat van een verliefd stel. Misja's tussenstop in Frankfurt werd omgetoverd in een overnachting en een spontane treinreis naar Nederland. Aangezien het Schengenverdrag toen nog niet gold mocht Misja eigenlijk niet de grens over zonder visum voor Nederland maar daar had ik wel een oplossing voor. Toen we de Nederlands-Duitse grens naderden kroop Misja in de bagageruimte. Even was het spannend, maar niemand kwam ons controleren. Op het Zeeuws-Vlaamse strand van Cadzand-Bad, de zuidelijkste badplaats van Nederland waar mijn ouders een vakantiehuisje aan de duinen hebben, beloofden we elkaar te zullen vechten om samen te zijn. Die avond dineerden we bij mijn vader en moeder in Terneuzen die natuurlijk ontzettend verbaasd maar toch aangenaam verrast waren dat ik hun mijn Georgiër – op doorreis naar Amerika – voorstelde.

Voor eind augustus had ik een veertiendaagse vakantie naar Griekenland gepland, naar het schiereiland Chalkidiki nabij Thessaloniki waar mijn vriendin Eleni woonde die ik jaren tevoren had leren kennen op een zomercursus Frans in Boulogne-sur-Mer en met wie ik was blijven schrijven.

Frans is altijd mijn lievelingstaal geweest en op de lagere school werd buiten schooltijd voor de hogere klassen Franse les gegeven waar ik ontzettend mijn best voor deed. Ook mijn opa Roelofs was altijd in de weer met conversatiegidsen Frans zodat de belangstelling al vroeg gewekt was. Omdat ik zo wegliep met de Franse taal hadden mijn ouders me toen ik zestien jaar was in mijn uppie naar een cursus Frans in Straatsburg laten gaan en het jaar erop naar Boulogne-sur-Mer. Voor die tijd was dat heel progressief, we spreken zomer 1984. Uit mijn klas was ik de enige die alleen naar het buitenland mocht. Die twee zomers maakte ik niet alleen (pen)vrienden voor het leven maar leerde ik ook hoe het is om helemaal voor jezelf te moeten zorgen en verantwoordelijk te zijn. Het gaf het nodige zelfvertrouwen en de zelfkennis die je zo nodig hebt in je studententijd, later.

Uitkijkend op de Egeïsche Zee vanaf het balkon van Eleni's zomerhuisje – met een voet in de lucht waar door haar moeder de stekels van een zeeëgel uitgehaald werden – besefte ik dat ik fysiek daar aanwezig was, maar er met mijn gedachten absoluut niet bij was. Ik schreef ook aldoor Georgische letters in het harde zand, leerde woordjes uit een schrift en mijmerde op een terrasje bij Stings 'How fragile we are'. Ik zag ertegenop nog een week te moeten blijven en ondanks Eleni's 'try to relax' stond ik op een ochtend mijn koffer te pakken om een week eerder dan gepland te vertrekken. Mijn vliegticket was al het allergoedkoopste geweest en dus had ik erg weinig kans om het zonder extra kosten om te zetten. Ik kon echter niet anders en schopte op het vliegveld een scène door te beweren dat mijn zus (die ik niet heb) in het ziekenhuis beland was en ik zo snel mogelijk naar huis moest terugkeren. Wonder boven wonder mocht mijn bagage aanvankelijk mee, maar later werd ik uit de wachtruimte weggeroepen om mijn koffer te gaan identificeren en weer terug te nemen, de vlucht zat vol! Ik huilde tranen met tuiten. Door een speling van het lot kreeg ik op het laatste moment toch de kans om, zonder ook maar iets bij te betalen, mee te vliegen. Op Zaventem rende ik van 'Arrivées' naar 'Départs' en reserveerde ik bij de eerste de beste balie een ticket naar New York. Wat zou Misja blij zijn als hij hoorde dat het me gelukt was. Ik handelde in een roes, in een opwelling, maar had niet anders gekund. Terug thuis in de Dansaertstraat in Brussel waar ik met koffers naar binnen ging en met koffers meteen weer naar buiten kwam, ging ik bij mijn bank langs en plunderde mijn rekening. Ik nam de eerste vlucht naar New York, voor mij tevens de eerste transatlantische vlucht van mijn leven. Net voor vertrek lichtte ik mijn moeder in over mijn plotse terugkeer en *rerouting* richting Misja. Zij antwoordde dat ze niet anders had verwacht, wat mij dan weer zeer verbaasde.

Mijn moeder, Magdalena van der Poel, geboren in 1943 in het dorpje Lamswaarde in 'het land van Hulst' is een gevoelige schorpioen. Ze is praktisch ingesteld, tennist en fietst veel, en is bijzonder creatief. Zij studeerde aan de Kunstacademie in Breda en pakte haar artistieke loopbaan pas weer op toen mijn broer Egbert en ik pubers waren en ze weer wat meer aan zichzelf toekwam. Via keramiek en tekenen kwam ze toen uit op aquarelleren waarin ze een ware meesteres bleek. Ze rondde een schilderopleiding af aan de Kunstacademie in het Oostvlaamse Eeklo, hartje Meetjesland. Nu heeft ze vaak tentoonstellingen in Zeeland en maakt ze ook aquarellen in opdracht.

Mama brengt gezelligheid in huis: bloemen, schilderijen, gedroogde vruchten, takjes of een bloemstukje dat het seizoen aangeeft. Maar ook de werktafel met een Georgisch kleed eroverheen, de poes erbovenop en een opengeslagen boek met Russische woordjes of ontwerpen voor een kerstkaart of affiche voor het kerkkoor waarvan ze al tientallen jaren trouw lid is.

Zodra ik goed en wel mijn gedachten op papier kon formuleren schreef ik, als ik ergens mee zat, op een kringloopkladblok van Coca-Cola brieven voor het slapengaan aan mijn moeder. Ik legde het kladblok open op haar nachtkastje. De eerste brief schreef ik in rode vilstift na een huilbui toen ik elf jaar was. Ik had in een boze bui gezegd dat ik zo gauw ik kon het huis uit zou gaan en op mezelf zou gaan wonen. Ik had er spijt van en bood al schrijvend mijn excuses aan. Eronder tekende ik een huilende Sandra met een zakdoek. Mama schreef dan altijd een rustig briefje terug in haar zwierige handschrift, meestal vrij kort. Dat vond ik dan bij het wakker worden op mijn nachtkastje zodat ik de dag met een goed advies en naar mijn gevoel schone lei kon beginnen. Die kladblokken hielpen me het begin van mijn puberteit door en ik heb ze dan ook zorgvuldig bewaard. De 'Poelen' noem ik altijd de rustige, introverte, beschouwende tak van mijn familie.

Van vaders kant komen mijn extraverte trekjes. Het is duidelijk dat daar Vlaams bloed tussen zit. Mijn oma, Yvonne Heijse, was Belgische, een gezelligheidsmens met vijf dochters en twee zonen. Ze belde ze elke dag allemaal op en verwende haar vijftien kleinkinderen met zoete lekkernijen. Mijn vader, Eduard Florimundus Albertus, een prachtig klinkende naam, was haar eerste zoon na al die dochters en daarom heeft hij nooit iets in het huishouden hoeven doen. Hij kan een eitje bakken en spaghetti opwarmen maar vooral vaak vragen wanneer het eten klaar is.

Mijn vader werd op 31 december, een uur voor Oudjaar 1943, geboren in het dorpje Sint-Jansteen, ook nabij Hulst. Mij werd altijd verteld dat dat tussen de bombardementen door gebeurde en de weeën tijdens het strijken begonnen, maar dat verhaal zal wel aangedikt zijn. Mijn vader wilde iets van de wereld zien en studeerde aan de Michiel de Ruyter-Zeevaartschool in Vlissingen. Hij voer midden jaren zestig op de Grote Vaart en nam voor mijn moeder sieraden mee van de Benedenwindse eilanden of van Kaap de Goede Hoop. Toch is hij uiteindelijk aan wal gebleven om een gezin te stichten en zijn vader als makelaar in onroerende goederen op te volgen. Hij is al vijfendertig jaar succesvol makelaar in Zeeuws-Vlaanderen en doet zijn werk nog altijd met plezier.

Toen ik een jaar of tien was zocht ik voor mijn vader wel eens telefoonnummers op in het telefoonboek. Dat waren nummers van mensen die zelf hun huis in de krant te koop aanboden. Mijn vader wilde ze dan als makelaar benaderen om eventueel te bemiddelen. Als ik het nummer gevonden had rende ik er uitgelaten en triomfantelijk mee naar mijn vader die er in een krabbelhoekje van zijn eeuwige Succes-agenda een notitie van maakte.

Makelaar aan wal, maar de zee bleef trekken, we hebben dan ook jaren gezeild en aan de Westerschelde gewoond. Toen mijn broer en ik nog op de lagere school zaten hadden we een zeilboot, een schakel waarmee we op de Otheense Kreek in Terneuzen met het hele gezin zeilden. Onze boot heette 'Roel' vanwege onze achternaam. Toen we overgingen op een UFO-zeiljacht van 27 voet en we de Kreek inruilden voor de Noordzee en Waddenzee werd de naam aangepast tot 'Razende Roel'. Toen mijn ouders vijfentwintig jaar getrouwd waren maakte ik een gedicht over het Razende-Roelgevoel (1992):

Vaak denk ik nog aan jaren terug
Met zijn vieren in de Roel
Vier meter lang,
één meter breed
Een hele middag op de poel

Gesmeerde broodjes, breiwerk, boeken
Het was één groot avontuur
Maar pappa bleef naar boeien zoeken
En dus besloot hij op den duur

De echte zee te gaan bezeilen
Veel groter dan die poel
De nieuwe boot was twee keer groter
Hij heette de Razende Roel

Uren met zijn vieren
De vrouwen aan de lieren
De mannen aan de zeilen
En zo voeren we... mijlen

Dat 'samen sterk'-gevoel
Tegen wind en water
Het Razende-Roelgevoel
Heb ik nog steeds
En ik voel me dan heel veilig...

Veel van zijn vrije tijd besteedt Eduard sr. vooral op de fiets: wielrennen was en is de lust van zijn leven. Er gaat geen halve week voorbij of hij rijdt met wat vrienden zeker honderd kilometer richting Belgische grens. Een gebroken sleutelbeen en laatst een lichte hersenschudding nemen we op de koop toe.

Sport en een gezonde levensstijl is het motto van mijn beide ouders. Zij geven al jaren niet meer om vlees, pakken liever de fiets dan de auto en snoepen en drinken met mate. Na het middageten heeft mijn vader de naar mijn mening gezonde gewoonte een uurtje in te dommelen voordat hij opnieuw naar zijn kantoor gaat. Vroeger kroop ik dan op zijn schoot in de diepe donkerbruine ribfluwelen zetel en probeerde ik mijn ademhaling op de zijne af te stemmen. Het was zo'n veilig gevoel bij hem op schoot. Die fauteuil stond naast de radio en de televisiekast. Onze televisie stond met het scherm naar de muur opgeborgen in een kast en werd elke avond op een houten bankje gezet om het nieuws te kunnen zien. Dan bleef hij meestal voor sport of voor een film of quiz aanstaan en was dan 's morgens als wij beneden kwamen weer in de kast verdwenen. Mijn vader was altijd strenger dan mijn moeder, had en heeft een zakelijke aanpak, is minder goed in het uiten van emoties. Mijn vader en ik hebben beiden steenbok als sterrenbeeld.

Eduard en Magdalena kennen elkaar sinds het tweede jaar middelbare school en zijn op 22 december 1967 voor de katholieke kerk getrouwd (een dag na de geboorte van mijn man). Een jaar en een dag later, 23 december 1968, kwam ik.

Mijn broer Egbert is twee jaar jonger dan ik, een waterman. Wij speelden altijd veel samen, maar konden af en toe ook flink aan elkaars haren trekken. Samen tennissen, volleyballen, badmintonnen, skiën en vrijzwemmen op zondagochtend. Op zijn zestiende en mijn achttiende mochten we van mijn ouders voor onze eindexamens op Interrail en doorkruisten we een maand lang Europa tot en met Italië, Griekenland en zelfs Turkije om onze penvrienden te ontmoeten. We konden het ontzettend goed met elkaar vinden. Daarna ging ik naar Brussel om er te studeren, maar mijn studietijd was – zeker in het begin – een kwestie van donderdagavond met de trein naar Gent waar mijn ouders me op kwamen halen en maandagochtend weer terug. Zo kon ik toch vier nachten per week lekker thuis in Zeeuws-Vlaanderen doorbrengen en alle nieuwe leerstof rustig verwerken. Ik volgde de raad van een prof te laat op: het 'plongez dans un bain de français' kwam pas in de licentiejaren. Egbert rondde de havo af en bereidde zich fysiek voor op het toelatingsexamen voor de Sportacademie in Tilburg. Omdat hij geen leraar lichamelijke opvoeding wilde worden brak hij zijn studie af. Tot zijn opluchting was de militaire dienstplicht in die tijd net afgeschaft. Hij koos voor een economisch-linguïstische vervolgstudie. Zijn reislust zette hij om in een tweeënhalf jaar lang durende wereldreis via de Kaukasus, Azië, Australië naar Zuid-Amerika. Onderweg werkte hij waar hij kon. Mijn broer is iemand die aan zijn principes vasthoudt en zich niet 'laat leven'. Hij woont en werkt momenteel in Parijs.

Over 'geleefd worden' gesproken, men kan er in Nederland (verdorie) wat van de laatste tijd! Hoe langer ik in Georgië woon en uit Nederland weg ben, hoe meer het me opvalt tijdens de bezoeken. Het consumentengedrag, want alles draait immers om consumeren, wordt ontzettend gestuurd. Afwijkend of uitzonderlijk gedrag wordt meteen bestraft met een hogere prijs of het wordt je zo moeilijk gemaakt dat je je wel moet schikken. O wee als je met een briefje van 100 euro tien minuten voor vertrektijd van jouw trein het station komt binnenwandelen. Die trein kun je op je buik schrijven. Je moet ofwel kleingeld ofwel een chipknip of een of andere betaalkaart op zak hebben voor de ticketautomaat, ofwel je schuift in de rij met ouderen, toeristen en allochtonen die zich wat onwennig aan het oriënteren zijn in het Travel Center. Als je dan uiteindelijk aan de beurt bent rekenen ze je een halve euro extra voor het feit dat je geen abonnement hebt of geen ticketautomaat kunt of wilt gebruiken en nemen ze vervolgens je 100 euro-biljet doodleuk niet aan. Wee je gebeente als je in Nederland je zaakjes niet geregeld hebt, liefst via een 'package' of aanbieding en bij voorkeur via internet of je mobieltje. Als ik zoiets meemaak dan wil ik terug naar Tbilisi waar je nog aan een loket een leuk praatje kunt maken met een vrouwtje dat al dertig jaar treinbiljetten uitschrijft en met een liniaaltje het tweede deel van je biljet er afscheurt. En die trein die wacht wel op je als je het lief vraagt! Natuurlijk is het fijn dat treinen op tijd rijden en je overal van op aan kunt – als je tenminste weet hoe je het moet regelen en je burgerrechten kent – maar mag het een ietsje spontaner en menselijker en mogen we ons in iets bredere rijstroken bewegen? Je gaat je anders bijna een bestuurbaar object, ja, bijna een robot voelen en zover willen we het hopelijk toch niet laten komen? 'Te veel verkeersborden op je pad' noem ik dat. Je kunt geen stap zetten of je wordt op basis van een zwart-witkeuze naar het volgende speelveld gestuurd. Maar tussen zwart en wit bestaan zoveel tinten grijs. Om die nuances, die het leven juist zo interessant maken, te begrijpen heb je mensen en geen machines nodig.

Maar dit terzijde...

Kortom, ik had een fijne, sportieve, breedgeoriënteerde jeugd in een hecht roomskatholiek gezin aan de zuidelijke rand van Nederland. Een duidelijke voorkeur voor andere talen en culturen vermengd met een gezonde dosis maatschappelijke bewogenheid die ik langzaam maar zeker opvoerde. Fijne, liefdevolle en veilige jeugdjaren vormen de basis voor een volwassen leven met de broodnodige veerkracht.

2 Verliefd, verloofd, getrouwd. Eerste jaren in Amerika (1993-1995)

'We hebben kakkerlakken, zoals op vele plaatsen in Amerika. Misja heeft vorig jaar in Kiev Chinees geel krijt gekocht en nu heeft hij overal in en rond de keukenkast waarin ze zitten krijtstrepen getrokken. Toen ik net in een van de kastjes keek, dacht ik een nieuw soort insect te zien, tot ik door had dat het een kakkerlak was die in aanraking gekomen was met het Chinese krijt, misschien heeft'ie het gegeten of is 'ie erdoorheen gelopen. Hij was helemaal lichtgeel en liep in slalom. Misschien wel stuiptrekkingen, ik heb hem toen gauw uit zijn lijden verlost. Voor de rest zag ik er geen een, ze zijn hoogstwaarschijnlijk in vergadering om een nieuwe tactiek te bespreken tegen het Chinese gif. Gelukkig zijn we hier binnen vijf dagen weg.'

Deze insecten kropen door ons eerste echte onderkomen in *uptown* Astoria, Queens, een Grieks district in Oost-New York. Vanaf Columbia University was Astoria een heel eind met de *subway*, vervolgens drie straten door lopen en daar woonde onze Griek, Jimmy, die zijn kelder verhuurde voor enkele honderden dollars per maand.

Voor we deze kelder in doken – gewapend met Chinees gif en populaire 'motels' oftewel gifdoosjes met de prachtig gevonden kreet erop: 'They check in and they never check out!!' – hadden we de eerste weken bij de Universiteit in de buurt in een heel goedkoop hotel overnacht. De allereerste dag kocht ik wat hard-plastic borden en ingrediënten voor een Griekse fêtasalade, maar Misja, die niet van tomaten houdt, at er niet van en dat was een enorme teleurstelling voor me.

Onze Griekse kelder kreeg licht door een lichtgat met glas ervoor, maar een raam kon je dat met goed fatsoen niet noemen. Jimmy's vuilcontainer stond er bovendien pal voor en elke dag gooide hij daar met behoorlijk wat lawaai zijn afval in. Dwars door de kelder, pardon kamer, liepen verwarmingsbuizen waaraan we stropdassen, riemen en sjaaltjes hingen. Die verwarmingsbuizen waren meestal toch niet warm, want Jimmy stookte niet veel. Als we het koud hadden en dicht tegen elkaar aan kropen riepen we wel eens heel hard 'Jimmy!!!!' Een grote matras op de grond, een keukenblok en een toilet dat niet altijd optimaal doorspoelde, *that was it.* Ik vrolijkte de boel wat op met Unicefposters en ansichtkaartjes. Toen ik een keer bij het grof vuil een tafel zag staan nam ik hem mee, schuurde hem wat op en lakte hem wit. Trots dat we erop waren! Wat je noemt van nul af beginnen!

Op de hoek van de straat haalden we in de Deli (kruidenier) ons goedkoop fabrieksbrood, wat plakjes ham of kaas en vooral bananen, voedzaam en spotgoedkoop. 'Loesje' zegt zo leuk: 'Aan het einde van mijn geld heb ik nog een stukje maand over.' Dat stukje maand aten we dan brood met als beleg geprakte banaan.

Na mijn allereerste bezoek aan Misja in New York, in 1993, stak ik opnieuw de grote plas over en bleef ik vijf weken bij mijn ouders. Het afscheid met Misja was hartverscheurend, ik wilde niet weg maar moest toch van alles regelen in Nederland en België om daarna voor langere tijd terug te kunnen komen. Thuis speelde ik met kitten Saartje die mijn moeder voor haar vijftigste verjaardag kreeg, schreef brieven aan Misja en probeerde te wennen aan het idee dat ik voor grote veranderingen in mijn leven stond. Op zulke momenten is het zo belangrijk dat je met je verleden 'in het reine' komt. Dat geeft rust, orde en overzicht. Ik noem dat mijn 'Vergangenheitsbewältigung', in vrije vertaling 'om kunnen gaan met wat achter je ligt'. Alle spulletjes, alle foto's gaan nog eens door je handen en je beseft wat je hebt gezocht en bereikt. Op mama's verjaardag schreef ik dan ook als vijfentwintigjarige dankbare Sandra een emotionele brief waarin ik voelde aankomen wat die veranderingen in mijn leven allemaal teweeg zouden brengen.

'Als je een gebeurtenis of een reis niet tot het einde toe hebt verwerkt en doordacht, heb je hem eigenlijk niet beleefd. Daar hoort elk stadium bij: erover praten, erover huilen, erover lachen, terugdromen, opnieuw angst

voelen, beschrijven en archiveren in het fotoalbum. En als ik de foto's zie dan denk ik: Kijk, dat was een vergissing of een teleurstelling, maar wat ben ik blij dat ik het meegemaakt heb. En wat heb ik er toch weer van geleerd of wat heb ik er toch door kunnen ontdekken en reizen, wat me later altijd weer tot nut is geweest. Ik heb geen spijt en ik ben er altijd levend van afgekomen. Ik ben gelukkig, blij, optimistisch en nog geen tikkeltje minder levenslustig. Ik wil de hemel nog bestormen! Ik wil koningin of heldin van Georgië worden, ik wil een historische wending aan ontwikkelingshulp geven, ik wil mijn levenslust kunnen doorgeven aan mijn kinderen. Dat is een heleboel. (...)

Natuurlijk zijn jullie bezorgd. Bezorgdheid is pure liefde. (...) en dat is toch uiteindelijk het doel: dat jullie me gelukkig zien. Tot nu toe is dat vijfentwintig jaar lang gelukt. Ik ben nooit lang ongelukkig geweest, dan gaf ik weer een nieuwe draai aan het leven om het gelukkiger te maken. Waarom zou dat de komende vijfentwintig jaar ook niet lukken? Ik heb een goede en stevige opvoeding en een prima opleiding achter de rug waarop ik terug kan vallen. (...) Ik bepaal zelf de loop van mijn leven en voel me daar in mijn eentje sterk genoeg voor. Zoals ik jullie al heb verteld voel ik echter dat ik ga vechten: vechten als het wat minder gaat of als er problemen zijn, en ik weet ook wel dat die er zullen zijn. In een land dat constant balanceert op de rand van een wrede burgeroorlog, in een land waar zeker tweederde onder de bestaansgrens leeft, waar mensen jaloers zullen zijn, op ons geluk en rijkdom, of op onze carrières. We zullen met bedreiging en afpersing en spionage te maken krijgen. En met wrede taferelen. Natuurlijk kan ik daar nooit 'klaar' voor zijn of sterk genoeg. Maar ik ben bereid het te zien, mee te maken, te dragen en ervoor of ertegen te vechten. (...) En hoe ver ik ook uit jullie buurt ga, de warmte van dit nest zal nooit verloren gaan en nooit vergeten worden. Ik kan alleen maar hopen dat ik ook in staat ben zo'n warm nestje te maken voor mijn gezin. Het is erg zeldzaam, je hoeft maar om je heen te kijken bij familie en kennissen. Maar ik heb een goed voorbeeld en dat is het halve werk ! (...) Wie weet krijg ik over vijfentwintig jaar, op m'n vijftigste verjaardag ook wel een brief als deze in het Georgisch, of in het Engels of in het Nederlands. Ik hoop het van harte. Want ik weet dat de brief uit pure liefde en dankbaarheid geschreven is ! En de kring zal rond zijn. Jullie dochter Sandra Elisabeth.'

Na vijf ellenlange weken thuis maakte ik mijn tweede transatlantische vlucht naar mijn oogappel in The Big Apple. Het weerzien was heerlijk.

Maar New York vond ik in het begin erg vijandig. Grote en zichtbare welvaartsverschillen, daar had ik het moeilijk mee. Hoe goed mijn relatie met Misja ook was, ik had er in Amerika duidelijk behoefte aan om alle nieuwe indrukken van land en prille relatie te delen in mijn moedertaal. Algauw was ik weer bezig aan een brief aan mijn ouders, die – zoals ik eens opmerkte – altijd een maaltijd voor liepen: als wij lunchten, dineerden zij en als wij dineerden was het in Nederland alweer ochtend. Soms zaten er maar drie of vier dagen tussen mijn lange brieven. Ik heb altijd enorm veel gecorrespondeerd. Dat begon met penclubvrienden en vrienden van vakantiereizen. In Finland was er een penclub waar mijn broer en ik ons voor opgaven. Je mocht aangeven met wat voor soort leeftijdsgenoot je wilde corresponderen en in welke taal. Ik koos Frans en wilde graag met een Afrikaan schrijven. Enkele weken later kreeg ik een adresstrookje van ene Kofi Kacou (koffie cacao!) uit Ivoorkust. Ik begon enthousiast te schrijven en stuurde fototjes mee. Hij stuurde ook een foto en in de tweede brief stond eigenlijk een verkapt huwelijksaanzoek: 'Wat zou je ervan zeggen als ik op een dag...' Toen vond ik het niet meer leuk en beëindigde ik de correspondentie.

Het duurt lang om een brief te schrijven en dat is dan ook wat je een handgeschreven brief meegeeft: dat je er veel tijd in gestopt hebt en dat je contact met het papier gehad hebt. Al schrijvend zet je je gedachten op een rijtje en krijg je overzicht, lees je nog eens terug. Je denkt ook meer over de taal na dan wanneer je spreekt of een e-mail schrijft. Zo, dit was een ode aan de brief.

Toen we een keer bij Misja's oom Teimur op bezoek waren haalde Misja er de Engelse vertaling van Sjota Roestaveli's *Ridder in tijgervel* uit de kast en droeg me op dit middeleeuwse heldenepos te lezen vóór ons huwelijk. Ik ben blij dat ik dat inderdaad gedaan heb, het gaf een perfect beeld – in poëzie – van de passie van de Georgiërs voor trouw, vriendschap en van hun doortastendheid. En dat die vriendschap ver kon gaan merkte ik wel aan die keer toen een Georgische medestudent in geldnood zat en van Misja honderd dollar te leen kreeg. Toen ik Misja vroeg wanneer we die terug zouden krijgen, wij hadden het immers ook niet breed, berispte hij me en zei dat je zoiets in Georgië nooit mocht vragen en dat het niet zeker was dat we dat geld ooit terug zouden zien. Maar hij voegde eraan toe dat als wij geld nodig hadden we ook op onze vrienden zouden kunnen rekenen. Moeilijk te bevatten voor een Zeeuws meisje.

Op 17 november van dat jaar trouwde Misja met zijn *Sandrioesja* voor de wet na 24 uur ondertrouw. Heel spontaan en met een Georgische getuige, Batsja: een student economie. Toen de vrouwelijke zwarte ambtenaar hem in heel knauwerig Amerikaans vroeg: 'Do you have any objections?' riep hij snel: 'Yes, yes', waarop Misja zich omdraaide en zei: 'Nee, joh, je moet "no" zeggen!' Na de ceremonie – met een rode roos in de hand – aten we in een klein restaurantje met zijn drietjes kip. We hebben een prachtige foto van ons tweeën buiten op het parvis van City Hall, het gemeentehuis, beiden in zwart-witte kleren, hoofden tegen elkaar, een enkele roos en achter ons een wapperende Amerikaanse vlag. Drie straten verder zou acht jaar later het Wereldhandelscentrum instorten.

Dat ik zou blijven was wel duidelijk. We keken niet te ver vooruit en gingen ervan uit dat we na Misja's afstuderen in mei 1994 zouden verhuizen naar dat wat mijn tweede vaderland zou worden: Georgië.

In december deden mijn ouders me een korte reis naar Nederland cadeau en liet ik – gewapend met ons *marriage certificate* – in mijn paspoort een wijziging aanbrengen in mijn burgerlijke staat.

Bij Unicef Metropolitan New York deed ik wat vrijwilligerswerk. Kerstwensen sturen en mokken met snoepjes vullen voor gepensioneerde vrijwilligers, meedoen aan de kerstkaartenverkoopactie in banken en winkelcentra. Zo had ik iets om handen en leerde ik de Amerikaanse maatschappij van binnenuit kennen. Ik nam privélessen Russisch. Die taal beheerste ik al een beetje door zelfstudie en enkele reizen en nu had ik natuurlijk de motivatie om er dieper op in te gaan. Ook al is Georgisch een geheel andere taal, met

Russisch kom je in Georgië bijna net zo ver, het is er de *lingua franca*, de voertaal. Ook in de landen die Georgië omringen kun je met Russisch prima uit de voeten (behalve in Turkije) en daarom besloot ik eerst mijn Russisch op niveau te brengen vooraleer ik me op het exotische Georgisch zou storten dat een ander schrift kent en geen enkele verwantschap vertoont met de Slavische talen. Misja en ik spraken, in het begin, voornamelijk Engels. Toen we goed en wel in Georgië woonden en ik me kon uitdrukken in zijn moedertaal werd dat hoe langer hoe meer Georgisch. Maar zelfs nu vallen we, als we alleen zijn, uit gewoonte en gemak vaak terug op Engels.

In Georgië slaan de stoppen altijd volledig door als je zegt dat je zes talen vloeiend spreekt. Toch is dat voor Nederlanders niet zo bijzonder: het Nederlandse 'basispakket' van Nederlands, Engels, Frans en Duits kun je onderhouden als je daar een beetje je best voor doet en twee extra vreemde talen leren is toch niet zo uniek? Mijn zevende taal is Mingrelisch, een regionale taal die verwant is aan het Georgisch. Hij wordt door een miljoen sprekers gebezigd, oftewel één op de vijf Georgiërs.

Van de ruim vijf miljoen Georgiërs zijn er volgens de meest recente volkstelling (2002) 4,4 miljoen over. Om en nabij de één miljoen Georgische staatsburgers heeft zijn heil – tijdelijk – elders gezocht binnen de Russische federatie, andere GOS-landen, Israël, Griekenland, de Verenigde Staten, West-Europa. Toch schijnen er nog pessimistischere cijfers te bestaan: zo werd mij verteld dat als je naar de brood- en zoutconsumptie kijkt er slechts 3,5 miljoen mensen in Georgië woonachtig zouden zijn. Dat verschil kan ik gedeeltelijk verklaren: eerst en vooral kwam het Georgië in 2002 politiek minder goed uit om zo'n grote uitloop te constateren. Ten tweede kan ik me goed indenken dat als je er als ambtenaar van het Georgische Bureau voor Statistiek op uit gestuurd wordt om in de dorpen en steden te gaan turven, je van een gezinshoofd op de vraag hoeveel gezinsleden er onder één dak wonen, niet altijd een realistisch antwoord krijgt. Zo zal een ouder de zoon of dochter die tijdelijk in Rusland of elders werkt en woont tot de in Georgië wonende gezinsleden tellen. Psychologisch accepteert die ouder niet dat dat vertrek wel eens voor jaren of zelfs voorgoed zou kunnen zijn.

Uitgaande van het pessimistische cijfer van 3,5 miljoen woont ruim anderhalf miljoen, bijna de helft van de Georgiërs, in de hoofdstad Tbilisi!

Het was absolute noodzaak dat ik voor brood op de plank ging zorgen. Ik werd langzaam maar zeker kostwinner, want Misja's beurs was lang niet voldoende. Tot onze vreugde vond ik een baantje op Columbia Law School als 'Admissions assistant'. Puur administratief en erg eentonig. Van de vijfhonderd à achthonderd studenten die een aanvraag indienden konden er uiteindelijk slechts negentig een Master-opleiding rechten aanvangen. Ik opende alle binnenkomende enveloppen en maakte per aanvraag een map aan. Daarbij controleerde ik of alle documenten zoals het volledig ingevuld inschrijfformulier, diploma's, aanbevelingsbrieven en een cheque voor de administratiekosten erbij waren. De mappen gingen vervolgens naar een selectiecommissie voor een eerste schifting. Het bracht me twintig gulden per uur op. Ik werkte minstens zes uur per dag en kreeg doorbetaald tijdens de lunchpauze. Dan at ik meestal iets met Misja. Hij volgde naast zijn reguliere colleges ook extra Franse les. Nederlands kon dat semester niet, dat vonden we beiden jammer.

Op de hoge kast met hangmappen stond een grote bowl met 'kisses' (kleine klokvormige chocolaatjes waar je je behoorlijk misselijk aan kunt snoepen) en de studenten wipten af en toe binnen voor een praatje en om een 'kiss' te scoren. Voordat ik naar huis liep keek ik altijd Misja's postvakje na of er wat mee moest. Soms woonde ik een lezing bij, bijvoorbeeld over de schuldenmarkt in de Derde Wereld. Zo was er ook een lezing over Georgië, van David Aptsiauri, werkzaam op de Georgian Mission to the UN, oftewel de Permanente Vertegenwoordiging bij de Verenigde Naties. Later zou hij vice-minister van Buitenlandse Zaken worden en momenteel is hij ambassadeur van Georgië in de Baltische Staten. Ik durfde na de lezing eigenlijk niet zo goed een vraag te stellen maar deed het uiteindelijk toch: 'Wanneer wordt de Georgische munt, de lari, ingevoerd?' Zo lang zou dat niet meer duren: 1995. Dat deze valutabenaming in Nederland altijd hilariteit opwekt moge duidelijk zijn: 'larie' als naam voor een veelbelovende nieuwe muntsoort boezemt niet veel vertrouwen in. Jaren later maakte een Amsterdamse bezoekster die voor een Nederlands overheidsprogramma werkte en die het alledaagse Georgische kaasbrood (khatsjapoeri) zo lekker vond een mooie woordspeling: 'khatsjapoeri is eigenlijk gewoon jullie larie-koek!'

Misja schreef tijdens ons verblijf in de Verenigde Staten regelmatig voor *Sakartvelo*, een Georgisch dagblad. Ook was hij op de radio te horen, namelijk op de Georgian Service van de *Voice of America*. Hij gaf commentaar op het buitenlands beleid van Sjevardnadze en bekritiseerde de compromissen die hij met Rusland sloot. Op deze manier bereikte hij honderdduizenden Georgisch sprekende luisteraars overal ter wereld, ook in Georgië zelf. Zo kwam het dat Misja niet een geheel onbekende was toen hij twee jaar later afgevaardigde werd in het Georgische parlement.

Die eerste winter verhuisden we naar een prachtig appartement (ter hoogte van West End Avenue en 110th Street). Het was een buitenkans dat we het voor zes maanden konden onderhuren daar de laatste huurders, twee Duitse psychotherapeuten met de achternaam Kronhausen naar hun boerderij in Costa Rica gingen om te overwinteren. Hij, Eberhard, zei dat hij een conservatieve zeer rijke Nederlandse politicus in therapie had gehad maar gaf diens naam niet prijs. Onze *sublet* was een gezellige flat waar duidelijk in geleefd werd. Praktisch ingericht, oneindig veel boeken langs de wand, een loft-bed, souvenirs uit verre landen. De kasten lagen vol met spulletjes van de verhuurders, maar omdat wij zelf toch niet zo veel hadden, misten we geen bergruimte. Zoals zovele New Yorkers beschikten we niet over een wasmachine en wasten onze kleren in een wasserette. Op 4 december gaven we een *housewarming party* voor een tiental Georgische gasten.

We hadden best vaak gasten: dan maakte ik Russische *borsjtsj* (rode-bietensoep) met een of andere salade of soms ook een rijstgerecht. Een enkele keer ging Misja zelfs naar Brighton Beach om *khinkali* (soort grote ravioli-deegklokjes met vlees erin) te halen en Georgisch ovenbrood. Het diner kreeg dan een authentiek Georgisch tintje. De eerste keer dat Misja boekweit meenam van dat adresje en het klaarmaakte dacht ik dat het aangebrande rijst was. Pas veel later ben ik boekweit met wat zout en een klein klontje boter ontzettend gaan appreciëren: voedzaam, eenvoudig en goed voor de lijn. In Georgië lusten de kinderen er letterlijk pap van en ook de volwassenen trekken er hun neus niet voor op. In het Westen wordt het in relaxkussens gestopt. Wacht maar tot het ontdekt wordt als voedzaam bestanddeel van de maaltijd!

Normaal gesproken zorgde ik voor het eten, maar Misja beloofde op een dag dat hij kip zou maken en ik grapte tegen mijn collega's dat die vast aan zou branden. Ik kwam thuis om half zeven, hij deed de deur open en ja hoor, ik kon hem bijna niet zien... van de rook. Niet de kip had hij laten aanbranden, maar de champignons. Toch maar opgegeten, met een lekkere verse bagel erbij van ons bageladresje om de hoek. Een bagel is in Amerika nog meer ingeburgerd dan de krentenbol in Nederland. Het is een stevig, compact broodje, oorspronkelijk uit de joodse keuken, met een gat in het midden. Met een bagel in de maag houd je het wel een ochtend vol. Een culinaire ontdekking tussen veertig en tachtig dollarcent die je met allerlei vullingen en beleg kunt krijgen.

Misja en ik vonden allebei dat we wat aan onze conditie moesten doen en zo brak ons sportieve bestaan aan. Zwemmen en joggen tussen de middag. Ik heb nooit van joggen gehouden. Voel me na afloop nooit lekker. Zwemmen bevalt me wel. Na het zwemmen zit ik altijd boordevol energie, een zalige wedergeboorte zeg maar. Vroeger in Terneuzen had ik wel een aantal lessen gevolgd voor diploma C maar het koude water van het buitenbad aan de Scheldedijk schrikte me af en zo kwam het dat ik eigenlijk nooit de borstcrawl had geleerd. Dat leerde ik van een Australiër die het Columbia-team trainde.

Het was een strenge winter, met veel sneeuwoverlast. De daklozen waren zieliger dan ooit. Wij konden het in ons appartement gelukkig goed warm krijgen. Buiten was het min twintig. Daklozen liepen met sneeuwruimers en schoppen rond en liepen bijvoorbeeld een restaurant binnen om te vragen of ze voor een 'heitje ' de stoep van ijs mochten ontdoen, zodat je op straat een constant getik van metalen schoppen hoorde. En wat die daklozen en arme sloebers allemaal niet verzonnen om wat geld van je te krijgen. Ze riepen 'How are you, miss?' of 'Spare me some change' of begonnen – in de metro vooral – hun hele levensverhaal te vertellen. Er waren er ook die simpelweg een kartonnen bord ophielden met 'Help me' erop. Misja en ik liepen een keer tegen een man op met een bord 'I want to study law'. Zulke dingen blijven je bij. Maar wat vooral opviel was hun grote aantal. Op Broadway stond er elke tien of twintig meter wel één en in sommige straten zelfs om de vijf à tien meter.

Ter afwisseling van het saaie Columbia-werk nam ik een baantje aan bij Cheesy Pizza, niet ver bij ons huis vandaan: ik leerde er *double cheese pizza slices* waarderen en *garlic bread* en wat later handig bleek, ik leerde er iets heets vast te pakken zonder mijn handen te verbranden door het snel in mijn handen rond te draaien. Aha!

Toen mijn ouders schreven dat er een leraar Frans was uitgevallen op het Zeldenrustcollege waar ik het atheneum met Latijn had gevolgd –, had ik graag zijn plaats ingenomen. Voor de klas staan trok, maar mijn 'Cheesy pizza' was ook lang niet slecht: ik had er vriendelijke collega's, kwam in contact met de meest uiteenlopende New Yorkers en had natuurlijk pizza *à volonté*.

Na enkele weken stapte ik weer over van *pizza slice* naar de *chocolate kisses* op Columbia Law School. Mijn goede 'bazin' Julie had me beloofd dat ik te allen tijde terug kon komen, ze had altijd administratief werk voor goede krachten. Zij woonde in hetzelfde gebouw als wij, op loopafstand van Columbia Law School. Het werk was dan wellicht wat saai maar Julie was een fijn en apart mens, altijd in voor een babbel. Zo vertelde Julie dat ze op een dag in het telefoonboek een naam opzocht en ineens 'Vampires Research' zag staan. Ze kon haar nieuwsgierigheid niet bedwingen en draaide het nummer. Of had ze misschien pas na middernacht moeten bellen? 'Vampires Research,' klonk het aan de andere kant van de lijn. Julie vertelde de dame dat ze wat meer wilde weten over hun project. De dame vertelde dat er onderzoek gedaan werd met vampiers, oftewel mensen die dachten dat ze vampier waren, die bijvoorbeeld 'iets met bloed' hadden, of die in een doodskist sliepen. Julie vroeg of er veel van zulke mensen waren. '*O yeah*,

Ma'm,' beaamde de dame, '*this is New York!*'

Misja kocht een dictafoontje omdat hij de ex-ambassadeur van de Verenigde Staten in Moskou, Jack Matlock, ging interviewen voor het Georgische dagblad *Sakartvelo*. Hij gaf colleges bij International Affairs op Columbia en was een persoonlijke vriend van Reagan en Gorbatsjov. Daarna wilde Misja Strobe Talbot interviewen, staatssecretaris in spé voor Buitenlandse Zaken. Maar die gaf nog geen interviews totdat hij officieel benoemd was.

Misja politiek, ik humanitair geëngageerd. Het werd steeds sterker. Ik las het boek *No place to be a child* over de lotgevallen van kinderen die in conflictgebieden wonen en met oorlogsgruwelen te maken krijgen. Ik ging naar een conferentie-themadag met de schrijver van dat boek: James Garbarino, en realiseerde me dat we toch wel midden in de interessante mogelijkheden zaten. Columbia is een van 's werelds beste universiteiten en het koste toen zeker veertigduizend gulden om er een jaar te studeren! Na de themadag reisde ik per trein naar Washington waar Misja op een juridische conferentie uitgenodigd was. Ik wilde graag het Witte Huis zien, de Wereldbank en het IMF bezoeken en ook USAID, altijd maar op zoek naar beter werk en naar een link met Georgië waar we zo graag heen wilden en ons nuttig wilden maken. President Eduard Sjevardnadze had in die jaren, ondanks het feit dat Abchazië buiten controle van de regering was komen te liggen tijdens zijn ambtsperiode, heel wat geloofwaardigheid en aanzien zowel in binnen- als buitenland. Als minister van Buitenlandse Zaken van de Sovjetunie had hij tegen het einde van de Koude Oorlog meegeholpen het IJzeren Gordijn neer te halen – waardoor de Duitse hereniging mogelijk werd gemaakt. Hij sprak over strijd tegen corruptie, hervormingen en een op Europese integratie gericht beleid.

De juridische conferentie vond plaats in het Mayflower-hotel in Washington D.C., waar Misja een *executive* room toegewezen had gekregen met een dubbel tweepersoonsbed, televisie, haardroger, badmuts, badjas en postpapier. 's Morgens zwommen we en zaten we in een bubbelbad alvorens heerlijk uitgebreid te ontbijten. Op de kop af tien jaar later hield Misja als president van Georgië een toespraak voor honderden belangstellenden in hetzelfde hotel. Tijdens de speech vermeldde hij het feit dat hij met mij in dit hotel logeerde als Fullbright Scholar en dat we toen zo aangenaam verrast waren dat we in een echte luxe hotelkamer mochten logeren.

De student Misja woonde lezingen bij en ik wandelde door Washington: Reflecting Pool, Lincoln Memorial, Vietnam Wall en Washington Memorial. We spraken bij het Witte Huis af. Er waren duizenden mensen op de been, velen al in korte broek en T-shirt, wandelend onder de prachtige Japanse kerselaars, zoals ze in het Vlaams zo mooi zeggen. We lagen anderhalf uur heerlijk op het gras bij de Tidal Bassin en liepen op ons gemak terug naar het hotel.

De dag na onze terugkeer in New York was het precies zeven maanden geleden dat we elkaar ontmoet hadden. We zouden 's avonds naar ons favoriete Indian Cafe om de hoek gaan om dat te vieren. Toen ik onder de douche stond riep ik naar Misja of hij de shampoo uit de zwemtas wilde halen en hij deed zijn schoenen uit en stapte met de shampoo in de hand zo onder de douche, met sokken, jeans en blouse en (waterdicht) horloge. Ik kwam bijna niet meer bij van het lachen! Maar dat was niet het enige bizarre op deze dag: 's avonds laat ging Misja nog even een boodschap halen en vergat een brief voor mijn ouders mee naar de brievenbus te nemen. Ik riep hem na vanuit het raam en gooide de envelop naar beneden (*air mail*!). Maar natuurlijk kwam de envelop op een brandtrap terecht voor het keukenraam van onze benedenburen. Het liep tegen middernacht maar ik wilde de brief niet laten liggen en ging dus naar de benedenburen. Daar woonden twee jongens waarvan er één halfnaakt de deur opendeed. Hij haalde meteen de brief en gaf hem aan mij. Toen kwam de *superintendant* (zoiets als een conciërge of een 'kotmadam' op z'n Vlaams) met de naam John Holland vragen of alles in orde was. Hij had ons tegen elkaar horen roepen van boven naar beneden en zei '*I thought you had jumped*!'

Ook staat onze eerste Valentijnsdag me nog helder voor de geest. *Valentine's Day* is in Amerika een hele ervaring. Iedereen is ermee bezig. Mensen sturen zelfs kaartjes naar elkaars honden en katten! Wij feliciteerden elkaar en gingen 's avonds lekker uit eten.

In maart gingen we in Carnegie Hall naar een concert van Sting. We genoten maar zijn live-gitaarsolo 'Fragile' klonk toch niet zo zuiver als we van de cd gewend waren. We gingen wel eens naar het Modern Art Museum waar je films mocht uitkiezen die je vervolgens zelf in speciaal daarvoor gemaakte cabines mocht afdraaien en zagen zo Franse films met Pierre Richard in de hoofdrol, een Oekraïense film *Shadows of forgotten ancestors* van de Georgische regisseur Sergei Paradjanov en ook *Hiroshima, mon amour* naar de gelijknamige roman van Marguerite Duras. Op de terugweg discussieerden we veertig straten lang over het mysterie van het menselijk leven.

Op 2 maart 1994 hoorde ik 's morgens op de radio dat de vijftiende sneeuwstorm aan kwam zetten. Gelukkig had ik van mijn ouders net laarzen toegestuurd gekregen. Er werd tussen drie en twaalf centimeter sneeuw verwacht. Ik vond het maar niks, had de lente al in mijn hoofd en thuis al flinke voorjaarsschoonmaak gehouden, ook oude kleren bij het vuil gezet. Mijn hoofd stond eerder naar het aanschaffen van een zonnebril dan een sneeuwbril. Lente in mijn bol maar winter in de lucht. Onze huwelijksgetuige Batsja, die uit de Noordkaukasische bergstreek Svanetië afkomstig is, kwam trouwens de dag na onze voorjaarsschoonmaak doodleuk in Misja's oude winterjas gehuld binnenlopen die hij net bij het vuil had gescoord! Misja lachte zich een bult toen Batsja de drempel overstapte. Hij vertelde nog iets grappigs: hij was, – en o, zijn gebrekkige Engels! – naar de dokter geweest en ze controleerde al zijn functies. Toen ze zei: '*Take your head with both hands*,' pakte Batsja de nek van de dokter vast, net onder haar hoofd achter de oren. De dokter schrok zo dat ze hem met een recept voor antibiotica de deur uitstuurde terwijl hij gewoon wat slap en depressief was. Dit voorval op zich is al een echte Svanenmop.

Toen Misja's grootvader jarig was belden we hem op. Opa Givi moest uit een boom gehaald worden, want hij was aan het snoeien. Toen hij uiteindelijk aan de lijn kwam om de felicitaties in ontvangst te nemen, ontaardde het gesprek voor hem in iets heel vreemds: hij hoorde ineens een grote klap en glasgerinkel aan de andere kant van de lijn. Dat was Misja die door de schommelstoel zakte, het potenstelsel was losgeraakt. De telefoon viel, een glas brak maar het contact met Tbilisi was niet verbroken. 'Wat was dat allemaal?' vroeg zijn opa. 'Ik zakte door de schommelstoel en viel op de grond met telefoon en glas,' zei Misja. 'Nog niets veranderd,' zei Giwi.

Een bijzonder moment: mijn ouders kwamen voor een weekje over en Misja en ik lieten zien waar we werkten, studeerden, we stelden een paar van onze vrienden en medestudenten voor. Ook gingen we naar de Metropolitan Opera (de 'Met') om *Flying Dutchman* te aanschouwen.

Half april kwam mijn schoonmoeder Giuli ook. We zouden elkaar op de campus van Columbia University ontmoeten. Ik stond al een hele tijd te wachten en tuurde om de zoveel minuten de campusingang af. Voor wie contactlenzen droeg stond er een vervelende wind. Als je hier 's morgens op tijd was, ik jogte wel eens een enkele keer, kon je de *squirrel man* horen fluiten die voor de eekhoorntjes nootjes rondstrooide. Je kon ook de bagelkraam binnen zien rijden en de *sausage man* die zelf ook al aardig op een worst begon te lijken, maar dan één met haar erop.

Ik zag Misja met een klein tenger vrouwtje in kort roodleren jackje aan komen lopen: mijn schoonmoeder Giuli. Een lieve en aardige vrouw. Haar Engels was goed en we konden dus van het begin af aan prima communiceren al sprak ze soms net iets te zachtjes. Giuli beschreef het leven in Tbilisi als saai: in de rij staan, veel lopen omdat er geen benzine voor transport was en vooral televisiekijken. Een welkome afwisseling dus dat ze als historica een lezing mocht komen houden aan Yale University. Ze zou daar een mooi bedrag voor krijgen. Daarnaast was ze aan een researchproject begonnen waarvoor ze dag in dag uit in de Public Library zou doorbrengen. Maar ze liep ook graag te flaneren langs de sjieke etalages van Fifth Avenue. Giuli had van haar moeder Mzia een cadeau voor mij meegekregen: een roodgouden ring met een diamant erop. Ik zou eraan moeten wennen, zo'n luxe ring was niet echt mijn stijl.

Giuli is historica, professor in middeleeuwse studies van het Byzantijnse rijk, men noemt haar vakgebied ook wel 'oriëntalisme'. Ze spreekt naast Russisch en Engels ook Frans en Turks en kan

Latijnse en Griekse bronnen raadplegen. Ze was en is werkzaam aan verschillende instituten en universiteiten in Tbilisi en begeleidt ook vele scriptiestudenten. Ze is van Misja's vader gescheiden toen Misja een peuter was en is enkele jaren later hertrouwd. Haar tweede echtgenoot, Zoeriko Kometiani, is een biochemisch wetenschapper die heel trouw dag in dag uit naar zijn Fysiologisch Instituut gaat waar hij afdelingshoofd is en een eigen laboratorium heeft. Hij doet vooral onderzoek naar het natrium- en kaliumgehalte in dierlijke hersenen (voornamelijk die van witte ratten).

Misja is haar enige zoon. Haar ouders Mzia en Giwi hebben een grote rol gespeeld in zijn opvoeding. Giuli was goed in ballet en wilde dolgraag ballerina worden maar haar vader vond dat niet goed en stuurde haar naar de universiteit. Giuli is erg geduldig, zelfs diplomatiek en heeft talent om kennis op een speelse manier over te brengen wat ik later pas goed merkte toen ze vaak op haar kleinzoon paste.

Giuli's opa, Nikoesja Tsereteli kwam uit een oud aristocratisch geslacht. Zo ook haar oma, Tamara Abasjidze, die 94 jaar werd en die ik jarenlang van heel dichtbij heb mogen meemaken. Tamara, aan haar is dit boek opgedragen, heeft een heel zwaar leven gehad. Ze kwam uit een gezin met vijf jongens en twee meisjes, van wie er één nog in leven is. Ze had als jonge laborante een Fransman leren kennen met wie ze zou huwen, maar omdat ze nog familiezaken te regelen had voordat ze weg kon, nam ze niet de boot van Batoemi naar Marseille waarvoor ze een biljet had weten te bemachtigen. De volgende dag brak de bolsjevistische revolutie uit en werden de havens en grenzen hermetisch afgesloten. Toen haar Franse verloofde later te horen kreeg dat Tamara met een ander getrouwd was nam hij haar foto, prikte die op een boom in het Bois de Boulogne en vuurde er zijn geweer op leeg. De foto met de kogelgaten stuurde hij op naar Tamara die de foto pas aan haar familie durfde te laten zien toen haar man Nikoesja in de jaren tachtig gestorven was. Eén van Tamara's broers werd met een hele groep andere intellectuelen doodgeschoten in 1937 omdat hij in Duitsland aan de Universiteit van Heidelberg had gestudeerd.

Tamara's vader, Djibo Abasjidze, was een zakenman, een van de eerste Georgische kapitalisten die aandelen hadden in de mangaanmijnen van Tsjiatoera. Jozef Stalin kwam wel eens bij hen thuis op de datsja in Zedargani, nabij Tsjiatoera. Toen de gendarmes een keer Djibo's huis omsingelden leidde de kleine Tamara Stalin langs een bospaadje terug naar de hoofdweg en zo kon hij ontkomen. Toen Djibo en zijn partner op hun beurt gearresteerd werden in 1924 schreef zijn familie een brief aan Stalin en herinnerde hem aan het voorval. Stalin liet ze gaan. Toen ze echter voor de tweede keer gearresteerd werden in het jaar 1936 werd hen verzocht twee miljoen Zwitserse franken te betalen, men was er namelijk achter gekomen dat de mijneigenaren een bankrekening in Zwitserland hadden. Deze keer kreeg Djibo geen amnestie en wilde hij het geld wel afstaan maar zijn partner weigerde. Negen maanden lang werden ze in een cel vastgehouden tot beiden uiteindelijk tekenden. Toen ze vrij werden gelaten kregen ze in ruil voor de twee miljoen Zwitserse franken twee kilo suiker. Djibo werd een jaar later voor de derde keer gearresteerd. Zijn zoon, Tamara's broer Grigol Abasjidze had echter naam gemaakt als dichter van het Sovjetvolk en mocht aan Beria een verzoek doen bij het in ontvangst nemen van de Stalinprijs voor zijn gedicht over Josef Stalin. Grigol vroeg of zijn vader uit de Siberische goelag bevrijd kon worden. Dat kon, als hij hem zelf ging halen. Het was toen het jaar 1941. Grigol nam de trein en bevrijdde zijn uitgemergelde vader aan wie hij op aandringen van de kamparts tijdens de reis geen eten mocht geven, hoewel zijn vader er hem op zijn knieën om smeekte. De man stierf enkele maanden later; hij was te veel verzwakt en had te veel ontberingen geleden.

Misja's vader, Nika, is endocrinoloog van beroep. Hij is hertrouwd en heeft nog twee zonen gekregen, Misja's halfbroers David en Giorgi. De ene is jurist en de andere arts. In de Saakasjvilifamilie zitten veel juristen en artsen. Misja's grootvader van vaders kant was rector van de Medische Universiteit in Tbilisi, Misja is naar hem vernoemd.

Met Giuli spraken Misja en ik veel over de situatie in Georgië: één ding hebben Misja en ik haar op het hart gedrukt, namelijk dat de *good old days* in Tbilisi voorlopig voorbij zouden zijn. Giuli heeft als jonge vrouw – in de Sovjetperiode – nooit gebrek gekend. Alles was voorhanden en in overvloed aanwezig, alleen vrijheid was niet te koop. Kosteloze gezondheidszorg, onderwijs van goede kwaliteit, opera, dagenlange familiefeesten, Zwarte-Zeevakanties... Omdat aan de basisbehoeften in het Sovjet-Georgië altijd voldaan was kon ze het maar niet ontwennen om aan luxe en status te denken: een nieuwe parfumgeur, een sjieke blouse, een andere haarkleur, geschenken voor familie en vrienden. Ze zou vanuit Amerika melkpoeder mee kunnen nemen of voedsel in blik maar ze koopt liever een barbiepop van twaalf dollar voor het dochtertje van de huishoudster. Zulke keuzes probeerden we haar nu uit het hoofd te praten. In Tbilisi is zo goed als alles te koop, maar dan voor dollars, je moet dus contacten met het Westen hebben. De banken zijn onbetrouwbaar, het rentepercentage klinkt aantrekkelijk maar de kans dat men met de aan de bank toevertrouwde spaargelden aan de haal gaat is niet ondenkbaar. De *Washington Post* schreef in juni dat jaar over de economische crisis in Georgië. Het zou een van de diepste crises in de voormalige Sovjetunie zijn. Vooral de lage lonen afgezet tegen de inflatie van de koepon, zoals de munteenheid toen nog heette, en de energiecrisis waren alledaagse kopzorgen voor het gemiddelde Georgische gezin.

Giuli zou ruim een maand blijven, dat was een ideale tijd om haar goed te leren kennen. Het was ook de enige keer tijdens ons bijna tweejarig verblijf in New York dat ze over is gekomen. Het is ontzettend belangrijk om met je schoonmoeder een goede basisrelatie te hebben, zij is immers de vrouw die je man het langste en het beste kent! Giuli en ik gingen met zijn tweetjes naar de bioscoop om *Schindler's list* te zien, de opzienbarende film van Steven Spielberg over een moedige fabrieksdirecteur die zijn joodse medewerkers naar de kampen ziet vertrekken en daar probeert tegenin te gaan. Mijn schoonmoeder vond het erg aangrijpend ook omdat de gruwelijke beelden van de burgeroorlog in Abchazië nog vers in haar geheugen lagen. Mijn eigen moeder heeft naar aanleiding van de film een aquarelimpressie gemaakt die in mijn ouders' slaapkamer hangt.

Giuli kwam niet alleen naar New York om lezingen te geven en research te doen maar ook om weer eens samen met haar zoon te zijn, haar schoondochter te ontmoeten en Misja's *graduation* mee te maken. Zoals we gehoopt hadden kwamen mijn moeder en broer ook over. Ze konden net mooi in onze nieuwe sublet terwijl wij de oude nog even hadden. Op 19 mei 1994 zou onze veelbelovende jurist aan Columbia University afstuderen en zijn diploma in ontvangst nemen. Het uitreiken van de bul is in Amerika een zeer traditionele aangelegenheid waarbij alle studenten naargelang de faculteit waarvan ze afstuderen, in verschillende gewaden en *graduation hat* met kwastje op komen draven. Het vak waar Misja op Columbia University de meeste moeite mee had gehad was *Transnational Litigation*, grensoverschrijdende geschillen. Enkele dagen voor het examen nam hij midden in de nacht het hele cursusboek door. Ik werd 's nachts wakker omdat ik net zo zenuwachtig was als hij. Ik had het hele studiejaar flink meegeholpen door zijn werkstukken op de computer uit te typen. Andere rechtenstudenten lieten dat meestal door Amerikaanse dames doen die daar een vergoeding voor kregen maar omdat die dames absoluut geen benul hadden van wat ze opschreven kwam het bijvoorbeeld voor dat ze 'farmer' typten in plaats van 'framer' als bedoeld was het opstellen van een wet.

Graduation Day was een bijzondere belevenis. Misja straalde. Giuli's broer Teimoer die al twintig jaar in New York woonde kwam ook naar de receptie. 's Avonds gingen we met zijn allen gezellig uit eten en klonken we op Misja's toekomst als succesvol jurist.

Over grensoverschrijdende geschillen gesproken: op ons nieuwe adres sprongen de vonken er soms af. Het was een appartement pal tegenover de Law School gelegen in het zogenaamde 'Deutsches Haus' en had twee kleine kamers met keukengedeelte in de woonkamer en een apart badkamertje. Er was ook een lift. Het leek ideaal maar het bleek dus *bad vibes* te hebben, we hadden er vaak woorden. Het had er hoogstwaarschijnlijk alles mee te maken dat we een onduidelijk toekomstbeeld hadden. Voor Misja vanwege zijn nog onduidelijk omlijnde plannen na zijn stage en na het verstrijken van de onderhuurtermijn, maar vooral ook vanwege de taferelen die zich in Georgië en in de zich afsplitsende regio Abchazië afspeelden, waar de Abchazen die zeventien procent van de bevolking van Abchazië uitmaakten met hulp van buitenaf meer dan tweehonderdvijftigduizend etnische Georgiërs oostwaarts op de vlucht joegen. Deze duizenden vluchtenden waarvan een groot deel te voet de besneeuwde bergpassen over moest, werden in andere delen van Georgië goed opgevangen. Zij kregen onderdak bij familieleden of vrienden en kregen tijdelijke behuizing toegewezen in hotels, vakantiewoningen, sanatoria en ziekenhuizen.

Er waren in Georgië begin jaren negentig twee paramilitaire legers actief die heel wat geplunder en terreur op hun geweten hadden. Het ene was loyaal aan Zviad Gamsachoerdia (de eerste president van Georgië die begin 1994 in Mingrelië overleed onder onduidelijke omstandigheden) en deed dienst als Nationale Garde, het officieuze leger van Georgië, onder leiding van Tengiz Kitovani. De andere paramilitaire groep bestond uit *Mkhedrioni* (ruiters), vooral actief in de West-Georgische provincie Mingrelië en onder bevel van filosoof en parlementslid Djaba Iosseliani, een man van zeventig jaar met een flink strafblad, evenals Kitovani. Vele jongeren lieten zich overhalen om lid te worden van deze groep, soms onwetend dat ze zich daarmee ook aan illegaal wapenbezit en drugshandel schuldig maakten. Het waren de criminele leiders van deze beide groepen die – om zich legitimiteit en aanzien te verschaffen – Sjevardnadze uitnodigden terug te keren naar zijn geboortegrond om de touwtjes in handen te nemen als staatshoofd.

Djaba Iosseliani was in de jaren erna de rechterhand van Sjevardnadze en maakte in 1994 deel uit van een officiële Georgische delegatie die in New York de Verenigde Naties bezocht. Misja en ik als pas getrouwd stel ontmoetten hem in de lobby van het hotel waar de delegatie verbleef. Iosseliani merkte op dat ik vast met een wit paard (*merani*) geschaakt was.

Misja wilde graag als jurist of politicus een positieve rol spelen in de opbouw van zijn land en vanuit onze sombere tweekamerflat in 116th Street leek dat doel verderaf dan ooit. Georgië was vernield en had duizenden doden te betreuren van twee recente bloedige burgeroorlogen: één in Zuid-Ossetië (1990-1992) en één in Abchazië (1992-1993). Ook voor mij bleef het moeilijk omdat ik Europa zo miste en mijn veilige ouderlijke huis en vertrouwde omgeving waar alles zo voorspelbaar was. In New York heb ik dan ook heel wat tranen gelaten. Misja grapte wel eens dat ik per maand een bepaalde hoeveelheid tranen kwijt moest: van verdriet, teleurstelling of van geluk. Ik dook het toilet in om geen uitleg te hoeven geven voor die tranen als het weer eens zover was.

In die tijd droeg ik het liefst mijn rood-zwart geruite Schotse rokje met zwarte zijden blazer erop, zwarte panty's eronder en zwarte lakschoentjes, heel schoolmeisjesachtig maar ik voelde me er zo thuis in. Meestal had ik ook een grote rode strik in mijn staart of een haarband. Als ik op mijn gemak in het huis rondliep, lekker in mijn warme pyjama zat of mijn haar losjes opgestoken had zitten dan riep Giuli: 'Sandrioesja!' en Misja zei dan tegen zijn moeder: 'Isn't she sweet?'

Of het nu door de aanwezigheid van mijn schoonmoeder kwam of doordat ik het op Columbia echt beu begon te worden, weet ik niet. Maar het was een feit dat ik als nooit tevoren aan het solliciteren sloeg – van een marketingbureau dat een assistent zocht, een prof die soms vertalingen Frans-Engels nodig had tot gids in het Verenigde-Natiesgebouw, of medewerkster bij het Amerikaanse Rode Kruis, ik probeerde het allemaal. Tot mijn oog puur toevallig op een advertentie viel die geknipt leek voor mij: 'Dutch law firm hiring a bilingual secretary'. Ik schreef een brief en werd aangenomen. Mijn werkgever was het vermaarde Nederlandse advocatenkantoor Nauta Dutilh: twee partners en een paar *associates*. De voowaarden klonken goed. Het heette wel secretaresse maar behalve brieven typen en telefoontjes doorschakelen was het ook vooral veel organiseren, administratie op orde brengen, boekhouding invoeren, kantoorbenodigdheden aanvullen en bijhouden. Bijzonder afwisselend en leerzaam. Mijn collega heette Marissa. Ze had een Nederlandse moeder maar woonde al jaren in Amerika. We praatten honderduit tijdens ons werk en zo leerde ik veel bij over de Amerikaanse samenleving. Wat me bijvoorbeeld is bijgebleven is het verhaal dat Marissa me vertelde over een opdracht die alle klasgenoten op *high school* kregen: ze moesten een week lang een rauw ei verzorgen alsof het een kindje was. Het mocht niet breken, het moest overal mee naar toe, het moest 's avonds toegedekt worden. Daar kregen ze een punt voor. Op deze manier werd hun verantwoordelijkheidsgevoel aangeleerd.

De muren in de receptieruimte van Nauta Dutilh vond ik echter nogal wit en kaal. Het leek me zo leuk daar elke dag een Zeeuws strand, duin, haven of zeezicht te kunnen zien opduiken. Ik hoopte dat mijn moeder nog iets had liggen. Het mocht natuurlijk niet zo heel groot te zijn, want het zou als handbagage mee moeten in het vliegtuig. Ik zou het dan gewoon op kantoor ophangen en weer meenemen als we eindelijk naar Georgië zouden vertrekken om het 'thuis' op te hangen.

Op een avond gingen we met Misja's Koreaanse studiegenoot uit sushi's eten. 'Kinoko' op 72nd Street bood destijds een '*all-you-can-eat*'-stunt aan voor 19,95 dollar: sushi's zijn rijstrolletjes met rauwe vis of schaaldieren erin en een zeewiertje eromheen. Ondertussen zijn sushi's in Nederland al goed ingeburgerd maar tien jaar geleden waren ze nog erg exotisch. Bovenaan op de menukaart stond een waarschuwing dat alles wat je bestelde ook daadwerkelijk moest worden opgegeten en dat restjes berekend zouden worden. We kregen ze netjes op een rijtje op een houten plank opgediend. Woo Seok at er zo'n veertig, Misja vijfentwintig en ik vijftien. Op de plank lagen nog acht sushi's. De ober wees ons erop toen we hem om de rekening vroegen. Hij zou ons de overgebleven sushi's wel degelijk berekenen. Woo Seok liep rood aan en werd ontzettend boos op die arme man. De ober verdween en ik liet in één vloeiende beweging zes sushi's in mijn blazerzakken verdwijnen, met een servetje eromheen. Daar moet je echt een Hollandse voor zijn. Woo en Misja lagen in een deuk. Vooral toen ik ze buiten weer boven water haalde...

27 april was het in Amerika *Secretary Day* (dat is later als iets nieuws en hips ook overgewaaid naar Europa). Op het werk kregen we chocolade en zilveren lepeltjes van Nauta Dutilh. Een groot voordeel van de secretaressebaan was dat ik met een speels softwareprogramma leerde blindtypen. Nu hoefde ik niet langer met twee vingers te pingelen zoals ik had gedaan voor Misja's werkstukken.

We gingen naar de Met waar Luciano Pavarotti in *Tosca* van Giacomo Puccini zong. De rol van Tosca werd vertolkt door de operazangeres Maria Gulegina. Maria is half-Georgische, half-Armeense. Giuli en Misja vertelden me dat Maria familie van ons was omdat ze het petekind van Misja's overgrootmoeder Tamara was. Maria's moeder en Tamara waren namelijk vriendinnen. Peter- of meterschap schept naar Georgische traditie een familieband die zeven generaties blijft voortbestaan dus beschouwden we ons als naaste familieden van Maria.

Na de schitterende uitvoering liepen we naar de kleedkamers waar heel veel mensen in de rij stonden voor Pavarotti's handtekening. Zijn stem was trouwens niet zo vast geweest tijdens de uitvoering, hij viel af en toe een beetje weg. We zagen Maria aankomen met haar Wit-Russische echtgenoot Mark en mijn schoonmoeder sprak haar aan. Toen Maria begreep dat ze de kleindochter van Tamara voor zich had deed ze haar zonnebril af en werden we gedrieën in een taxi gestopt om vervolgens drie uur lang in het Mayflower-hotel aan Central Park samen te dineren. Ik vond Maria een heel bijzondere vrouw. Ondanks haar roem heel bescheiden gebleven, op strikt dieet, veel sporten, ze zong natuurlijk elke dag en deed heel vrolijk en gewoon. Twee dagen later gaven Misja en ik als dank een bos bloemen voor haar aan de receptie af. Ze zou nog een paar dagen *Tosca* zingen, maar niet steeds met Pavarotti over wie ze trouwens zei dat hij haar tijdens de omhelzingen kneep omdat hij jaloers was dat zij tijdens het zingen applaus en lofbetuigingen toegeroepen kreeg en hij niet. Maria zou tien jaar later bij de presidentiële inhuldiging tijdens het galaconcert in een prachtige avondjurk een aria uit *Tosca* van Puccini zingen.

We spraken met Giuli veel over Georgië en het werk dat we er zouden kunnen doen. Ik vertelde haar dat in het vacatureblad van het Nederlands Ministerie van Buitenlandse Zaken mijn oog was gevallen op een interessante post bij de Verenigde Naties waarop ik gesolliciteerd had via de SNV (Stichting Nederlandse Vrijwilligers). Het was een baan als Junior Professional Officer (JPO) in Tbilisi, een interessante baan om het VN ontwikkelingsprogramma (United Nations Development Program (UNDP)) in Georgië te ondersteunen, te monitoren, nieuwe beleidslijnen te helpen formuleren. Vooral de vereiste talenkennis en de bereidheid veel door het land te reizen sloot precies aan bij wat ik te bieden had. Ik raakte door de eerste selectie heen, waarschijnlijk ook dankzij mijn talenkennis. Toen ik me echter enkele weken later in Den Haag op het Ministerie van Buitenlandse Zaken meldde voor het beslissende interview zei men me dat er inderdaad een JPO gezocht werd maar dat er een kleine aanpassing in de standplaats was doorgevoerd: niet Georgië maar Moldavië. Mijn droom viel in duigen en het sollicitatiegesprek bleef kort.

Ik vertelde mijn schoonmoeder dat Misja en ik het eigenlijk zo gepland hadden dat hij eerst één of twee jaar in Europa zou werken en ik me in economie zou specialiseren vooraleer we ons in Georgië zouden vestigen. Het leek of ik mijn humanitaire roeping ging inruilen voor een vervolgstudie in de economische wetenschap maar de aard van het beestje kwam toch weer naar boven: ik bleef me identificeren met buitenlanders in ontwikkelingslanden, hulpverleners, ontwikkelingswerkers en kon het niet laten een brief te schrijven aan de ouders van een Italiaans meisje dat in Somalië als RAI-verslaggeefster doodgeschoten was. Zoiets raakte me diep en ik voelde een speciale band omdat ik zelf als hulpverleenster op de lijst had gestaan om naar Somalië uitgezonden te worden! Ze stond met een hele leuke foto in *Le Figaro* en was maar achtentwintig jaar geworden! Stilletjes hoopte ik dat mijn medeleven een heel klein beetje troost zou brengen. Ik las ook over Afrika: *The Africans* van David Lamb.

Mijn droom was, en is het nog altijd, om dat continent te ontdekken. Een strandvakantie in Tunesië noem ik niet echt een kennismaking met dit boeiende en veelzijdige continent. Tijdens het lezen van het boek raakte ik er hoe langer hoe meer van overtuigd dat Afrika niet meer te helpen valt, dat er door het bieden van hulp slechts een 'hulpafhankelijkheid' ontstaat. Ik vroeg me af of de Afrikanen ooit zullen leren plannen. Ze geloven immers sterk in bovennatuurlijke krachten en accepteren het daarom veel gemakkelijker en gelatener als er bijvoorbeeld een oogst mislukt in plaats van dat ze er lering uit trekken voor een volgend seizoen. Individualistisch optreden is onaanvaardbaar, alles gebeurt in stam- of familieverband, met elkaar en voor elkaar. Het boek liet bij mij de indruk achter dat het beter was om Afrika met rust te laten in plaats van de cultuur-historische processen te verstoren en te willen veranderen met een marktgerichte aanpak. Natuurlijk mag je niet generaliseren en zal de situatie in Zuid-Afrika bijvoorbeeld anders ingeschat moeten worden dan die in Zambia of Ghana. In die periode zagen we ook hulpverlener Jacques de Milliano, oprichter van Artsen zonder Grenzen Nederland, op het Britse televisienieuws verschijnen: hij sprak vanuit Rwanda, tussen de aan cholera en uitdroging bezweken lichamen, en sprak over de uitzichtloze situatie.

De temperatuur in New York werd steeds aangenamer, ook alle aandacht van bezoekers, een leukere stabiele baan in een aangename omgeving maakten het leven iets draaglijker voor ons. Ik dacht aan onze toekomst in en voor Georgië. Dat we terug zouden keren was een feit, maar zouden we nog de kans krijgen om extra ervaring op te doen en door te studeren? Ik had Amerika wel gezien en wilde de oceaan weer over en had het gevoel dat Misja net zo dacht. In Amerika is het fijn om te leven als je er de middelen toe hebt en het jezelf comfortabel kunt maken, buiten de stad kunt gaan wonen en eigen vervoer hebt. Maar voor studenten en beginnende yuppies als wij was het bestaan er hard en onaantrekkelijk. Het feit dat we wisten dat het tijdelijk was en we alles eruit wilden halen wat erin zat om er later in Georgië ons voordeel mee te doen, hield ons op de been. Ik kon ontzettend nostalgische vlagen hebben. Dan verlangde ik ernaar op een zonnige dag gewoon door een stukje authentiek Europa te wandelen, over een Brussels of een Hulsters kinderkoppenpleintje, langs een basiliek, een bloemenstalletje, lekker vers brood met kaas, een mandje aardbeien. Het Zeeuws-Vlaamse Terneuzen als stad heb ik nooit gemist maar wel de mensen en die paar plekken die sterke jeugdherinneringen oproepen. Of ik dacht eraan hoe ver mijn ouders wel waren, helemaal over de oceaan en als ik thuis of op het werk uit het raam van de drieënveertigste verdieping keek dan dacht ik dat ergens in het Oosten, ver over de zee Europa lag met alle leuke vrolijke en veilige herinneringen uit mijn jeugd: Holland Happyland. Ik wilde verwend worden met sla met spekjes, chocoladevlokken, peperkoek, oude kaas, diepgele vanillevla, gehaktballetjes in tomatensaus tussen de middag, capucijnerschotel met appelmoes, rode kool, zuurkool met worst, papa's platte croissants, eieren met knoflook-tomaat-kaas, knapperige frietjes, gourmet, appelgebak, kwarktaart en notenbrood...

Misja kreeg een betaalde stageplaats aangeboden als beginnend internationaal jurist op Rockefeller Plaza bij een Amerikaans advocatenkantoor. Het was minimaal voor drie maanden: dat gaf ons weer wat houvast en bracht ons, hoe paradoxaal dat ook mag klinken, weer een stapje dichter bij Georgië.

Misja besloot om zich in te schrijven voor het *New York Bar Exam* in februari 1995. Medestudenten van Misja zeiden dat ze voor het Bar Exam veel meer leerden dan in een heel jaar Master of Law op Columbia: het hele Amerikaanse rechtssysteem werd in korte tijd binnenstebuiten geleerd. Als je geslaagd bent voor het Bar Exam mag je een Amerikaans bedrijf vertegenwoordigen voor het gerecht. Misja kreeg er dikke boeken voor en allerlei audiocassettes met collegestof die ik heel lang bewaard heb en pas jaren later in Tbilisi in een opruimbui met de vuilnisman heb meegegeven.

Ik was intussen druk doende met de adressen voor de trouwkaarten. Wij waren immers slechts voor de wet getrouwd en wilden een groot familiefeest houden als een Georgische priester ons huwelijk zou inzegenen in Tbilisi. We mikten op begin september 1994, tien maanden na ons burgerhuwelijk. Ik liet er oude adresboekjes voor overkomen van thuis. Met vrienden en kennissen over de hele wereld kwam ik makkelijk aan tweehonderdvijftig uitnodigingen. De uitnodiging was in het Engels, Nederlands en Georgisch. Wie schetste de verbazing van menigeen uit mijn kennissenkring die uit Nederland een kaart ontving van iemand die in België Frans en Duits had gestudeerd, in Frankrijk haar man had leren kennen, in Amerika was gaan wonen en in Georgië voor de kerk ging trouwen! De reacties waren dan ook overweldigend.

Bij Lord & Taylor koos ik voor honderd dollar een lange crèmekleurige bruidsjurk uit die een nauw aansluitende top met twee perzikkleurige roosjes links en rechts opgespeld had. Ook voor mijn haar had ik een grote roos uitgekozen in dezelfde tint waarmee ik strengen haar achter op mijn hoofd bijeen wilde binden.

Schoentjes waren ook zo gevonden: satijnen crèmekleurige pumps uitlopend in een punt. In Nederland lagen naar mijn weten nog witte handschoentjes. Op de huwelijksdag zelf zouden we wel bijpassende rozen weten te vinden in Tbilisi.

Schoonmoeder Giuli uit Tbilisi meldde ons dat er voor onze bruiloft al drie jongemannen bereid waren om Misja's getuige te zijn. Het is heel gewoon om meer dan één getuige te hebben. Ik dacht aan mijn Belgische vriendin Muriel die in Warschau woonde maar ze kon helaas niet komen.

Beiden waren we dol op *cheesecake* en wisten we onze adresjes te vinden, maar voor de bruiloft probeerden we allebei juist een paar kilootjes af te vallen om er beter uit te zien. Het werd aftellen geblazen tot eind augustus, tijdstip van ons vertrek. Ik zou voor het eerst Tbilisi te zien krijgen, de stad waar ik zou komen te wonen, waar we een gezin zouden stichten, waar we zouden werken, lachen en huilen. Ik had mijn schoonmoeder al ontmoet maar nog niemand van de andere Georgische familieleden. Zou ik wel in de smaak vallen? Zou men het in Georgië wel accepteren dat Misja met een buitenlandse trouwde? Wat moest ik tijdens de kerkdienst allemaal doen en laten? Ik was immers rooms-katholiek en was bereid om naar het Georgisch-orthodoxe geloof over te stappen. Ik had daarover gecorrespondeerd met mijn vaders oom, Heeroom Adriaan, een priester die mij zijn zegen had gegeven en had geschreven dat het het belangrijkste was dat ik christen bleef en volgens de christelijke waarden zou leven. Toen paus Johannes Paulus II eind 1999 een bezoek aan Georgië bracht ben ik niet naar de audiëntie geweest, ik twijfelde of ik daar als ex-katholiek wel op mijn plaats zou zijn. Achteraf had ik hier enorme spijt van.

Misja's oude studievriend uit Kiev, Sergei, een negenentwintigjarige aardige lange en magere Oekraïner met een nogal wetenschappelijk voorkomen kwam langs omdat hij als regeringsafgevaardigde bij de Verenigde Naties moest zijn. Hij vertelde ons dat hij thuis vijfentwintig dollar per maand verdiende en tijdens deze dienstreis honderdvijftig dollar dagvergoeding kreeg. Als hij niet alles in New York opmaakte zou hij daar weer een hele tijd mee vooruit moeten kunnen.

Misja en Sergei waren zo blij om elkaar weer te zien en Sergei, getrouwd en vader van een zoon van één, was erg positief over Kiev. Hij zou nergens anders willen wonen. Hij stelde ons voor met het organiseren van onze huwelijksreis naar Kiev te helpen en ons af te halen van het vliegveld als het zover was.

Af en toe kreeg ik een NRC of een *Le Monde* in handen en bleef zo op de hoogte van het Nederlandse en Europese nieuws. Nieuws uit Georgië kregen we via de BBC of als we soms telefoneerden. Ik ging dan na het werk op een terrasje zitten genieten van de krant, een salade, de warmte van de vroege avond. Op een spandoek boven de weg stond: '*You live on an island: act like it*!' Dat vond ik zo grappig want dat besef had ik helemaal niet. Bladerend door *Le Monde* stuitte ik op een rake paginagrote advertentie voor een gironummer, met als foto de voeten en handen van een uitgehongerde vrouw. Er stond bij: '*Pas toutes les femmes veulent perdre 3 kilo avant l'été*' (niet iedereen wil vóór de zomer nog drie kilo afvallen). Wat een klasse!

Eind juli 1994 bereikte ons het bericht van het overlijden van Misja's oudoom, broer van zijn overgrootmoeder Tamara: de beroemde schrijver en dichter Grigol Abasjidze die ook jaren voorzitter van de Georgische Schrijversbond was. Hij overleed een dag voor zijn tachtigste verjaardag. Ik had hem weleens een brief geschreven om kennis te maken en hem te laten weten dat ik net als hij met taal en poëzie bezig was en ooit nog eens schrijfster wilde worden. Ik had zelfs een van zijn gedichten (via een Franse vertaling-'Trois fenêtres sur le quai') in het Nederlands vertaald. Later zou zijn vrouw Lamara me vertellen hoe blij hij was geweest met die brief. Tot vandaag de dag betreur ik het dat ik hem nooit in levenden lijve heb kunnen ontmoeten. Een maand later zouden we in Tbilisi trouwen en had ik hem de hand kunnen schudden. Het heeft niet zo mogen zijn.

Mijn Russisch ging in die periode met sprongen vooruit. Ik had een paar keer per week les en herhaalde in de metro de cassettes van mijn *advanced level*-cursus. Met Rima, mijn lerares, had ik tijdens een van onze weekendlessen zo'n lol dat we er bijna in bleven. Ik had mijn les goed geleerd en dan was ze altijd goedgemutst en zei ze steeds weer '*otlitsjno*' ('uitmuntend'). We lazen – als voorbeeld voor een bepaalde naamval – een tekst uit mijn Nederlands-Russische boek *De Russische taal* ergens uit de jaren zestig. Dit leerboek was pure propaganda en moest de indruk aan de buitenlandse student geven dat Rusland een paradijs op aarde was waar alles te koop was en in overvloed in de winkels aangeboden werd. Vera Petrovna ging dus uit winkelen (*djen pokoepok*) en bestelde kilo's kaviaar, kaas, eieren, verse groenten, vlees en ga zo maar door. Natuurlijk was alles in voorraad en werd het bij haar thuisbezorgd. Vervolgens ging ze naar de GOEM, een warenhuis, waar ze op zoek ging naar nieuwe laarzen (in werkelijkheid hadden ze maar één model in één of twee verschillende maten in voorraad) en de verkoopster vraagt: 'Wat is uw maat?' '36.' De verkoopster liet alle modellen in maat 36 aanrukken. Rima schaterde: 'Een *willekeurig* paar laarzen natuurlijk!' Zij heeft die ellende meegemaakt en kan er zo hartelijk om lachen. Ik had deze tekst ook al eens met Misja gelezen die er ook al lachkriebels van kreeg. Is het niet vreemd dat mensen (achteraf) kunnen schaterlachen om hun eigen ellende?! Of relativeren om te kunnen overleven? Nog zo'n Russische mop luidde als volgt. Een man wilde in een Moskouse winkel handschoenen kopen. 'Dat kan,' zegt de opgewekte verkoper. 'Welke kleur had u in gedachten?' – een Sovjetburger begint nu al te lachen – 'Bruin,' zegt de klant. 'O ja, natuurlijk,' zegt de verkoper, 'maar welke kleur bruin precies?' De klant aarzelt. 'O, ik weet het goed gemaakt,' merkt de verkoper op, 'u wilt natuurlijk dat ze goed bij uw bontjas passen.' De klant beaamt dit. 'Welnu, waarom gaat u dan niet even naar huis om uw mantel te halen, dan kunnen we de kleuren vergelijken.' Zo gezegd zo gedaan. De man steekt de straat over en komt een vriend tegen aan wie hij vertelt wat hij aan het doen is. Als die het relaas aangehoord heeft, zegt hij: 'O, je bent zeker in winkel nummer 34 geweest, ik ging daar een keer naar wc-papier vragen, moest drie keer mijn achterwerk laten zien om vervolgens te moeten vernemen dat de zaak die kleur toiletpapier niet in voorraad had!'

Dit soort moppen waren in de Sovjetunie bijzonder talrijk in de jaren zeventig en tachtig, toen het tekort aan consumptiegoederen echt schrijnend werd. Korte grapjes die zich van mond tot mond verspreidden waren ook het enige middel om de frustratie van de bevolking te ventileren. Onder Stalin gingen moppentappers naar strafkampen, maar in de latere periode lachten zelfs partijbonzen onder elkaar om hun eigen regime. Over het algemeen kan gezegd worden dat de humor uit de Sovjettijd een uniek en heel aantrekkelijk cultuurverschijnsel is. Meestal fijnzinnige en korte grappen; nu eens licht ironisch, dan weer grotesk, waren die moppen ook internationaal van geest. De humor van de Slavische volkeren werd er verrijkt met de joodse *witz* en met het verhaaltalent van de mensen uit de Kaukasus.

De verhouding tussen Rusland en Georgië is er een van liefde en haat. Liefde omdat de generaties zijn opgegroeid met dezelfde idealen, dezelfde liederen, dezelfde populaire schrijvers, dezelfde schoolboeken, dezelfde levensmiddelen en noem maar op. Voor de Russen is Georgië symbool van het goede leven, zang, dans en poëzie, wijn, tabak, citrusvruchten en de paradijselijke Zwarte-Zeekust. Oudere Russische vrouwen zwijmelen nog helemaal bij namen van badplaatsen aan de Zwarte-Zeekust waar ze in hun jonge jaren heerlijke vakanties hebben doorgebracht aan de zijde van galante, charmante, muzikale, romantische en tegelijkertijd viriele Georgiërs met donkere blikken.

Anderzijds bestaan er wederzijdse haatgevoelens, omdat Georgië tijdens de Sovjetperiode gecollectiviseerd en genationaliseerd werd terwijl het juist zo hunkerde naar vrijheid en democratie, naar het hervinden van haar Europese identiteit, naar het afwerpen van het zware Sovjetjuk en het uiten van hun nationale trots. Over Stalins daden en wandaden wordt verschillend geoordeeld, maar voor de Georgiërs – alhoewel zij evenzo, zo niet méér, hebben geleden onder de terreur en de zuiveringen van zijn bewind – is Josef Djoegasjvili (Stalin dus) uit de stad Gori in de eerste plaats een Georgiër die heerser was van een wereldmacht.

Oneerbiedig noemen de Russen de Georgiërs 'zwarten' of 'besnorde kakkerlakken' en de Georgiërs de Russen 'Ivan'. Er wordt wel beweerd dat Georgië altijd een land van boeren en bourgeoisie (van landbewerkers en generaals) was, omdat het praktisch geen proletariaat van fabrieksarbeiders had.

Als Nederlandse durf ik de verhouding tussen Georgië en Rusland wel op één lijn te stellen met die tussen Duitsland en Nederland. Van het grotere land dat de rol van bezetter gespeeld heeft, waarvan het kleinere land economisch zo afhankelijk is. En toch vertonen beide landen zoveel affiniteit en gemeenschappelijke trekken.

In augustus 1994 schreef ik een hypergevoelige brief naar huis en krabbelde erboven *'haal de tissues er maar bij en ren niet meteen naar de telefoon want ik voel me prima en ga nu lekker slapen'.*

'Hallo,

"Goeienacht," zei Mikheil net in een accentloos Nederlands en gaf me een dikke kus. Ik deed mijn ogen dicht en moest ineens aan het liedje denken dat altijd na Met het oog op morgen *op de radio ten gehore werd gebracht: "Gute Nacht, Freunde... Es wird Zeit für mich zu geh'n, was ich noch zu sagen hätte, dauert eine Zigarette... und (en dat kon ik toen nooit ontcijferen) ein letztes Glas im Steh'n." De tranen liepen over mijn wangen. Het was zo echt. Ik hoorde het op de radio spelen terwijl papa aan boord van ons zeiljacht in de kooi lag ("Welterusten, hè"), Egbert op de ene en mama op de andere bank en ik in de punt. Ik voelde bijna de rits van de slaapzak langs mijn blote been en hoorde duidelijk de vallen tegen de masten slaan, de stootkussens zachtjes, langzaam en regelmatig piepen. Ik heb zulke heldere momenten, flarden herinneringen, zo echt, zo nabij en altijd zo emotioneel (...) Het komt misschien omdat ik er zo ontzettend naar verlang, hunker om een eigen leven op te bouwen als volwassen koppel, met eigen gebruiken en herinneringen, ik heb dat ook in een brief aan Egbert geschreven, dat het zo moeilijk zal zijn mijn jeugd te herbeleven als volgende generatie. Maar ik heb in ieder geval een schitterend voorbeeld. Desalniettemin verlang ik zo naar mijn jeugd terug, nu al, net vijfentwintig en een half en mijn eerste witte haar in mijn pony ontdekt. O, wat zou ik graag teruggaan in de tijd dat we zeilden op de meren.*

Wat we moeten proberen, Egbert en ik, maar ook jullie (zonder ons) is een nieuw doel aan het leven te geven: dat klinkt erg dramatisch en definitief, maar ik bedoel dat we allemaal op zoek moeten naar een soort vervanging, opvulling van de fijne momenten die we toen hadden en waar we met zo'n nostalgie aan terugdenken. Ik zit in New York, ver van het geliefde thuis en geliefde Europa, ben getrouwd, heb veel plannen en ambitie maar nog weinig resultaat. Ik weet zeker dat jullie het er nog het beste van afgebracht hebben. Een volle agenda, een schitterend huwelijk en relatie met elkaar en met jullie omgeving en een soort tevredenheid dat de kinderen zichzelf min of meer kunnen redden en een opleiding achter de rug hebben. Denken jullie eigenlijk ook zo vaak aan al die kleine dingetjes (is dit typisch vrouwelijk?) van de laatste vijfentwintig jaar met kinderen? En ben je dan ook op de een of andere manier verdrietig? Bij mij is het misschien een soort faalangst dat mijn toekomst niet zo rimpelloos zal verlopen, in een andere tijd met veel misdaad, (nucleair) gevaar, in een land in oproer, met een andere cultuur, taal en gebruiken. Zal ik het redden? Dat moest ik even opschrijven na Mikheils lieve Nederlandse "Goeienacht". Als hij eens wist wat dat allemaal teweeggebracht heeft. Heel veel liefs, S.'

De dag van vertrek brak aan... We vlogen voor ons kerkelijk huwelijk naar Tbilisi via Misja's studentenstad Kiev waar we op de heen- en terugweg bij wijze van huwelijksreis enkele dagen verbleven. Onze bagage bestond uit één koffer van veertig kilo, één van twaalf kilo en een televisie van tweehonderdvijftig dollar voor Misja's moeder. Onze New-Yorkse spullen sloegen we bij een Georgische vriend op en na terugkeer in New York zouden we op zoek moeten naar een nieuw appartement. Toen we boven Frankfurt vlogen maakte de stewardess ons daarop attent wat ons heel verliefd naar elkaar deed kijken. Doordat we zo laat bij de incheckbalie aan waren gekomen hadden we helaas geen plaatsen meer naast elkaar kunnen krijgen. Ik was doodzenuwachtig omdat ik eindelijk de stad te zien zou krijgen waarin ik van plan was een groot deel van mijn leven te slijten. Zou het niet meer gevaarlijk zijn op straat? De burgeroorlog in het West-Georgische Abchazië was nog maar een jaar geleden geluwd maar had zeker ook in de hoofdstad veel dood en vernieling gebracht. Dat was ook de reden dat slechts mijn ouders en broer overkwamen, vele vrienden en familieleden vonden het te riskant en zouden aan mijn ouders felicitatiekaarten en cadeautjes meegeven en op ons verzoek in plaats van een cadeau enveloppen met geld, lekker Hollands, lekker praktisch.

In de Oekraïense hoofdstad was het vanwege het weekend stil op straat, het deed dorps aan: kerkjes met gouden toppen, pleinen, parken. Het leek allemaal wat stil te liggen: kapotte bushokjes, van die typisch Russische etalages, twee baboesjka's met kapje op, die met zware tassen liepen te sjouwen. Veel mooie gebouwen zoals de centrale bank, hooggerechtshof, parlement, regeringsgebouw, dan weer een hoekje, een plein dat zo in het Roemeense Timisouara had kunnen liggen, dan weer een stukje sprekend Vilnius. De ex-USSR is er op een of andere manier toch in geslaagd dat grote rijk vrij eenvormig – maar niet eentonig – te houden. We logeerden in een schitterend herenhuis van Misja's kennissen Elena en Volodja die hij uit zijn studententijd kende, zelf zaten ze in Duitsland. Vier grote kamers, plavuizen, hoge plafonds, lithografieën aan de muur, een vleugel, lusters en veel hout. We konden door de jetlag slecht de slaap vatten.

In het Kiev van zomer 1994 was best veel te krijgen, maar wel tegen harde valuta's. De bewoners klaagden erover waarom alles toch zo duur en onbereikbaar was geworden en waarom de joodse maffia alles voor het zeggen had en elke clan zijn eigen stadswijk had. Als je als kioskhouder de vijftig dollar per maand niet op kon hoesten kon je er donder op zeggen dat je op een goede ochtend je kioskje, of wat er van over zou zijn, bij elkaar kon vegen. Indringers werden in dit systeem niet geduld. Zo scheen er een goedlopend Chinees restaurantje op een van de pleinen te hebben gezeten dat op een dag een kok liet overkomen uit China. De volgende dag was de kok verdwenen. Niemand vernam ooit nog iets van hem. Het gebied werd door een Georgiër gecontroleerd en op de plaats van het Chinees restaurant zat ondertussen een Georgische *dukani*, een soort bruin café !

Onze gastvrouw werkte in een museum waar vroeger dertig rondleidingen per dag op het programma stonden en nu geen kip meer kwam kijken. Het omgevallen kaartenhuis dat communisme heette had voor anarchistische toestanden gezorgd. Vroeger betaalde je met gehoorzaamheid zonder vragen te stellen, nu waren slechts nog harde valuta's welkom maar werd trouwens niet gevraagd waar die vandaan kwamen. Het sprak voor zich dat er niet alleen in Georgië en de Oekraïne na het uiteenvallen van de Sovjetunie ontzettend veel Sovjeteigendommen in privé-handen zijn geraakt, van banktegoeden tot fabrieken en van transportmiddelen tot museumschatten. Misja liet me een paar mooie plekjes in Kiev zien, maar de rest bewaarden we voor de terugweg, ook dan hadden we enkele dagen Kiev gepland.

De aankomst op het vliegveld was onvergetelijk. De halve familie stond ons op te wachten met bloemen en ik merkte aan de reacties – ik deed mijn best in het Russisch – dat ze met Misja's keuze instemden. Natuurlijk was mijn tweede bezoek aan Georgië volkomen anders dan het eerste. Nu wist ik immers dat dit mijn tweede vaderland zou worden! Ook had ik bij het eerste bezoek slechts West-Georgië gezien, nu kreeg ik de kans om de hoofdstad te leren kennen. Vanaf het postkantoor aan de Roestaveliboulevard stuurde ik een telegram naar mijn vrienden in Koetaisi en nodigde ze uit op mijn bruiloft. Dat telegram kwam te laat aan en Firoez en zijn zonen kwamen pas in Tbilisi aan toen wij alweer naar Kiev vertrokken waren. Ze werden warm onthaald door mijn schoonmoeder en haar man Zoeriko. Giuli verzekerde Firoezi dat ik het hele bruiloftsmaal naar de deur had zitten kijken of ze toch niet binnen zouden komen.

Het huwelijk zelf was een bijzondere ervaring. Het was eind augustus en bloedheet in de stad. Tbilisi ligt in een vallei, omringd door beboste heuvels en in juli en augustus is het beter de heuvels op te rijden, enkele honderden meters hoger is de temperatuur al veel draaglijker. De Georgische familieleden hadden een zaal geregeld en een feestmaaltijd, Misja's grootmoeder wees een vriendin als mijn meter aan, Tsiala *deida* (tante Tsiala), die bij mijn 'omdoping' tot Georgisch-orthodoxe aanwezig was.

Enkele dagen voor het huwelijk zou mijn broer aankomen uit Griekenland waar hij bij vrienden was. Ik ging met Misja en zijn broers naar het vliegveld van Tbilisi om hem op te halen. Communicatie met aankomende vliegtuigen was blijkbaar zo slecht dat we te horen kregen dat het onmogelijk was aan te geven hoe laat het vliegtuig zou landen. Ook in de verkeerstoren was men, net als wij, aangewezen op het blote oog! We gingen op de trappen van het aankomstgebouw zitten, vandaag de dag streng verboden terrein voor onbevoegden, en liepen af en toe enkele tientallen meters het vliegveld op om te kijken of er al iets in aantocht was. Na uren wachten mocht ik mijn broer in mijn armen sluiten. Ik was blij dat hij er ook bij was; mijn ouders waren al eerder gearriveerd.

Op de ochtend van de grote dag scheen de zon uitbundig. We kwamen allen bijeen in het huis van Misja's grootouders Mzia en Givi. Eerst uitgebreid douchen en mijn haar wassen. Telkens als ik nu bij oma Mzia de badkamer binnenstap denk ik weer aan die bijzondere douchebeurt. Misja en ik waren al bijna een jaar getrouwd maar nu er een bruidsjurk, een bruidsmeisje en een priester aan te pas kwamen voelde het pas écht! Mijn moeder deed mijn haar en mijn vader maakte het bruidsboeket van de enkele rozen die hij met moeite links en rechts op straat had kunnen kopen.

Van overgrootmoeder Tamara had ik op het laatste moment nog een in elkaar geflanste sluier toegestopt gekregen. Zij was aan haar bed gekluisterd en kon tot mijn grote spijt niet meekomen. Ook Misja's grootvader Givi lag helaas in het ziekenhuis met maagproblemen. Zijn operatie was al enkele malen uitgesteld vanwege stroomstoringen! De orthodoxe priester Irakli wilde er voor deze uitzonderlijke schoondochter met buitenlandse gasten iets speciaals van maken en liet de mis bijzonder lang duren. Ik verstond nog bijna geen woord Georgisch en haalde er slechts onze namen uit: Mikheili da Elisabedi, omdat mijn tweede naam een christelijke naam is werd die in de kerk gebruikt. Misja had maar één zwarte broek, een wollen, en dus heeft hij een uur lang ontzettend staan zweten. We kregen kaarsjes in onze handen gedrukt die tijdens de gehele ceremonie brandden. Als getuigen had Misja een neef en zijn goede vriend Gia Baramidze en voor mij had de familie Tsatsa aangewezen, een goede vriendin van de familie, een tiental jaar ouder dan ikzelf. De getuigen hielden kroontjes boven onze hoofden toen we de priester moesten volgen en in een kring liepen. Na de mis mochten we naar voren treden en een bijbel in ontvangst nemen. Uiteindelijk kwamen alle gasten ons feliciteren.

In de feestzaal had ik alle felicitatiekaarten uit Nederland aan een touw gespannen. Er was voor zangers gezorgd die na de verplichte toasts begonnen te zingen. Er werd ook gedanst. Toen er een ballon knapte was het plotseling muisstil. De gasten dachten onmiddellijk terug aan de angstwekkende schoten op straat die tijdens de burgeroorlog van ruim een jaar geleden regelmatig hadden geklonken. Toch vonden mijn ouders, broer en ik dat de sfeer in de stad vriendelijk was en dat je je vrij kon bewegen als toerist om van de vele bezienswaardigheden die Tbilisi biedt te genieten.

Enkele dagen na het huwelijk vlogen we terug naar New York via Kiev waar we in het najaarszonnetje heerlijk op de Dnjepr roeiden. Mijn ouders en broer bleven nog enkele dagen langer in Tbilisi en reden op een middag naar het Schildpaddenmeer net buiten de stad om er te picknicken.

Terug in New York keken we wellicht terug op een mooie tijd in Tbilisi en Kiev maar hadden we qua huisvesting een paar weken te overbruggen wat een pijnlijke ervaring werd. Geen huis hebben, in een goedkoop hotel wakker worden omdat er een kakkerlak over je arm loopt. Voor een borg of tussenkomst van een makelaar geen geld hebben. Achteraf gezien een dieptepunt in ons New-Yorkse bestaan. We vonden ten langen leste een mooi appartement in een redelijke buurt, op de hoek van Central Park, aan de Cathedral Parkway.

Misja liet mij geen moment intellectueel lui zijn. Ik moest lezen, ik moest bijstuderen, ik moest vooruit. Zodra ik de touwen liet vieren trok hij ze weer aan. Misja zelf dacht eraan zich een jaar later kandidaat te stellen voor het Georgische parlement. Toen ik een keer zei dat hij niet teleurgesteld hoefde te zijn als dat niet zou lukken kreeg ik de wind van voren: hij moest en zou de top bereiken en ik moest hem daarin steunen! 'Als je ergens niet meer in gelooft,' zo redeneerde hij, 'dan kun je ook niet meer de motivatie opbrengen om het uiterste te geven.' Een vastberaden kerel. Ik schrijf eind september 1994 aan mijn ouders de volgende zinnen:

'Mikheil gelooft – met zijn Georgische dramatische instelling – dat het leven van een "leider" niet over rozen kan gaan. Dat hij principes moet hebben waar hij niet van afwijkt, dat hij moet vechten. Hij zal misschien niet rijk zijn, politiek brengt niets op, maar politiek is zijn leven en ik

kan toch een goede zakenvrouw zijn. En hoe kun je ooit genoeg stemmen vergaren van een niet zo welgestelde bevolking als je zelf in overvloed leeft? Ik denk dat jullie al begrepen hebben dat Mikheil een echte man en zelfs een héld wil zijn en ook is! En dat staat me zo aan! Hij zal zijn ziel niet aan de (commerciële) duivel verkopen, zoveel is duidelijk!'

Misja en ik waren op mijn vaders voorstel ingegaan om met het oog op de toekomst in Tbilisi een appartement aan te kopen. We gingen ervan uit dat we niet meer zo lang in Amerika zouden blijven en eventueel nog zouden doorstuderen maar daarna definitief naar Georgië zouden komen om er beiden werk te zoeken en onze kans te wagen. Misja ging in oktober opnieuw naar Tbilisi om voor ons een appartement te zoeken. Ik kon niet mee, ik werkte dag in dag uit op het Nederlandse advocatenkantoor, zorgde voor het huishouden en probeerde tijd vrij te maken voor sport, lezen en Russisch.

Mijn ouders hadden ons geld gestuurd en dus moest Misja met een beurs onder zijn trui op pad! Ik vond dat vreselijk eng, te meer omdat het niet ons geld was maar een geschenk van mijn ouders. Dat betekende een grotere verantwoordelijkheid. Misja beloofde me voorzichtig te zijn. Over de zoektocht naar een geschikt appartement kwamen verschillende berichten uit Tbilisi en ik werd er tureluurs van. Ik zei tegen Misja dat Nederlanders over het algemeen niet zo happig zijn op veranderingen en dat, als iets 'A' is, ze het ook 'A' willen houden, misschien dat ze na enige aanpassing nog wel met 'B' kunnen instemmen, maar als het, zoals bij de Georgiërs, van 'B' via 'C' naar 'D' gaat en het nog drie keer verandert, een nuchtere Nederlander niet meer weet waar hij aan toe is. Deze gang van zaken wordt dan ook meestal door ons als chaotisch en ongeorganiseerd bestempeld, 'onder de toonbank', onbetrouwbaar en dergelijke. Maar dat hoeft helemaal niet het geval te zijn. 'Woord houden' is nog heilig in Georgië.

Ondanks deze sterk verschillende mentaliteit, enerzijds de Nederlanders die eerst de kat uit de boom kijken en willen weten wat voor vlees ze in de kuip hebben en anderzijds de Georgiërs die graag eerst vol overgave hun buitenlandse gasten inhalen en op de vriendschap klinken en later wel zullen zien of het tot een zakelijke overeenkomst komt, durf ik toch te beweren dat Nederlanders en Georgiërs elkaar bij het zakendoen goed aanvullen. Juist door die charmerende aanpak van de Georgiërs kunnen de geïmponeerde nuchtere Nederlanders wel wat tegenvallers verwerken. Ze krijgen er op een andere manier zoveel meer voor terug, leven zich in en passen zich goed aan aan de Georgische realiteit. Dat is een kunst op zich. Toch moet de Nederlandse zakenman er wel vast van overtuigd zijn dat er aan twee kanten gewerkt wordt. Soms hebben de Georgiërs de neiging te denken dat het hen aan komt waaien of in de schoot komt vallen. Dat het maken van een marktstudie, het opstellen van een businessplan of het aanvragen van een lening wel door de westerlingen wordt gedaan. Op zo'n moment kan het dan flink botsen. Maar als de Georgiër én zijn charmes in de strijd gooit, zijn land en zichzelf van zijn beste kant laat zien én ook nog eens zijn e-mails en telefoon op een zakelijke manier beantwoordt dan kan de zakelijke en vriendschappelijke relatie tussen Nederlanders en Georgiërs niet meer kapot, sterker nog: je komt er niet meer tussen!

Het is ook wel aardig om hier stil te staan bij de bijzondere band tussen Georgië en Nederland die is ontstaan aan het einde van de Tweede Wereldoorlog toen op het eiland Texel meer dan zeshonderd Georgiërs in Duitse krijgsdienst waren gelegerd. Zij kwamen op een nacht in opstand tegen de Duitsers waarvan er honderden sneuvelden. Als vergelding werd toen een grote klopjacht op de Georgiërs ondernomen waarvan er in totaal meer dan vijfhonderd op Texel zijn omgekomen ondanks het feit dat vele Texelse boerenfamilies de Georgiërs onderduikadres boden op hun erf, in de schuur of in hun huizen. In de Nederlandse geschiedenis wordt nauwelijks melding gemaakt van deze tragedie hoewel er ook ongeveer honderd Texelse burgers omgekomen zijn. In Georgië kent iedereen dit stukje vaderlandse geschiedenis.

In de jaren zestig is er over deze 'Opstand der Georgiërs' een geromantiseerde speelfilm gemaakt waardoor het verhaal bij de Georgiërs ontzettend is gaan leven en ze de Nederlanders sindsdien beschouwen als hun beschermelingen. Ene 'moeder Cornelia' die blijkbaar bijzonder actief was en veel Georgiërs heeft gered wordt ook altijd genoemd in deze context, zij heeft in de jaren zeventig bij een bezoek aan haar geliefde Georgië zelfs het ereburgerschap gekregen.

In een gemengd huwelijk is natuurlijk ook veel aanpassingsvermogen nodig. Je goed inleven in de belevingswereld van de ander en toch ook volgens je eigen principes proberen te leven is een telkens terugkerende uitdaging. Soms moet je er iets voor opgeven, soms probeer je naar een tussenoplossing te zoeken. Het is heerlijk om te merken dat je elkaar aanvult juist omdat je zo'n verschillende achtergrond hebt. Het is fijn de verschillende eigenschappen van beide ouders in je kind op een harmonieuze manier samengebracht te zien. Hoe langer je samen bent, hoe meer je samen beleefd hebt en hoe meer gemeenschappelijke referentiepunten je creëert. Daarom is het ook zo pijnlijk als het in een huwelijk tot een scheiding of een overlijden komt. Er wordt dan een hap uit je jonge leven genomen. De bijzondere ervaringen die je jarenlang met je geliefde had, kun je niet langer delen en dat moet wel een leeg gevoel teweegbrengen.

Een minpunt bij het gemengde huwelijk, toegegeven, is dat je elkaars jeugdjaren hebt gemist en je daardoor aan de relatie begint met zo'n verschillend referentiekader. Zo kun je soms behoorlijk buiten de boot vallen als er met (leef)tijdgenoten gegrapt wordt of (in de familie) herinneringen worden opgehaald. Je jeugd is een gevoelswereld, een combinatie van gedeelde helden, idolen, muziek, sfeer, doorstane angsten, dromen, schoolervaringen, reizen.

Terwijl Misja op appartementen-zoektocht was in Tbilisi probeerde ik de eenzame avonden door te komen. Regelmatig nam ik naast mijn aantekeningen en woordenlijsten Russisch ook de dikke pil *Macro Economics* ter hand om wat bij te spijkeren. Maar ik zocht een maatje. In een zotte bui was ik vlak na Misja's vertrek een dierenkliniek binnengegaan en had een rode kater gekocht.

De kat, die we Djigarro zouden noemen, lag als ik zat te studeren, half slapend op mijn papieren. Soms had hij zo'n dolle bui dat hij op de airco sprong. Dan zat hij weer plots op de keukenkastjes en het volgende moment in het televisiekastje achter de *Yellow Pages* verstopt, waarschijnlijk op zoek naar een adresje waar verse tonijn verkocht werd. Dan vloog hij weer in een papieren zak of schoot achter een wc-rolletje aan. Wat zou Misja ervan zeggen als hij terugkwam?

De kat *had been fixed* oftewel '*neutered*': zijn balletjes waren er zorgvuldig afgeknipt. We noemden hem dus Djigarro, wat in het Georgisch zoiets als 'goeie kerel' betekent, een woord dat ik Misja vaak aan de telefoon had horen gebruiken als hij met Georgische vrienden sprak. Onze huwelijksgetuige noemde hem Mister Zarbazan, een Georgisch stripfiguur. Toen ik een keer een dag of tien in Nederland was wilde Djigarro maar niet eten. Later bleek dat Misja hem kattenbakkorrels had voorgeschoteld! Gelukkig had hij hem ook nog wat worst gegeven en was het beestje niet van de honger omgekomen.

Van de dierenkliniek kreeg ik enkele maanden na aanschaf van onze kater een oproep per post: '*It is time for your pet's shots*' luidde de openingszin. De adressering op de envelop luidde: 'Djigarro Saakashvili'. Misja en onze Georgische vrienden vonden het prachtig! Het voorval wekte ook enorme hilariteit op toen ik jaren later in vloeiend Georgisch over Djigarro Saakashvili vertelde in een komische televisieshow. De andere dijenkletser die ik daar aanhaalde was het moment dat Misja leerde hoe hij in het Nederlands moest groeten: 'Goeiemorgen, goeiemidag, goeienavond, goeienacht.' In het Russisch is het woord 'goei' (excusez le mot) schuttingtaal voor het mannelijk geslachtsdeel. Misja sloeg dan ook de spijker op zijn kop toen hij uitriep: 'Denken jullie Nederlanders dan de hele dag aan niets anders?'

Misja keerde onverrichter zake uit Tbilisi terug. Zijn moeder zou verder gaan met het zoeken naar een appartement. Nadat hij aan Djigarro gewend was geraakt begonnen we wat onze toekomst betrof wat knopen door te hakken: we waren beiden van plan om door te studeren. Hij voor Doctor of Philosophy (PH.D) en ik een MBA. Ik schreef me in bij vier universiteiten. De inschrijvingsgelden waren hoog maar dat was blijkbaar vooral om slechts de serieuze kandidaten eruit te filteren. Ik schreef naar Georgetown University (daar hadden ze zelfs een afdeling Oost- en Centraal-

Europa), University of Maryland, George Washington University en American University. Maar ook Rotterdam Erasmus University, je wist immers maar nooit. Ik ging op zoek naar personen die mijn aanbevelingsbrieven konden schrijven of liever gezegd ondertekenen want bij Julie aan Columbia Law School had ik wel geleerd dat die meestal door de student zelf opgesteld werden.

De opleiding in Rotterdam zou achttien maanden duren. Misja dacht voor zichzelf ook aan een Ph D. aan de Universiteit van Leiden. Maar ook Frankrijk, Zwitserland of blijven in Amerika sloten we niet uit. We oriënteerden ons dus zo breed en flexibel mogelijk. We dachten aan najaar 1995 want we wisten immers niet wat er nog komen zou. Als ik van tevoren meteen al had geweten dat we niet één maar twee jaar in Amerika zouden blijven had ik me zeker al veel eerder aan een Amerikaanse Universiteit ingeschreven en was ik al aan het studeren geslagen! Om toegelaten te worden voor een MBA moest ik een General Management Admissions Test oftewel GMAT afleggen, dat zou op 21 januari 1995 zijn. Ik kocht enkele handboeken met voorbeeldvragen en theoretische uitleg en begon erin. Wiskunde op VWO-niveau (maar dat was zeven jaar geleden!), logisch redeneren, tekstbegrip en het schrijven van een essay. Zware kost maar niet onmogelijk! De score lag tussen 200 en 800. De meeste *business schools* stelden 550 of 600 als toelatingseis. In tweeënhalve maand moest en zou het me lukken om een redelijke score neer te zetten. Ik scoorde 530, weliswaar bij de hoogste 30% van de GMAT-deelnemers maar toch niet overtuigend genoeg voor een MBA-aanvraag. Toen ik die score binnenkreeg besefte ik dat ik weinig kans zou maken op een toelating en dat ik op meer paarden tegelijk moest wedden.

Op een MBA-forum in New York zei een van de vrouwelijke sprekers: ‘Ogen open houden, pin je niet vast op één toekomstbeeld want als mens verander je steeds, je dromen van vandaag zijn je “naïeve jaren” van morgen.’ Misschien mede door deze wijze van redeneren kreeg ik enkele dagen later een prachtige inval: waarom zou ik niet aan mijn werkgever Nauta Dutilh vragen om mij mijn MBA te laten halen en ze te helpen in de voormalige Sovjetunie (Kiev, Moskou, Minsk) een filiaal op te zetten. Dat was toch wel aan mij besteed! Ze zouden misschien de helft van het collegegeld kunnen betalen. Helaas vond deze suggestie geen voedingsbodem en was ik weer een illusie armer.

Eind oktober was er in het Metropolitan Museum een prachtige tentoonstelling: *Origins of Impressionism*. Ik ging er op een vrijdagavond heen. Het museum was tot 's avonds open en ik bewonderde in alle rust Manet, Monet, Renoir en andere klinkende Franse namen. Maar lezen deed ik ook veel. Na *Lord of the Flies* van Willian Golding las ik *Das Parfum* van Patrick Süskind met plezier voor de tweede keer. Tegelijkertijd was ik in Hugo's *Notre Dame de Paris* bezig en lag Hella Haasses *Heren van de thee* met smart te wachten gelezen te worden. Ik probeerde altijd al mijn talen bij te houden en koos bewust voor klassiekers in verschillende talen maar bij voorkeur in de oorspronkelijke talen. Het lezen van een vertaling – hoe goed die ook is – vind ik vaak hinderlijk. Op de tolkenschool in Brussel moesten we ook altijd horen: 'traduire, c'est trahir un peu' en daar kon ik me helemaal in vinden. In vertaalde werken lopen de zinnen niet goed of zijn ze te lang. Vaak vind je letterlijk vertaalde wendingen terug waar met enige moeite best wel een mooi alternatief voor gevonden had kunnen worden.

Tijdens het lezen van *Das Parfum* werd ik me steeds bewuster van mijn reukvermogen: toen ik voor kattengras in een plantenwinkel stond rook ik ineens – tien jaar terug – de bloemenzaak van tante Piep (mijn vaders jongste zus die eigenlijk Godelieve heet) en zag ik de brutale neefjes de wenteltrap oprennen en nichtje Yvonne met haar duim in haar mond op de bank zitten. Zo verging het me ook met zalige amandelzeep op het werk. Net of ik zoete Amaretto op mijn handen had of in de Brusselse Marollen amandelzeep kocht, zo zalig dat je er gewoon rustig van wordt. Ook de zoethoutthee die ik 's avonds vaak dronk riep heerlijke associaties op.

Misja's stageplaats werd omgezet in een contract voor zes maanden, dat moest gevierd worden! Studie, stage en nu een echte baan! Hij stak me in het nieuw: een donkergroene blazer met gouden knopen van Liz Claiborne en een donkerblauw-donkergroen Schots rokje tot boven de knie. Ook een donkergroene regenjas en een crèmekleurige poncho. Totaal 399 dollar, een rib uit ons lijf maar het resultaat was ernaar.

11 november was het de verjaardag van mijn schoonmoeder Giuli, ze werd eenenvijftig. Haar moeder Mzia was zeventig en haar oma Tamara die bij haar inwoonde eenennegentig. Als men – zoals gebruikelijk is in Georgië – vroeg trouwt en snel kinderen krijgt kan het dus makkelijk dat je, zoals in ons geval, met vier generaties in één familie zit. Een jaar later, met de geboorte van Eduard, zouden we met vijf generaties zijn, dat is al een stuk zeldzamer.

In 2000 werd er in Tbilisi een nationale schoonheidswedstrijd voor de mooiste oma gehouden; de winnaressen waren 42 en 36 jaar oud!

Dominique Zwartelé, een middelbare-schoolvriendin die klarinettiste is kwam enkele dagen bij ons in Manhattan logeren. Haar concerten waren op weekdagen 's middags dus kon ik er helaas geen enkele van bijwonen.

Het was leuk om met haar over mijn middelbare-schooltijd te praten en over alle klasgenoten. Echte hartsvriendinnen heb ik tijdens mijn pubertijd niet gehad. Wel daarvoor, met Angelique die op een andere lagere school zat maar met wie ik correspondeerde in een symbolen-geheimschrift en met wie ik in de zomervakantie de eindeloze Reuzenhoeksedijk af fietste naar het openluchtzwembad in Zaamslag. Ook picknickten Angelique en 'Sanniebal', zoals zij mij noemde, op de Scheldedijk met bekers chocolademelk en plakken cake. Maar op de middelbare school was ik een buitenbeentje en stond ik in de pauze eerder bij een groepje jongens bij de fietsenrekken dan dat ik me bij de meiden in de kantine aansloot die het hadden over discotheken, make-up en popconcerten. Ik voelde me bij jongens meer op mijn gemak en ging gemakkelijker vriendschappen met hen aan.

Bij haar afscheid deed Dominique ons twee grote mooie blauwe badhanddoeken cadeau. Daar hadden we inderdaad gebrek aan. Heerlijk die Nederlanders die altijd met van die praktische cadeaus komen. Georgiërs houden het bij bloemen en grote platte dozen bonbons, net als uit het kinderliedje van Magonnetje die uit verre landen een doos met chocolade meebracht.

Misja merkte altijd op dat hij voor Sinterklaas of Kerst wel weer sokken en boxershorts zou krijgen van mijn ouders, eh pardon, van de Goedheiligman.

Ook hoor ik hem wel eens zeggen dat Nederlanders in veel details zo overdreven kunnen doen. Dat ze elkaar bij wijze van spreken opbellen als de kat een wind heeft gelaten.

Over katten gesproken. Toen ik op een nacht mijn koffer aan het inpakken was om voor een korte vakantie naar mijn ouders te gaan rende Djigarro als een gek heen en weer, onrustig als katten kunnen zijn als ze weten dat er iets te gebeuren staat. In de hoek van de huiskamer stond een grote weckpot met bloemen erin. Djigarro wilde graag weten of hij bij het water in de vaas kon en stak zijn kop erin, waarop de vaas omviel, het water eruit liep en de kattenkop in de vaas bleef steken! Hij rende van de ene muur naar de andere en bonkte er – heel intelligent – tegenaan. Ik keek op van het gebonk toen ik plots Djigarro met vaas op zijn kop langs zag suizen richting badkamer. Hij sprong in het bad en begon tegen de rand van het bad te bonken. Wat een slimmerik. Met kloppend hart probeerde ik zijn nekje uit de vaas te bevrijden wat me uiteindelijk lukte. Het beestje was buiten adem en bleef dicht tegen me aan liggen uitrusten en bijkomen van zijn strijd om leven en dood. Ik was trots op hem en blij dat ik op was, anders was het misschien anders afgelopen.

Ik vloog die ochtend in november met Royal Jordanian naar Nederland. Zwanger, wat ik niet wist. Misja zwaaide me uit bij de Airport Shuttle en zei dat ik geen wijn moest drinken omdat ik zwanger was. Ik glimlachte en zat een paar dagen tijdens het fonduen met vrienden toch aan een rood wijntje te nippen.

Op de terugvlucht na een tiendaags bezoek aan mijn ouders schreef ik hen dat ik de tijd zo snel vond gaan, dat ik al bijna 26 was en de klok wel een jaartje of wat wilde stilzetten voor ik klaar zou zijn om verder te gaan. Mijn moeder had het daar ook over gehad, steeds de indruk hebben dat het niet af komt, nog niet perfect is.

Als ik nadacht over de zin van het leven of bijvoorbeeld over het verdriet van afscheid nemen dan nam ik vaak de gedichtenbundels van de Vlaamse priester Phil Bosmans ter hand. Hij zegt dat je de golven van het leven moet accepteren, wetend dat er weer een moment van vreugde zal volgen, wetend dat vreugde ook wel eens overschaduwd wordt. Als je dat eenmaal beseft leef je bewuster en geniet je intenser.

Teruggekeerd op mijn bureaustoel op de drieënveertigste verdieping aan Park Avenue merkte ik dat mijn stem bij het beantwoorden van de telefoon op kantoor een heel stuk lager klonk. Toen ik over tijd was besloot ik een test te doen: al bijna een maand zwanger! Ik was verbaasd en wist niet zeker of ik hier nu wel al aan toe was. Misja, die het blijkbaar op een of andere manier voorvoeld had stond niet verbaasd maar vond het niet minder spannend. Samen besloten we een echoscopie te laten doen om te kijken of alles in orde was. De arts bevestigde de zwangerschap en vroeg routinematig of ik het kindje wilde houden. Waarschijnlijk kwam het vaker wel dan niet voor dat men tot abortus over ging. Ik was ontzettend beledigd en verbouwereerd en riep uit: 'Of course!' Ik begon heel bewust minder geld uit te geven, wilde sparen voor de onzekere tijden die aan zouden breken, toch zeker nu we een babytje verwachtten.

De maand december was aangebroken. Decembermaand is feestmaand en zeker de onze: 21 december is Misja jarig, 22 december trouwdag van mijn ouders, 23 december ben ik jarig, dan Kerstmis en Oudjaar waarop mijn vader jarig is.

In Tbilisi had begin december een gruwelijke politieke moord plaats gevonden: de leider van de Nationale Democratische Partij, Giorgi Tsjantoeria, werd doodgeschoten nabij zijn huis. Zijn vrouw Irina zat naast hem en raakte ernstig gewond. Tbilisi was opnieuw in rep en roer, een gespannen politieke situatie.

We kregen bezoek van Zoerab Zjvania, een jonge pas getrouwde politicus van de Groene Partij, bioloog van opleiding, die veel over politiek sprak met Misja. Mij werd verteld dat de kans groot was dat hij eerste minister zou worden. Hij zou dat uiteindelijk ook worden, maar dan bijna tien jaar later toen de post van eerste minister voor het eerst ingevoerd werd, door mijn man. Maar wie wist toen wat komen ging? En dat hij eerst nog jarenlang Parlementsvoorzitter zou zijn, en een goeie ook.

Zoerab vertelde dat het leven in Tbilisi moeilijk was. Dat er wel water was maar al drie weken geen stroom. Dat de mensen kerosinekacheltjes kochten waarmee ze zich verwarmden en waarop ze tevens konden koken. Dat ze over het algemeen vroeg naar bed gingen, zich voor het huis bij een vuurtje verwarmden en zich wasten in de warme zwavelbaden in het oude stadscentrum. Broodrijen waren ook dagelijkse kost. In New York zette ik de al discussiërende jonge Georgische politici boerenkool met worst voor waarvan ze smikkelden en smulden! 's Morgens peperkoek, brood met smeerkaas en theeworst als beleg. Het gebruik van zulke Nederlandse producten beschouwde ik altijd als een verlenging van mijn verblijven in Nederland, die toen niet zo frequent waren.

We namen Zoerab mee naar onze lievelingsplek, *Indian Cafe*. Toen Misja en ik in februari 2004 op staatsbezoek in de Verenigde Staten waren zijn we er opnieuw gaan lunchen. Natuurlijk was het niet meer zoals in onze herinnering, ook de keuken was niet meer dezelfde en we citeerden Heraclitus maar weer eens: *You can't step into the same river twice*'. De avond erop met onze gast naar de musical *Cats* op Broadway. Misja begon Djigarro echt te haten omdat hij Zoerabs nachtrust diverse malen verstoorde.

Georgië kwam door dit bezoek weer een stapje dichterbij en al fantaserend over mijn rol in dat land in opbouw vroeg ik foldertjes aan over Franchising bij McDonalds met in mijn achterhoofd het idee om een McDonalds te openen in Tbilisi. Daar moest je echter minstens zestigduizend dollar voor hebben. Vijftienduizend ervan zou je later terugkrijgen. Het ging hier om '*domestic franchising*' dus ik hoopte maar dat de voorwaarden voor buitenlandse franchising gunstiger waren. Ik wilde vervolgens naar het kantoor in Wenen bellen om te vragen of Georgië in de planning zat. Misja maakte er een leuk grapje over. Hij zei: 'Als je belt zeg je dan: "*I would like to French Fries for you in Georgia, are you interested?*"' Ik had niet veel hoop maar waagde toch de gok, tevergeefs. Anderen zijn wél ingegaan op de voor mij niet haalbare voorwaarden en hebben niet lang daarna de eerste twee McDonalds in Tbilisi geopend, in Batoemi aan de Zwarte-Zeekust is ondertussen ook een locatie gekozen. Achteraf heb ik geen spijt dat ik niet met dit idee verder ben gegaan. Een zakenvrouw aan de zijde van een populaire politicus kan zijn carrière meestal alleen maar schaden. Kleinschalige humanitaire hulp op een Nederlands consulaat was wat dat betreft minstens zo interessant een veel meer *low profile*.

Misja suggereerde ook een keer dat ik na een MBA-studie een autoservicecentrum in Tbilisi moest beginnen waar alle Europese merken auto-onderdelen te verkrijgen zouden zijn. Mijn talenkennis, Europese contacten en organisatietalent zouden daarbij prima tot uiting komen, vond hij. Ik zou een bijkantoor in Nederland kunnen hebben van waaruit de verscheping geregeld kon worden. Later zou ik dat dan kunnen combineren met een reisbureau voor uitstapjes naar Nederland, België en Duitsland. Zo waren we constant, aan het brainstormen over wat ik zou kunnen betekenen in en voor Georgië.

Zo rond de feestdagen kon ik wel wat extra cash gebruiken en daarom bood ik Julie opnieuw aan om in de weekends op Columbia Law School administratief werk te doen. Ze vond het goed. Mijn zwangerschap hield ik voorlopig voor me.

Julie is een mens van anekdotes, uit het leven gegrepen. Hoe vaak zei ze niet: 'I remember one thing' of 'I'll never forget' en dan kwam er weer een opmerkelijk verhaal. Zo vertelde ze over een zwarte vrouw die in een heel chique appartementencomplex woonde en op een dag beneden in de waskamer haar was ging doen. Zij was zo ongeveer de enige zwarte in het gebouw. Er liep een blanke vrouw binnen en die vroeg: 'How much do you charge?' waarop de zwarte dame zei: 'I am doing my own laundry, ma'm.' Toen liep de blanke vrouw vast heel rood aan. Eigenlijk vertelde Julie me deze anekdote naar aanleiding van haar vraag aan mij: 'How do you like your new neighbourhood?' Misja en ik waren ons ervan bewust dat er veel kleurlingen in ons gebouw en in onze buurt woonden en probeerden onze boodschappen voor het vallen van de avond te doen. In de supermarkt onder ons gebouw liep ik eens met mijn wagentje door de paden toen een zwarte vrouw mij de doorgang weigerde. Ze wilde me niet doorlaten en riep dat ik expres tegen het verkeer in reed. Ik wachtte enkele minuten geduldig af vanwege de toch wat ongemakkelijke situatie, maar gaf toen de strijd op en ging via een andere gang naar de kassa. Ze begon tegen nog een aantal mensen te schreeuwen waaruit ik opgelucht de conclusie trok dat het niet persoonlijk was geweest. Toch voel je je op zo'n moment onwennig en onzeker: je wilt in je gedrag immers geen enkel blijk van rassendiscrimatie geven.

Toen ik Julie bijna tien jaar later weer zag op Columbia Law School was ze niet meer zo dik als vroeger maar verder was ze niet veel veranderd. Ze leek gekrompen maar dat kwam eerder door de hoge hakken die ik droeg, we waren er immers 'hoog bezoek' en daar horen hakken bij. Natuurlijk haalden we herinneringen op met haar, ook over de chocolate kisses. Misja gaf een lezing voor de Law School over de veranderingen die zijn volk in Georgië teweeg had gebracht door de Rozenrevolutie en over de uitdagingen die hij en zijn team nu aangingen.

Hij kreeg het overvolle auditorium gemakkelijk aan het lachen omdat hij zich zo goed kon verplaatsen in hun situatie in de collegebanken.

We werden uitgenodigd bij een rijke New Yorker – op het oostelijk stukje van mid-Manhattan aan East End Avenue en the 80s – met Georgisch blauw bloed. Eigenlijk was zijn vader een Georgisch prins, Eristavi. Er waren zeker vijftig gasten, de een nog mooier aangekleed dan de ander, allemaal hele chique mensen, welgesteld en erudiet met zeer fijne sociale manieren. Je werd nooit alleen gelaten maar werd van de ene gesprekspartner naar de andere geleid en dat deden niet alleen de gastheer of de gastvrouw maar ook de gasten zelf. Na allerlei overheerlijke appetizers zoals zalm op toastjes en mini-satétjes kwam het moment dat de gastvrouw overal rondfluisterde: 'Dinner is ready'. Dus wij begaven ons naar een prachtige kamer die van een schitterende kroonluchter was voorzien, waar ons zalige gerechten werden geserveerd door de vele dienstbodes. De disgenoten mochten met hun borden zo naar boven lopen waar in verschillende vertrekken stoelen en van kandelaars voorziene tafels stonden, alles bedekt met de mooiste kleden en kussentjes die je je maar kunt indenken. Het duizelde ons van al die kamers in verschillende kleuren en stijlen. Er was een *oriental room* bij, behangen met foto's van de Georgische prins die in 1918 met een plaatselijk meisje trouwde dat echter na het baren van een dochtertje aan de griep bezweek. Onze gastheer was de zoon uit het tweede huwelijk van de Georgische prins met een niet-Georgische. Wat er van zijn halfzus was geworden durfde ik niet te vragen. Als dessert kregen we een delicieus stuk chocoladetaart en toen werden alle dranktafels en dergelijke door de dienstbodes opgeruimd: een stille maar duidelijke wenk dat we verzocht werden richting huis te gaan.

Een decennium later, bij de presidentiële inauguratie in Georgië, zou het koppel Eristavi in de opera achter ons zitten en werden ze lastiggevallen door een van mijn bodyguards die zei dat de bewaking per se recht achter mij moest zitten en dat anders het evenement 'niet zou plaatsvinden'. Dat stond zo in contrast met de fijnbesnaardheid die decemberavond in New York dat ik er even stil van werd en na de voorstelling niets anders kon doen dan mijn oprechte excuses aanbieden.

Van pa en ma kreeg ik boeken toegestuurd: *Rondom zwangerschap* en het *Negen Maanden Zwanger Dagboek*, beide met een schat aan informatie voor de jonge onervaren zwangere vrouw. Aan dit spontane gebaar merkte ik dat ook mijn ouders, die in eerste instantie net zo verbaasd hadden gereageerd als ikzelf, 'in blijde verwachting' waren van een eerste kleinkind. Voor een Georgische man leek me het tonen van dat emotionele zwangerschapsdagboek onnodig en ik schreef het tenslotte vooral voor mezelf om naar het moederschap toe te groeien en wie weet later voor mijn kind om terug te lezen. Helaas raakte ik het ruim een jaar later kwijt, tijdens een vliegreis van Brussel naar Tbilisi. Er zaten ook andere dierbare spullen in mijn rugzak: nieuwe kleren, persoonlijke documenten en een video van Eduards eerste maanden. Van de twintig dollar die ik per verloren kilogram na maanden verzoekschriften en klachtbrieven eindelijk gerembourseerd kreeg kon ik die spullen nooit meer vervangen. Ik heb er lang om getreurd.

Ik begon uit te zien naar de komende zomer als ik hoogzwanger in Nederland lekkere strandwandelingen zou maken, foto's zou bijplakken met mijn moeder die daarmee net als ik jaren achterliep, misschien zelfs zelf kleren zou leren naaien, iets wat me in Tbilisi of elders allicht van pas zou komen...

Begin februari 1995 vielen er prachtige sneeuwbuien, zo romantisch. Voordat ik de luxaflex omhoogtrok wist ik het al door de gedempte kinderstemmen buiten. Wonend aan de rand van Central Park genoten we ontzettend van het uitzicht. In de tuin van ons appartementencomplex speelden kinderen en maakten ze een sneeuwpop. Djigarro had het maar druk met al die beweging buiten en zag voor het eerst in zijn jonge leven sneeuwvlokken uit de hemel komen. Misja en ik gingen schaatsen op de rink in Central Park, hoewel Misja niet zo'n schaatster is en ik zelf natuurlijk extra voorzichtig deed. Ik was bang dat ze geen schaatsen zouden hebben in Misja's maat (zevenenveertig!), maar het viel mee. Ik was helemaal in het crème, met beenwarmers en een brede warme sjaal ter bescherming rondom mijn buik. Ik schaatste onder de Amerikaanse vlag door toen Misja een foto van me maakte. Ik kreeg zin in breien, misschien een truitje voor de baby die op komst was. Maar patronen en breinaalden had ik allemaal in Nederland en in Amerika zou ik niet geweten hebben waar zoiets te gaan zoeken. Misja vond dat ik in plaats van met breinaalden in de weer te zijn beter een paar extra klassiekers ter hand kon nemen.

Het viel ons niet gemakkelijk, die laatste maanden in Amerika, we hadden het overleefd en veel ervaring opgedaan, maar gingen nog steeds een onzekere toekomst tegemoet. Beiden stonden we voor zware beproevingen, Misja voor zijn Bar Exam- en Ph.D.-plannen, ik vooral voor de verdere zwangerschap en bevalling. Ging hij studeren en ik werken of ook studeren in Washington met een pasgeboren kind dat we overdag aan iemand zouden moeten toevertrouwen? Hoe zouden we aan geld voor studie en verzorging komen? Zou Misja zich verkiesbaar stellen voor de Georgische parlementsverkiezingen van najaar 1995? Zo ja, dan zouden we naar Georgië verhuizen. Veel vragen waar we nog geen antwoord op hadden. Wat zouden mijn ouders zeggen wanneer ik de laatste weken van mijn zwangerschap bij hen was? 'Je weet niet waar je over een paar maanden zult zijn en hoe je in je onderhoud zult voorzien?!' Toch hield ik me sterk. Al was het alleen maar voor de gezondheid van het kind en om een steun voor Misja te zijn. Ik bleef vrolijk en optimistisch. De problemen en onzekerheid schreef ik van me af in de tientallen brieven aan mijn ouders, die twee mensen die me mijn zorgeloze jeugd hadden gegeven en door hun liefde, respect en democratische manier van opvoeden een onafhankelijke jonge vrouw van me hadden gemaakt.

De oplossing waar we al tijden naar zochten, diende zich als vanzelf aan. Misja kon zijn examen voor de *Bar* tot juli 1995 uitstellen zodat hij meer voorbereidingstijd had. Zijn besluit stond vast: hij ging de Georgische politiek in als parlementslid. In Georgië zou hij gewoon verder studeren.

Djigarro deden we over aan een Nederlands gezin van wie het gezinshoofd directeur van de ABN-bank in New York was, naar een plaatsje dat naar de naam Cos Cob luistert in Connecticut. Ik had een advertentie geplaatst in het blaadje van The Netherlands Club en zijn vrouw en een van de dochters waren komen kijken op onze one-bedroom aan de Upper West Side. De dame vroeg of hij *any signs of intelligence* vertoonde en ik vertelde haar het verhaal van de vaas waar zijn kop in vast was komen te zitten en ook dat hij als hij dorst had uit het toilet dronk...'Maar zou hij ook achter een balletje in de droogmand aanspringen als hij wist dat die droogmand "dierenarts" betekende ?' 'O ja, vast wel,' antwoordde ik, niet echt beseffende dat dat dus betekende dat hij niet hyperintelligent was. 'Goed zo,' zei ze, 'want met intelligente katten heb je alleen maar last.' Oké, ik was allang blij dat Djigarro zijn IQ-test had doorstaan.

We besloten om als afscheid van New York nog één keer naar de Metropolitan Opera te gaan om Pavarotti in *Tosca* te horen zingen. Om half zes 's morgens in de rij, registreren bij Miss Helen voor *standing room* (tien dollar). Vervolgens een bagel en een kop thee in een stadscafé en een paar uur later de tickets ophalen. Je kunt je voorstellen hoe blij we waren toen we van JFK Airport opstegen richting ons geliefde Europa, een weliswaar onzekere maar hoopvolle toekomst tegemoet. Met een kindje erbij – *Made in the* USA.

3 Het jonge gezin in tijden van hervorming en opbouw (1995-1998)

De eerste week van april 1995 – ik was vijf maanden zwanger – lieten Misja en ik de Verenigde Staten achter ons en vlogen oostwaarts naar het verre Georgië om het appartement in te richten aan de centraal gelegen Perovskajastraat in Tbilisi dat schoonmoeder Giuli in opdracht van ons gekocht had. We zouden er uiteindelijk pas een jaar later intrekken. Ik wilde namelijk graag in Nederland bevallen en de eerste maanden met de baby bij mijn ouders verblijven terwijl Misja in Washington zou studeren en af zou wachten of hij aan het einde van dat jaar verkozen zou worden tot parlementslid.

Tbilisi is een prachtige stad. In een dal gelegen en in twee delen gesplitst door de rivier de Mtkvari, de 1300 kilometerlange rivier die in Noord-Turkije zijn oorsprong vindt en in de Kaspische Zee uitmondt. Tbilisi heeft op een harmonieuze wijze oosterse en westerse invloeden in haar straatbeeld gecombineerd. De legende vertelt dat Koning Vakhtang Gorgasali in de vijfde eeuw vanuit de toenmalige hoofdstad Mtskheta op jacht ging en een fazant schoot nabij de natuurlijke zwavelbronnen. Toen hij zag dat de fazant in de warmwaterbron viel en meteen gereed was voor consumptie besloot hij dat er op deze gezegende plaats een stad gesticht moest worden die hij *Tbilisi* noemde (*tbili* betekent warm). De vroegere hoofdstad Mtskheta moest zijn titel inleveren ten gunste van Tbilisi. In 1995 telde Tbilisi ruim één miljoen inwoners. Het is een stad met een ethnisch zeer verscheiden bevolking van Armeense, Azerische, Russische, Griekse of joodse oorsprong. Het is moeilijk om een andere stad te vinden waar een synagoge, een Russisch-orthodoxe kerk, een Georgisch-orthodoxe kerk, een moskee en een rooms-katholieke kerk in dezelfde wijk gebouwd zijn. Georgiërs onderstrepen daarmee hun tolerantie ten opzichte van andere volkeren binnen de Georgische maatschappij.

De familie die het appartement aan ons had verkocht emigreerde naar Israël en gaf pas na twee weken op veel aandringen de sleutels af. Van mijn schoonmoeder Giuli kregen we servies en linnengoed, van haar ouders – oma Mzia en opa Givi – twee massief houten bedden, tafels en stoelen, een koelkast en een rieten tuinmeubelset voor op het getraliede balkonnetje. Van overgrootmoeder Tamara, die voor ons kind betovergrootmoeder zou zijn, kregen we een driedelige buffetkast met glazen deuren versierd met vele krullen.

Op de dag van de verhuizing van onze spullen bewoog het babytje in mijn buik heel wat. Het begreep dat er buiten iets belangrijks gebeurde en wilde ook meehelpen. Ons appartement dat in een klein rustig straatje lag in het verlengde van de Roestaveliboulevard besloeg zo'n negentig vierkante meter en bestond uit een huiskamer en een daarin overlopende slaapkamer aan de straatkant, een trapje naar de bel-etage waar de kinderkamer, een mini-badkamer en de keuken met overdekt balkonnetje lagen. Met mijn dikke buik hielp ik om lusters schoon te maken, in te ruimen en af te stoffen maar ik zorgde er wel voor dat ik me niet te veel vermoeide.

Het waren niet alleen maar huishoudelijke beslommeringen. Ik kreeg ook enkele uren per dag Russisch en maakte vervolgens ijverig mijn huiswerk. Na twee weken was ik weer op het peil dat ik in New York bereikt had met mijn lessen Russisch en begon ik mijn talenkennis echt in de praktijk te brengen: Russisch kon ik goed oefenen met grootmoeder, overgrootmoeder, andere familieleden en mensen op straat en in winkels. Ook met een buurvrouw van Giuli, die naaister was en zo graag een turquoise positiejurk met zilveren borduursels voor me wilde maken. Met mijn schoonmoeder sprak ik zeker in het begin voornamelijk Engels.

De temperaturen waren al niet meer zo winters en ik kwam veel buiten. Toch was het appartement niet bewoonbaar zonder verwarming. Nadat we de meubels allemaal een plaatsje hadden gegeven, hadden we er in principe wel kunnen slapen, maar ook vanwege mijn toestand en het gebrek aan verwarming vonden we het verstandiger bij Giuli te logeren en daar aan tafel aan te schuiven.

Op Koninginnedag 1995 stierf mijn Belgische oma, Yvonne Roelofs-Heijse, negentig jaar oud. Geboren op de Georgische Nationale Feestdag – 26 mei – gestorven op de Nederlandse Nationale feestdag 30 april. Dit toeval van geboorte- en sterfdatum heeft voor mij een bijzondere symbolische betekenis. Ik liet deze data dan ook graveren in het zilveren horloge dat ik van haar mocht erven. Ze woonde al een tijdje in een verzorgingstehuis in Hulst en herkende alleen nog haar oudste dochters. Ik had haar enkele maanden daarvoor tijdens mijn laatste bezoek aan Nederland voor het laatst gezien. Helaas had ze niet meer meegekregen dat ik zwanger was. Oma Roelofs was een lieve oma, zachtaardig, altijd in voor een babbel of een onschuldig roddelpraatje, had altijd heerlijk knapperige bastognekoeken in een hoge koektrommel met een sierlijk zilveren handvat. Ik dacht terug aan de reuzengrote witte Belgische chocoladepaaseieren met strikken die alle vijftien kleinkinderen traditiegetrouw op paaszondag van haar kregen. Sinds de dood van mijn opa, Walter Roelofs, in 1985, was ze sterk achteruitgegaan.

In de periode dat ik in Brussel studeerde ging ik wel eens bij mijn alleen achtergebleven oma logeren om vervolgens vanuit het Belgische Sint Niklaas met de trein naar Brussel te reizen. Ik heb daar heerlijke herinneringen aan. Ik was er graag, bij oma Roelofs, niet zozeer een huisvrouw maar wel een gezelligheidsmens. Ik herinner me de gezellige huiskamer die ontzettend vol stond, de antieke hangklok, de krakende vloer, de nauwe trap naar de slaapkamers. Ik mocht in de kamer van mijn lieve tantes slapen, een groot bed met een oranje sprei, met aan de muur zwart-witte strandfoto's van mijn tantes' tienerjaren, de garage die nog vol met vishengels en fietsen van mijn sportieve opa stond en de prachtige tuin, lust en leven van mijn opa. Hij stond in zijn tuin bij het kippenhok te werken toen hij een fatale hartaanval kreeg.

Ik vond het vreselijk dat ik niet op oma's begrafenis kon zijn in Nederland. Ik besefte plotseling dat het niet de laatste keer zou zijn dat zoiets zou gebeuren en dat ik zulke familiegebeurtenissen als eeuwige afwezige vaker zou moeten missen.

We werden voor een diner uitgenodigd door de vader van Nino, de vrouw van Zoerab Zjvania. Er zaten zo'n twaalf gasten rond de tafel waaronder Djansoeg Kakhidze, dirigent en zanger, een man met een persoonlijkheid waar je u tegen zegt. Het was niet alleen heerlijk om hem te horen zingen maar ook als dirigent voor het orkest was het adembenemend de man met zijn lange witte haar zo te zien bewegen en te zien opgaan in de muziek die hij uit de toppen van zijn vingers leek te halen. Het was uniek om een van mijn eerste echte Georgische diners op zo'n niveau te mogen meemaken. Met Nino's vader en nog enkele vrienden zette Djansoeg het ene na het andere polyfonische lied in, ik kon er niet genoeg van krijgen. Polyfonie is een meerstemmige (meestal driestemmige) volkstraditie die in Georgië bijzonder rijk is aan verscheidenheid. Rond 400 voor Christus werd in Griekse bronnen al melding gemaakt van Georgische polyfonische zang.

Begin maart 2002 overleed Djansoeg. Zijn zoon Vakhtang nam het orkest en het muziekcentrum over dat vanaf toen zijn vaders naam zou dragen.

Op 26 mei was het mijn eerste Georgische feestdag. Men viert dan de onafhankelijkheid die in 1918 een feit werd en na de Sovjetperiode (1922-1991) weer in ere hersteld werd. We wandelden onze straat uit om naar de militaire parade te gaan kijken op de overvolle Roestaveliboulevard. Als zwangere vrouw kreeg ik overal voorrang. Ook bij de bakker in de rij was dat al het geval geweest. Het woord voor zwanger in het Georgisch is *orsuli* dat 'tweezielig' betekent. Ik vroeg me altijd af of je dan letterlijk *samsuli* ('driezielig) zou zijn als je een tweeling verwachtte. Een andere uitdrukking is *pekhmdzimed* zijn, oftewel 'een zwaar been hebben'.

Er werd toen nog in Russische roebels betaald, waarbij je voor een dollar vijfduizend roebel kreeg en het maken van pasfoto's bijvoorbeeld op vijf dollar kwam, een liter yoghurt bijna twee dollar kostte, één liter benzine tweeënhalf, een krant of een busrit twee dollar en een taxirit gemiddeld anderhalve dollar kostte. Voor een chocoladetulband moest je drie dollar neertellen. De Georgische lari werd na het beteugelen van de inflatie later in het jaar 1995 geïntroduceerd.

Enkele dagen later, op 1 juni vloog ik naar Keulen en werd ik door mama opgehaald. Ze was apetrots op mijn dikke buik. Anderhalve maand van dromen, babykamer inrichten, oefeningen doen en doktersbezoeken brak aan. Alles zag er goed uit behalve dan dat ik een ietwat hoge bloeddruk had. Ik kreeg daarom vochtafdrijvende rauwe selderij voorgeschreven die al na een week mijn neus uitkwam maar die wel mijn bloeddruk onder controle hield. Misja stuurde me faxen en toen ik een keer van papa's kantoor naar huis fietste en ondertussen Misja's fax nog eens over las, lag ik plotseling op straat! Ik was op een van de rustigste straten tegen een stilstaande auto opgebotst. Natuurlijk schrok ik me wild en was ik ontzettend in de war, maar bij de dienstdoende arts werd geen verandering geconstateerd in de conditie van de vrucht en ik voelde godzijdank ook niets bijzonders. Toch is het riskant om met zo'n dikke buik nog te fietsen, zelfs als doorgewinterde Hollandse.

Tegen beter weten in zat ik op 20 juli 's middags toch weer op de fiets en reed ik langs het gemeentehuis waar wij naast woonden (achter de zeedijk) toen ik mijn man en schoonmoeder aan zag komen wandelen. Zij schrokken ervan dat ik me nog op de fiets verplaatste en ik probeerde ze gerust te stellen met wat de nuchtere Nederlander in zo'n geval altijd maar zegt: 'Als je jezelf er goed bij voelt, kun je het gewoon blijven doen.' Maar daar deden ze het niet voor. Ik stapte dus af en ging te voet met mijn fiets aan de hand verder.

Die avond had ik een van mijn laatste zwangerschapsgymnastieklessen, het was een zogenaamde 'partnerles'. De laatste weken was ik trouw naar de gymnastiek gegaan waarbij je niet alleen lenigheidsoefeningen en ademhalingsoefeningen kreeg die je thuis dagelijks moest herhalen, maar ook nog eens uitgebreid te horen kreeg wat een vrouw tijdens de weeën en tijdens en na de bevalling allemaal kan verwachten. De dames die al een keer bevallen waren schroomden absoluut niet om hun ervaringen met de groep te delen. Deze keer mochten de dames dus hun partner meebrengen. Misja zag het niet zitten maar ging op mijn aandringen mee. En terwijl we aan onze oefeningen bezig waren en ik voor Misja af en toe wat van het commentaar van de fysiotherapeut vertaalde braken de vliezen! Mijn moeder kwam ons haastje-repje met de auto kwam ophalen. Het breken van de vliezen betekende dat ik binnen vierentwintig uur moest en zou bevallen! Ik voelde nog geen centje pijn en had er eigenlijk wel lol in, dat waren natuurlijk de zenuwen voor wat er nu wel heel binnenkort stond te gebeuren. Mijn vader, Misja en zijn moeder gingen rustig slapen en ik probeerde het ook maar kon vanzelfsprekend de slaap niet vatten. De vroedvrouw had ik telefonisch al op de hoogte gesteld en zij dacht dat ik de volgende ochtend wel weer contact met haar zou opnemen. Zo rond twaalf uur 's nachts begon ik ongemakkelijk te worden, ik had pijn en probeerde met mijn moeder op het heerlijk grote balkon van ons huis tot rust te komen. Het was een zwoele zomernacht, daar zaten we tussen de geraniums, met de poes die om ons heen dartelde, en af en toe stond ik op als er een wee kwam en deed ik de ademhalingsoefeningen die ik die avond in de gymnastiekles nog had herhaald. Rond de klok van tweeën 's nachts nam ik een lauwe douche wat me een beetje verlichting bracht. Een paar uur later reden we met twee auto's naar het ziekenhuis. De vroedvrouw aan het stuur met mij ernaast en mijn ouders, Misja en zijn moeder in de auto achter ons. Ik werd in het ziekenhuis bij de hoofdingang meteen in een rolstoel geduwd en naar de verloskamer gereden. Eduardje werd 's morgens net over vijven geboren. Mijn moeder en Misja waren erbij. Eduard woog 3300 gram en was eenenvijfitg centimeter lang. Hij was zeventien dagen voor de uitgerekende datum geboren. Ik was een trotse moeder en was de barensweeën alweer vlot vergeten.

Vijf uur na de geboorte mocht ik voorzichtig naar huis, alles was in orde met moeder en kind en ik kreeg thuis een kleine week kraamhulp. Mijn vader was door het dolle heen dat zijn kleinzoon naar hem vernoemd was en belde zijn vijf zussen en broer op om het blijde nieuws te verkondigen. Ook mijn moeder zat uren aan de telefoon om de geboorte van haar eerste kleinkind in geuren en kleuren na te vertellen.

Misja moest helaas na enkele dagen naar Washington waar hij zijn Ph.D. aan kon vangen. Ik was trots op mezelf dat ik de bevalling zo perfect getimed had en dat hij erbij had kunnen zijn. Giuli bleef nog en Misja's grootouders, Mzia en Givi, reisden voor het eerst naar Nederland af om hun eerste achterkleinkind te komen bewonderen. We zorgden er ook voor dat ze vanuit Terneuzen een uitstapje naar Parijs konden maken omdat geen van allen daar ooit geweest was.

Misja werd via *de Voice of America Georgian service* gefeliciteerd met de geboorte van zijn zoon. Wat waren Giuli en ik trots toen we dat live op de radio hoorden.

Eduard was een rustige baby. Het leek wel of hij de twee weken die hij 'te vroeg' geboren was slapend wilde doorbrengen en slechts wakker werd en een keel opzette als hij honger had. Ik merkte al snel dat er behoorlijk verschil in aanpak was tussen wat de kraamverpleegster en mijn eigen moeder me vertelden en wat mijn schoonmoeder gewend was. Ik liet de baby huilen tot hij in slaap viel en hield me strikt aan een voedingsschema. Mijn schoonmoeder zou hem het liefst voortdurend op de arm hebben gedragen en gevoed bij de eerste kik. De geboortekaartjes waarvoor ik een schilderij van de beroemde Georgische schilder Pirosmani had uitgekozen werden geadresseerd en verstuurd.

Toen Eduardje ongeveer een maand oud was hielden we een groot feest voor de familie in een restaurant op de Scheldedijk en zwaaiden we de Georgische oma en overgrootouders uit. Misja kwam er ook voor over uit Washington en begon al een klein beetje te wennen aan het feit dat hij vader was geworden.

Langzaam wende ikzelf ook aan het moederschap, ging regelmatig naar het consultatiebureau, op bezoek bij andere moeders met baby's en wandelde vaak met de kinderwagen naar papa's kantoor om er een kopje thee te drinken en er even uit te zijn.

Mijn lerares Russisch, Marina, had ik uitgenodigd om eind oktober naar ons toe te komen. Zij bleef tot en met Sinterklaas en gaf niet alleen mij dagelijks les maar zat 's avonds ook nog vaak met mijn ouders aan tafel om Russische teksten te lezen en zinnen te oefenen. Mijn ouders waren al sinds 1992 met Russisch bezig, begonnen met een Teleac-cursus en verdergegaan op cursus in de Belgische steden Zelzate en Gent, één keer per week. Marina was voor het eerst in West-Europa en genoot er met volle teugen van: vooral het fietsen en het Sinterklaasfeest maakten een onuitwisbare indruk op haar. Het feit dat we de baby in een eigen kamer lieten (in)slapen en niet meteen naast zijn bed stonden als hij wat huilde was ook voor haar nieuw en bewonderenswaardig. Een jaar later zou ze zelf een baby hebben, maar toen kon ze het toch niet laten om hem de hele dag rond te dragen en uit bed te halen als hij huilde. Handenbindertjes zijn het alleen en vooral als je eraan toegeeft!

Omdat ik dacht dat het me wel van pas zou komen schreef ik me in voor een zelfverdedigingscursus en ging ik één keer per week naar een sportzaaltje een eindje verderop in onze straat om in judopak met andere meiden te oefenen hoe je je moest opstellen en verdedigen bij straatgeweld. Ik heb deze kennis en oefening altijd als heel praktisch en nuttig ervaren. Het gaf me in Tbilisi, naast het standaard bij me dragen van een *self defense spray* een groter zelfvertrouwen.

De wintermaanden wilden we met zo'n kleine baby liever niet in Tbilisi doorbrengen en we luisterden dus goed naar Eduards betovergrootmoeder Tamara die zei dat de winter eigenlijk half april pas echt over was. Met Kerstmis kwam Misja over uit Washington waar hij nog aan zijn Ph.D. aan het werken was en ik leerde hem hoe hij Eduardje de fles moest geven. In januari 1996 zou ik voor een kort verblijf met mijn man naar Tbilisi reizen en dus stapte ik langzaamaan over op het geven van flesvoeding. We vonden het echter belangrijk dat ik naar Tbilisi ging om ons appartement op de komst van een baby voor te bereiden met een kinderbedje, een box en dergelijke en om in die drie weken al het mogelijke te regelen voor de definitieve terugkeer die voor april gepland was.

Wat neem je allemaal mee als jonge moeder met een baby van ruim een half jaar als je gaat emigreren naar een Oost-Europees land? Niet precies wetende wat je er wel en niet kunt krijgen, het zekere voor het onzekere nemende. In onze koffers zaten tientallen theelichtjes voor als de stroom zou uitvallen, luiers voor de eerste week, kleding, verzorgingsproducten, medicijnen, zelfs injectienaalden, woordenboeken maar ook familiekiekjes, dat doosje en die oude haarspeld waar je zo aan gehecht bent, je zelfgemaakte kookboek, dropjes, smaakjesthee, Hollandse attributen als kaasschaaf en pannenlikker, maar ook de in Georgië onbekende eierprikker en een letterbak met inhoud. En natuurlijk ontelbare presentjes en aardigheidjes voor familieleden en vrienden. Voor mijn vriendenkring en familieleden in Nederland had ik een leuke adreswijziging gemaakt met een tekeningetje voorop van een inpakkende Sandra die met een peuter tussen de koffers zit. Eduard maakte zijn eerste vlucht naar Tbilisi begin april 1996, hij was ruim acht maanden oud en had de meeste verplichte inentingen al achter de rug. Ik had hem zijn witte matrozenpakje aangedaan en zette hem in de comfortabele *maxicosy*. Onderweg sliep hij als een wit roosje, zich niet realiserend hoe groot deze stap voor ons gezinnetje wel was. Mijn moeder vloog ook mee, ze wilde me wat op weg helpen die eerste weken en tot steun zijn. Bovendien kon ze prima helpen om ons appartement wat praktischer in te richten en had ze beloofd een wasmachine voor ons aan te schaffen. Trotse vader en parlementslid Misja, zijn ouders en grootouders verwelkomden ons hartelijk op het vliegveld van Tbilisi.

Het was al gauw paasfeest. Dat is met het kerstfeest de belangrijkste religieuze feestdag van de Georgisch-orthodoxe kerk. Het is de gewoonte om op 'rode vrijdag' eieren donkerrood te kleuren, naar de nachtmis te gaan, om de volgende dag de graven van familieleden en naasten te bezoeken met eieren, wijn en een paastulband (soms in de vorm van een lam) met kaarsjes erin.

Na de mis zeg je tegen iedereen die je tegenkomt dat Christus verrezen is: *Christi aghzdga* (het heeft toch wel een aantal jaren geduurd voordat ik dat medeklinkercluster vloeiend uit kon spreken) waarop de andere persoon antwoordt dat Hij inderdaad verrezen is: *Tsjesjmarithad* (*aghzdga*). Ook in de dagen en de gehele paasweek erna kun je dit nog zeggen tegen de personen die je na Pasen nog niet had gesproken. Ik vind dit een fijne traditie en beschouw het paasfeest eigenlijk als het meest bijzondere feest dat er is.

Hier past een lesje religie en cultuurhistorie. Georgië is in de vierde eeuw gekerstend door de Heilige Nino uit Cappadocië. Toen zij het grondgebied van het huidige Georgië betrad maakte zij van takken van een wijnrank een kruis (met afhangende armen) en bond dit vast met een streng van haar eigen haar, de stralen van de zon symboliserend. Zij bekeerde de Koning van Iberia in het jaar 337 tot het christendom. De Georgisch-orthodoxe kerk werd in 467 autonoom en bleef dat, met onderbrekingen van 1811 tot 1917 (Russische heerschappij) en van 1921-1943 (onder communistisch bewind toen de muren van de kerken met hun eeuwenoude fresco's witgekalkt werden). In 1943 erkende de Russisch-orthodoxe kerk het Georgisch-orthodoxe zelfbestuur. Het originele Ninokruis wordt in de Sionikathedraal bewaard waar onze zoon in 1996 is gedoopt. De vorm van het Ninokruis wordt naast het klassieke kruis en het Bolnisikruis (Malteserkruis) in de Georgisch-orthodoxe kerken gevonden.

In 1054 kennen we de splitsing tussen Rome en Byzantium waarbij Rome wordt gekenmerkt door wereldlijke en geestelijke macht en een sterke maatschappelijke rol van de kerk terwijl Byzantium kerk aan staat gelijk stelt en deze nauwelijks enige maatschappelijke rol vervult en de regels en dogma's boven de gelovigen staan. De Georgisch-orthodoxe kerk met bijna zeventig procent van de Georgische bevolking als volgeling wordt sinds het officieel erkende zelfbestuur (autocefalie) in 1988 geleid door Patriarch-Catholicos Ilja II die voor het leven benoemd is. Zo'n tien procent van de bevolking (voornamelijk in Adzjarië, Abchazië, Kvemo-Kartli en de Pankisivallei maar ook bijvoorbeeld Azeri's in de hoofdstad) is aanhanger van de islamistische kerk, acht procent Armeens-apostolisch (vooral in de Zuid-Georgische streek Samtsche-Djavachetië maar ook in de hoofdstad), en zo'n negen procent Russisch-orthodox. Geringere percentages hangen het rooms-katholicisme, het judaïsme, het evangelisme of andere godsdiensten aan.

Oud en Nieuw is een echt familiefeest. De gezinsleden blijven allen thuis tot middernacht. Als de klok zijn twaalf slagen laat horen wordt er met champagne op het nieuwe jaar geklonken en met geweren in de lucht geknald vanaf de balkonnetjes, ook komt er vuurwerk bij te pas. Er worden met Oud en Nieuw op de Georgische televisie klassieke films uitgezonden.

Na twaalven komt men in familekring bijeen om te dineren en

daarna wordt er op de *mekvle* (eerstkomende) gewacht of gaat men zelf mekvle spelen. De overlevering leert ons dat de eerste persoon die na middernacht binnenkomt een belangrijke rol speelt: het nieuwe jaar zal net zo'n jaar zijn als de persoon die als eerste de drempel overkomt, in de regel met snoep en zoetigheden.

We krijgen elk jaar weer bergen cadeaus en het ontbrak ons ook toen hoegenaamd niet aan aandacht: wijn, cognac, champagne, fruit, kippen, kalkoenen en gebraden speenvarkentjes.

Op 2 januari is het *bedobis dghe* oftewel de dag die in het teken staat van de rest van het jaar, een soort lotsbestemmingsdag of ook wel 'geluksdag'. Wat je op die dag doet zal in dat jaar een bepalende factor zijn. Je kunt familie en vrienden bezoeken, naar de kerk gaan, in de natuur wandelen en je zult zien dat die bezigheid zich in dat jaar vaak zal herhalen.

Kerst wordt in de nacht van 6 op 7 januari met een nachtmis gevierd. Het is de traditie na de mis een feestmaal aan te richten dat de vastenperiode afsluit en waarbij wild en gevogelte op tafel komt en traditiegetrouw ook oranje fruit. Op de pleinen, in de huizen en openbare gebouwen staan kerstbomen die echter pas tegen eind december op straat verkocht worden. Ik probeer altijd de kerstboom voor 20 december in huis te hebben, dan staat hij er tijdens onze verjaardagen, het katholieke kerstfeest, Oud en Nieuw en het orthodoxe kerstfeest. De kerststal zoals men die in Nederland onder de boom kent ben ik in Georgië nog niet vaak tegengekomen. Aan Kerstmis is de Kerstman verbonden die voor de kinderen cadeautjes meebrengt.

Op 19 januari volgt 'Doopdag' waarop het de gewoonte is dat je water laat wijden en er thuis je huis mee besprenkelt. Ook is dit de dag waarop alle peters en meters hun doopkinderen feliciteren en met presentjes gedenken.

Het was heel wat om de eerste maanden het hele huishouden te bestieren plus een baby te verzorgen en tegelijkertijd te wennen aan de verschillen tussen Nederland en Georgië. Baby's, peuters en kleuters in Georgië groeien groot met grote-mensen-soep op basis van vleesbouillon en met dikke yoghurt terwijl wij melk, groentehapjes en fruithapjes prefereren. Ook wordt er overmatig suiker en zout gebruikt waar wij meer met honing in de weer zijn en natriumarm zout van het schap in de supermarkt nemen.

Toen Eduard voor het eerst ziek werd heb ik ervaren hoe ver sommige opvattingen uiteen liggen. In Georgië treedt men over het algemeen hard op tegen koorts en infecties. Men schroomt niet om een baby antibioticaspuiten in de billen te jassen wat op mij overkwam als een paardenmiddel dat misschien met iets meer geduld en vertrouwen vermeden had kunnen worden. Maar wie was ik? Een schoonvader die arts is, Misja's grootmoeder en overgrootmoeder, een pediater die om de hoek woont, geen van hen wilde risico's nemen en nam het zekere voor het onzekere: paardenmiddelen dus! Toch is het algemeen bekend dat teveel antibiotica de natuurlijke goede bacterieflora aantast en later voor problemen kan zorgen. Eduard kreeg later inderdaad 'disbacteriose' als diagnose, doodzonde, maar ik had die eerste tijd echt geen keuze.

Een vriendin die op bezoek kwam zei dat een pasgeboren kind de eerste veertig dagen elke dag een klisma krijgt, oftewel een slangetje waarmee de maag wordt geleegd. Dat zou tegen darmkrampjes helpen. En dat klisma, is dat dan zo fijn? Ik vond het allemaal nogal extreem en voelde nu pas goed dat ik in behoorlijk ander vaarwater terecht was gekomen. Met zogenaamde 'grootmoeders huismiddeltjes' zoals in azijn gedrenkte sokjes met spiritus of in azijn geweekte koolbladeren die je op de slapen moest leggen om de koorts weg te nemen had ik veel minder moeite. Ook met een ander advies van diezelfde vriendin had ik geen moeite: stimulerende massage voor baby's romp en ledematen, dat kon geen kwaad en was vast ook ontspannend. De dame die daarvoor bij ons kwam, Nana, noemden we 'Nana erti-ori' omdat ze altijd maar 'erti, ori, erti ori' (één-twee-één-twee) zei tijdens de massagebewegingen en buig- en strekoefeningen.

Toen Eduard in het najaar van 1996 ziek werd zat ik zelf ook niet lekker in mijn vel, ik had griep onder de leden en ik beschreef in een lange brief naar huis mijn tegenstrijdige gevoelens.

'(...) Eduardje voelde zo warm aan dat zelfs ik zijn temperatuur wilde opnemen: 38.9 graden. Even schrikken. Toch een reactie op een virusin-

fectie, verdorie! Gelukkig was ik alleen thuis en kon ik rustig reageren: een half zetpilletje, na een uur 38,3. Nog een Sinaspril-kauwtablet gegeven en hem om zeven uur in bed gelegd. Hij sliep aan één stuk door. Om er vannacht niet weer vijf keer uit te moeten (verstopte neus) legde ik mijn matras op zijn kamer. Ik durfde noch tegen Misja, noch tegen Giuli of Mzia het woord 'koorts' te laten vallen want dan zouden ze allemaal hals over kop hierheen komen gewapend met ampullen en spuiten en azijn en spiritus en dat is allemaal (nog) niet nodig. Zolang de koorts onder de 39 graden blijft kan ik het heus zelf wel aan. En als hij echt ziek wordt, zo lees ik in 'de Spock', dan staan zijn oogjes ook dof, is hij in een slecht humeur en heeft hij geen eetlust, wat hij nu allemaal wel heeft. Ik ga geen paniek zaaien als ik aanvoel dat ik het onder controle heb. En gelukkig wonen we apart en lopen er hier geen andere generaties rond! We houden de prikgrage en met antibiotica dwepende artsen nog even buiten de deur. Op aanraden van een vriendin heb ik een koolblad op zijn voorhoofd gelegd en dat met een sjaaltje vastgebonden, dat zal de koorts moeten verminderen. Ik voel me nu dus in een soort complot met mijn vriendin, voor Eduards bestwil en tegen de pillen- en prikkenfamilie.'

De volgende dag traanden zijn oogjes en neusje. Hij at maar twee derde van zijn gewoonlijke dosis pap. Toch maar de kinderarts Tamriko gebeld, vooral ook omdat hij zo duf was. Ze woont vlakbij dus kwam ze meteen langs: 'Een antibioticum voor neus en keel plus paracetamol als de temperatuur hoog blijft. 'Als het binnen twee dagen niet onder controle zou zijn, dan... tja... paardenmiddelen neem ik aan. Ik had uit voorzorg mini-spuitjes uit Nederland meegenomen, dan zou het prikken in ieder geval minder pijnlijk zijn.

'Om vijf uur 's avonds meet ik zijn temperatuur: 39,3 °C, potjandrie. Weer een beetje paracetamol gegeven, maar dit is wel erg hoog. Het arme schaap slaapt nu weer. Hij sliep van één tot drie en is nu alweer doodop. Nee, hij is, vrees ik, echt ziek. Ik ben blij dat Tamriko de dokter op de hoogte is. Ze belt me vanavond op en dan vraag ik wel om raad. Hij heeft er nu ook een zware hoest bij gekregen. Ik voel me zelf ook ziek en moedeloos, ga in bed liggen en huil het er allemaal uit. Ik kan het even niet meer aan. Ik kan niet eens voor mijn eigen zieke kind zorgen.'

Die avond kreeg Eduardje via een injectie het antibioticum 'gentomicine' toegediend. 's Nachts nogmaals, al kwam zijn koorts niet meer boven de 37,5° graden uit. Arme kleine baby. Ik injecteerde niet, Tamriko kwam daarvoor. Ook midden in de nacht.

De volgende dag hadden Eduard en ik beiden 39°C koorts. Eduard wilde niets: niet naar de auto's op straat kijken, niet met sleutels of potjes spelen, geen water, geen thee, niet liggen, niet leunen, niet op de arm. Tamriko voegde analgine aan de injectie toe om de hoge koorts te doen dalen.

'*(...) Gelukkig is Giuli er nu. Mzia was er ook even, maar die maakte dat ze wegkwam omdat ze zelf met een snotneus liep. Giuli is een engel. Ze is af en toe overbezorgd, maar ik heb toch veel steun aan haar. Ze brengt me constant warme thee en melk met honing, houdt het huishouden een beetje bij en houdt Eduardje bezig. Ik ben niet streng meer en zeg niks als ze hem uren ronddraagt om bij de piano do-re-mi te spelen, om bij het raam te staan of om te komen kijken hoe het met mama gaat.*'

Na drie dagen gentomicine ging Tamriko over op Klaforan, dat vaker geprikt moest worden maar minder agressief was. Ik moest weer huilen. Waarom toch via injecties, in mijn hele jeugd heb ik behalve de standaardinentingen geen naald gezien en waarom deze baby drie keer per dag zo'n pijn doen dat hij er nog lang van nahuilde?

Omdat hij in de periode erna vaak verkouden was en dan soms door opgezette amandelen slecht kon ademen besloot de kno-arts in Nederland hem in 1997 en 1999 aan neus- en keelamandelen te opereren. In Georgië werden ook amandelen geknipt, maar dat gebeurde via plaatselijke verdoving. Daar hielden kinderen vreselijke trauma's aan over, dus ik nam liever het zekere voor het onzekere.

Eduard werd weer beter en de emoties kwamen tot bedaren. De kinderarts wilde geen geld aannemen, 'het was een vriendendienst'. Mijn schoonvader kent haar goed. Ik liet dan maar speciaal voor haar uit Nederland modieuze schoenen en een zijden sjaal komen. De verzekering konden we dus niet aanspreken maar het gaat hier nu eenmaal meestal zo. Als je met geld aan komt is iemand al snel beledigd. Geld had nu eenmaal in de Sovjetperiode een puur symbolische functie. Men had er in het algemeen geen gebrek aan en kon zich de basisproducten veroorloven. Prijzen van producten werden niet berekend op basis van de wetten van vraag en aanbod maar werden gedicteerd door een departement in Moskou. De 'prijs' van geld is een onbekend begrip; geld was een bijkomstig instrument, niet de uitdrukking van de inzet van arbeid en kapitaalmiddelen. En waar een markteconomie (in tegenstelling tot de wat ik noem 'gunsteneconomie' van Georgië) de neutraliserende rol van geld onderstreept, sta je in Georgië constant bij elkaar in het krijt voor dienst en wederdienst. Deze gunsteneconomie past beter bij de Georgische mentaliteit, men wil immers graag tonen en onderstrepen hoeveel men voor elkaar over heeft. Wederzijdse afhankelijkheid wordt gecreëerd en de neutraliserende rol van geld keer op keer ontkend. Waarschijnlijk een kwestie van transparant beleid, striktere regels en controle maar ook van opvoeding en economisch onderwijs. Er zullen dus nog één tot twee generaties overheen gaan vooraleer er veranderingen merkbaar zullen zijn.

Georgië heeft best een aantal exportproducten: oud metaal (schroot) staat boven aan de lijst, mangaanconcentraat, wijn, noten, mineraalwater, soja, tabaksbladeren, sigaretten. Maar het spreekt voor zich dat de handelsbalans behoorlijk doorslaat naar de importkant.

Ik merkte al snel dat de meeste levensmiddelen en spulletjes in Tbilisi vrij gekocht konden worden. Alleen kon je er niet van op aan of een bepaald product opnieuw te koop aangeboden zou worden op dezelfde plaats of in dezelfde winkel. Zag ik dus ergens cornflakes, hazelnootpasta of builtjes rijst dan kocht ik er meteen een heleboel van, al was dat wel een aanslag op de huishoudportemonnee. Eén keer per week was ik zo'n twee uur kwijt aan de markt waar ik voedingsmiddelen en verse producten kocht voor een hele week. Ik vond het heerlijk om op de eerste verdieping van het marktgebouw langs de geurende kruiden, de verse kazen en de bergen walnoten te lopen. Meestal mocht ik ook proeven, zeker als ze merkten dat ik een buitenlandse was. Toch kon ik niet alle producten en spullen waar ik aan gewend was op de markt of in de winkels vinden. Door de jaren heen is er nogal wat uit Nederland naar Georgië gesleept: van tuingereedschap tot pianoboeken en alles daar tussenin.

Als ik terugdenk aan die eerste periode hoor ik in gedachten constant de telefoon rinkelen. Aan de telefoonmanie van de Georgiërs kon ik maar moeilijk wennen. Het was alleen maar voor de gezelligheid dat er door allerlei leutertantes gebeld werd, niet zakelijk zoals wij dat gewend zijn. Ik sprak met Misja zelfs een code af zodat ik wist wanneer hij belde en ik zou opnemen. Misja belde in die periode zijn moeder en grootmoeder steevast enkele malen per dag, ik troostte me met de gedachte dat dat beter was dan dat ze bij ons zouden inwonen – iets wat toch heel gebruikelijk is binnen Georgische families.

Ik ging regelmatig met Eduardje voor enkele dagen naar Tsqneti, een dorp in de heuvels rondom Tbilisi waar ik een Georgisch huishouden leerde kennen met een druk bezet politicus, Zoerab Zjvania, aan het hoofd. Zijn vrouw Nino, die Eduards meter zou worden, had me eens uitgenodigd en ik mocht er doen en laten wat ik wilde. Veel samen eten, veel praten, veel lezen, ook aan Eduard voorlezen en vooral veel buiten zijn met de wandelwagen. Nino's oudste dochter Lisiko is precies een jaar en een dag ouder dan Eduard maar dat betekende niet dat Eduard aandacht voor haar had, hij was eerder bang voor haar en wilde het liefst bij mama zijn. Lisiko's broertje Bessarion (Boesiko) was toen nog niet geboren noch Lisiko's jongste zusje Ana (Ancho). Van het reilen en zeilen in hun huishouden leerde ik veel: hoe je boekweitpap moest maken bijvoorbeeld, of matsonisoep (op basis van yoghurt). Maar ook dat beide oma's, huishoudster, tante en moeder naadloos op elkaar kunnen aansluiten als het gaat om het opvangen van een druk bezet man en de opvoeding en de verzorging van de kinderen. Naar Tsqneti gaan was voor mij ook een manier om onder de soms verstikkende aandacht van mijn schoonmoeder en haar moeder uit te komen. Dat klinkt oneerbiedig en ik zie het nu in een heel ander daglicht, maar vergeet niet dat ik nog maar net in Georgië was en zulke al te hechte familiebanden niet gewend was. Ik had zelfs een keertje de deur niet open gedaan voor mijn schoonmoeder, een onvergeeflijke blunder besef ik nu. Maar toen zij op een middag op het straatraam klopte en naar binnen wilde, kwam dat mij helemaal niet uit! Ik was bezig en had Eduard net te slapen gelegd. Af en toe had ik behoefte aan alleen zijn. Toen Misja erachter kwam was hij razend! Toen zijn neven met hun echtgenoten en kinderen een keer spontaan langskwamen had ik ze zelfs de deur gewezen met de mededeling dat ze van tevoren hadden moeten bellen of het ons wel uitkwam! In hun ogen moet ik op zulke momenten onuitstaanbaar zijn geweest, ongastvrij en bijzonder on-Georgisch. Maar zij bedekten het met de mantel der liefde. Toen Giuli enkele dagen later weer op het raam klopte en ik kwam kijken wie mijn rust wilde verstoren, zei ze met haar lieve stemmetje: 'O, ik wil niet binnenkomen hoor, ik kwam zo maar even langs, alles gaat toch goed, hè?' Niet Misja's toorn van een paar dagen geleden maar Giuli's lieve voorzichtige stemmetje deed me pas goed beseffen dat ik fout zat. Natuurlijk liet ik haar toen binnen en konden we er later hartelijk om lachen.

Waar we ook veel om gelachen hebben was die keer toen ik maagpijn had en Giuli telefonisch om raad vroeg. Ze raadde me aan om warme Bordjomi en een kruik te nemen. Een kruik in mijn ogen was iets om bij pasgeborenen in het ruggetje te leggen of voor oudere mensen die last van koude voeten hadden. Maar een warme kruik op je buik was nieuw voor mij. Ik warmde het lokale mineraalwater Bordjomi op en goot het in de kruik. Ik ging vervolgens op mijn rechterzij liggen met de kruik onder mijn buik en wachtte op verbetering, mijzelf ondertussen afvragend hoe het toch kon dat dat opgewarmde mineraalwater door de kruik heen een reactie in mijn maag teweeg kon brengen. Toen Giuli een half uur later informeerde naar mijn maagpijn vertelde ik haar van de kruik Bordjomi. 'Wat?' riep ze uit, 'heb je de Bordjomi ín de kruik gegoten?! Die moest je opdrinken!'

In juni 1996 waren we voor vakantie alweer bij mijn ouders in Nederland. Ik bleef een maand en Eduardje zelfs wat langer, moederlief wilde namelijk een vijfweekse zomercursus Georgische taal aanvangen aan de Universiteit van Tbilisi. Natuurlijk had ik het daar erg druk mee en gingen die weken zonder 'Edoetsja' vrij snel voorbij. Maar toen ik mijn ouders en Eduardje op het vliegveld verwelkomde keek hij dwars door me heen! Hij herkende op het eerste gezicht zijn eigen moeder niet! Ik besloot dit nooit meer te doen. Die blik van Eduardje kon ik niet verdragen en ik nam me voor altijd samen te blijven. Hij hoorde hier bij ons en hoe moeilijk en pijnlijk het soms ook voor me was om me aan te passen, ik moest erdoorheen en moest niet willen vluchten naar het oude vertrouwde tot in de puntjes verzorgde Nederland.

Na die zomer en nadat Eduardje voor de Georgisch-orthodoxe kerk was gedoopt in het bijzijn van mijn ouders en met collega-politicus Giorgi (Gia) Baramidze en Nino Zjvania-Kadagidze als peter en meter, begon mijn integratie pas echt: ik had een goed begin met de studie van de taal gemaakt, was gewend geraakt aan de keuken, aan het kraanwater, het droge klimaat en aan het Georgische dagritme. En wat belangrijker was: ik voelde dat hier met overtuiging blijven de enige manier was om te leren wennen en me te leren aanpassen. Ik plakte op alle meubels en voorwerpen thuis plakkertjes met de Georgische benamingen erop en leerde zo spelenderwijs de taal, ik bleef ook privélessen nemen. Als we ons in de stad met de minibus (*marsjroetka*) verplaatsten hield ik voor het gemak elk busje dat langs de halte kwam aan om goed te kunnen lezen welke lijn het was. Ik kende het alfabet weliswaar, maar heb erg lang erg langzaam gelezen. Als het busje onze lijn niet was liet ik het met een armbeweging weer verder rijden.

Georgisch is een Ibero-Kaukasische taal met als eerste geschreven bron een optekening van de zesde eeuw voor Christus. Het mooie uit de vijfde eeuw stammende lussenalfabet kent drieëndertig letters waarvan vier letters ook in aangeblazen vorm voorkomen, k-kh, t-th, g-gh, p-ph. De enkele Arabisch aandoende keelklanken zijn bekbrekers (*tongue twisters*) voor buitenlanders. De meest beroemde 'onuitspreekbare' zin is *baqaqi tsqalsji qiqinebs* (de kikker kwaakt in het water), vergelijkbaar met de Nederlandse bekbreker 'scheepsbeschuit'. Zelf heb ik altijd het meeste moeite met de ploffers t en p die ook in aangeblazen vorm voorkomen (th en ph) en met de sisklanken 'ts' en 'Ts' en 'tsj' en 'Tsj'. Mijn zoon verbetert mijn uitspraak nog te vaak naar mijn smaak.

Ik vond werk bij het Rode Kruis, nam een kinderjuf in huis en maakte mijn borst nat voor de eerste winter in Georgië. En dat was me er één!

Vanaf eind september verruilde ik de reuzengrote handdoeken waaronder men 's zomers in Georgië slaapt – heerlijk koel en praktisch – voor hoeslakens waaraan niet – zoals gebruikelijk – een opening onderaan zit om het dekbed in te schuiven maar waarin bovenop een opening zit in ruitvorm of vierkant. Toen mijn ouders eens in Moskou in een hotel overnachtten snapte mijn vader niet precies wat de bedoeling was van die opening in zijn laken en kroop met zijn benen ín die ruit, erg lachwekkend!

Voor Eduardje namen we twee konijnen in huis, een witte en een zwarte en noemden ze *Thethriko* (witje) en *Sjaviko* (zwartje). Ze bivakkeerden op het balkon waar ook vaak een rood katertje aan kwam lopen (dat we natuurlijk Djigarro II noemden) en Eduard liep er vaak heen om in de kooi te kijken. Ze zaten voor twee gezusters wel erg vaak boven op elkaar en op een goede dag lag er een nest kleintjes bij! Hoewel we ze binnengezet hadden overleefden die de eerste koude niet, omdat we voor ons verwarmingselement op wieltjes afhankelijk waren van elektrische stroom en die viel soms halve dagen uit...

De Georgiërs hebben het afgelopen decennium heel wat avonden en dagdelen zonder stroom moeten stellen en ook vandaag de dag is dat euvel nog niet verholpen. Stroomonderbreking lijkt in Westerse ogen romantisch en geldbesparend, je gaat gewoon over op olielampen en kaarsen (of de stroomgenerator wordt aangezet), maar dit fenomeen dat ik winter in winter uit aan den lijve heb mogen ondergaan behoeft nuancering. Een straat die plots in het donker valt wordt gevaarlijk en bedreigend. Een klein kind dat alleen is, een bejaarde die op straat loopt, een moeder die met tassen de trap op komt strompelen, zij zijn plotseling prooien geworden. Elektrische apparaten gaan makkelijk kapot van stroomonderbrekingen, maar ook van zwakke voltage of plotselinge stroomstoten. Zo brandde de flat van een kennis 's nachts af omdat de loshangende elektrische bedrading simpelweg vlam vatte toen er een stroomstoot van bijna driehonderd volt doorheen schoot. Zijn bedlegerige grootmoeder kon niet meer gered worden. Ook bij het vullen van olielampen, stroomgeneratoren of straalkachels gebeuren vaak ongelukken.

De huishoudportemonnee lijdt eronder want brandstof en goede niet-druipende kaarsen zijn duurder dan enkele brandende peertjes aan het plafond. Psychologisch gezien is stroomonderbreking slopend. Je moet je bezigheden (strijken, huiswerk maken, koken, naar een spannende film of voetbalwedstrijd kijken) staken, je staat 's avonds onder een koude douche omdat het water niet opgewarmd kon worden en je moet elke keer opnieuw overwegen of je maatregelen gaat nemen of gaat wachten tot de stroom terugkomt. In het beste geval weet je waar je aan toe bent en kun je de klok gelijkzetten op het wegvallen en het terugkeren van de stroomvoorziening, zo'n regeling wordt 's winters in vele wijken toegepast en wordt *grafiki* genoemd. Maar vaak weet je niet wat je te wachten staat en blijkt vaak dat je (de wet van Murphy!) nét de verkeerde keuze maakt, tevergeefs wacht of voor niks moeite doet om kaarsen, lampen en andere lichtbronnen op te sporen. Al konden wij het ons veroorloven, toch hebben wij nooit voor een generator gekozen. De enkele weken dat we er één uitgeprobeerd hebben kreeg ik of een tennisarm van het rukken aan het motorkoord, of bleef ik hannesen met het aansluiten en na stroomterugkeer weer uittrekken van alle stoffige snoeren die aan lampen en televisie verbonden waren. Bovendien vond ik het niet netjes om mijn (minder fortuinlijke) buren op te zadelen met lawaaierig geronk en stank vanaf mijn balkon terwijl ik gewoon vrolijk mijn bezigheden voortzette. *Suffer with the victims?* Nee, elementaire solidariteit met je medemens.

Honderden keren is mij door bezoekende buitenlanders gevraagd waarom er een energiecrisis in het land was en even zovele malen heb ik geprobeerd uit te leggen dat het een combinatie van tientallen factoren was: toegenomen vraag door winterkou en vroegere duisternisinval, wanbetalingen door de grootverbruikers (ziekenhuizen, universiteiten en instituten, spoorwegen, fabrieken), terugloop van energievoorziening door waterkrachtcentrales omdat de rivieren en stuwmeren minder water bevatten of deels bevriezen en het dichtdraaien van de gaskraan door omringende landen waaraan Georgië brandstofschulden heeft. Ook komt het door gebrek aan onderhoud of misbruik van gelden die voor onderhoud en reparatie bestemd waren en in verkeerde handen zijn geraakt waardoor de elektriciteitscentrales (oftewel blokken) buiten dienst raakten, doorverkopen voor eigen zak van opgewekte stroom (aan Turkije bijvoorbeeld), sabotage (niet alleen als er leidingen of draden werden gestolen maar ook als er een televisieprogramma uitgezonden werd dat bijvoorbeeld een bepaalde corruptiezaak probeerde te analyseren!) en massaal aftappen van hoofdleidingen waardoor de voltage (en de veiligheid) verlaagt. Maar ook het creatief terugdraaien van stroommeters en *last but not least* belangen van clans (vaak de oude communistische elite van weleer dicht tegen de regering aanleunend en de economie bestierend) die baat hebben bij onvoorspelbare stroomuitval omdat de vraag naar brandstof als stookolie, brandhout en gas(flessen) dan toeneemt evenals naar accu's die enkele uren een lamp en een televisietoestel kunnen laten werken. Een wirwar van factoren, ga daar maar eens aan staan! Het Amerikaanse bedrijf AES heeft vanaf 1999 geprobeerd orde op zaken te stellen. Zij begonnen fanatiek aftappingen door te snijden, verhoogden de kilowattprijzen en plaatsten voor de consument 'kostenloos' nieuwe kabels en individuele meterkasten. Toch zijn ze uiteindelijk niet opgewassen gebleken tegen de creativiteit van de Georgische consument, de politieke onwil en de corruptie in de energiesector. Van pure ellende zijn ze eind 2003 met de staart tussen de benen uit Georgië weggevlucht en heeft een Russisch bedrijf de zaak opgekocht. Er is een prachtige documentaire gemaakt over de energiecrisis en de pogingen van AES om er verandering in te brengen gemaakt met als titel *Power Trip*. Deze is ook in Nederland op televisie uitgezonden en is vertoond op het Festival voor de documentairefilm in Amsterdam (IDFA 2003).

Over creativiteit gesproken: in het West-Georgische Koetaisi constateerde men een wel heel macaber misbruik. Als er ergens een sterfgeval is, levert het distributiebedrijf bij wijze van hoge uitzondering uit respect voor de overledene toch stroom. De familieleden kunnen daarover bellen met het distributiebedrijf maar meestal verspreidt het nieuws van een overlijden zich zo snel binnen het trappenhuis en de hele wijk dat men bij het distributiebedrijf al op de hoogte is. Als teken dat er in een bepaald huis een overledene opgebaard ligt plaatst men het deksel van de doodskist in de hal of in het trappenhuis. In Georgië vinden gedurende drie dagen condoleancebezoeken plaats en op de dag van de teraardebestelling wordt de doodskist het huis uit gedragen en naar het kerkhof begeleid. De inwoners van een trappenhuis in Koetaisi besloten een doodskist te kopen en het deksel daarvan om de beurt op de verschillende verdiepingen te plaatsen zodat ze zeker zouden zijn van weken ononderbroken stroomvoorziening. Tot de Medische Inspectie er lucht van kreeg en polshoogte ging nemen...

Gelukkig kunnen de Georgiërs ook relativeren en er is een populair raadseltje: wat is de gelukkigste manier om te sterven? Antwoord: door een elektrische schok onder de douche, want dat betekent dat je én water én licht én een spiraal (voor het snel plaatselijk opwarmen van stromend water) hebt!

Een lokale rockgroep noemde zichzelf *Shoeki movida* (Daar is het licht weer!) en schreef prachtige teksten over de alledaagse beslommeringen van de gemiddelde Georgiër – Giorgi Modaal – die probeert te overleven te midden van energiecrisis, verkeerschaos, zomerhitte en welig tierende corruptiepraktijken.

In ons straatje kwamen steeds meer horecagelegenheden. 's Nachts werden we vaak wakker van het verkeer of van dronkenlappen die met flessen tegen lantaarnpalen sloegen of gewoon lawaai maakten. Een keer was ik het zo beu toen er opnieuw een autoalarm afging, Eduard werd er weer eens huilend wakker van. Ik nam hem op de arm, haalde toen een fles tomatenketchup uit de koelkast en liep ermee naar het straatraam. Door het traliehekwerk heen liet ik wat tomatenketchup op de witte Lada vallen. Uit het café er tegenover kwamen kort daarna twee mannen op de witte Lada afgestapt om het alarm af te zetten. Ik dacht dat Eduard er niet veel van begrepen had maar toen we een paar dagen later in de Babylonsupermarkt langs de schappen mayonaise, mosterd en ketchup liepen wees Eduard op de rode fles en zei: 'Auto!' Lachend probeerde ik hem uit te leggen dat het daar toch eigenlijk niet voor bedoeld was... Misja had het trouwens niet zo'n goed idee gevonden van die ketchup. 'Pas maar op, straks doen ze nog iets aan onze auto.' Het verhaal van de besmeurde Lada moest ik Educha nog vaak vertellen toen hij wat ouder was.

Nadat we enkele maanden echt in Tbilisi woonden besefte ik dat de dagindeling in Georgië eigenlijk twee uur achter liep op die in het Westen: om half tien stonden we op en om één uur 's nachts gingen we naar bed. Kinderprogramma's op televisie begonnen om half negen en lunchen stond om twee uur 's middags op het programma.

In Georgië wordt vrij mediterraan geleefd, er wordt niet te ver vooruit gekeken: men neemt de dingen zoals ze komen. Daarbij komt ook dat prioriteiten hier volledig anders liggen, wat ook met de socialistische-maatschappijgewoontes te maken heeft. Als een Georgiër een familielid of vriend heeft verloren verschijnt hij rustig een paar dagen niet op zijn werk. Status speelt ook een grote rol: bij een incidenteel inkomen zal liever een luxe artikel als merkkledij of een horloge aangekocht worden dan dat een lekkend dak wordt gerepareerd of een gevaarlijke trap. Achter status zitten echter geen spaartegoeden, het is zo tijdelijk. Over het algemeen kan gesteld worden dat Georgiërs meer balanceren op de extremen: ze zijn behoorlijk fatalistisch ingesteld, heel gul en gastvrij. In Nederlandse ogen misschien overdreven en onverstandig, want om die gastvrijheid te kunnen bieden zijn ze soms genoodzaakt bijvoorbeeld familiebezittingen te verkopen. In Nederland en België wordt toch meer de gulden middenweg bewandeld, leeft men met mate, spaarzamer, rationeler. Zou mentaliteit en instelling, zoals een eeuwenoude theorie wil aantonen, mede bepaald worden door het heersende klimaat? Waar het kwik in de Lage Landen grofweg tussen –5° en +25° Celsius schommelt en er een vochtig klimaat heerst, is het hier tussen de –20° en + 40° Celsius en erg droog, zowel 's zomers als 's winters. Noorderlingen kunnen daarom het hoofd zelfs in augustus koel houden en goed doorwerken, terwijl hier iedereen de heuvels of bossen in vlucht of richting kust rijdt op weg naar koelte. Waar in het noorden de geharde schoolkinderen met tegenwind en regen de dijken over fietsen om op tijd op school te komen, blijven hun leeftijdgenootjes in Georgië thuis bij de kachel zitten met een hoestje of gaan niet naar school vanwege gebrek aan schoeisel of omdat men de school niet warm kan stoken. Om economische redenen maar ook uit gewoonte en respect voor naaste familie, leven generaties meestal in één huishouden. Van ons 'wegstoppen in bejaardentehuizen' gruwt een Georgische gast in Nederland. Opa en oma helpen mee in het huishouden en zijn onmisbaar bij de opvoeding van de kleinkinderen, zoals ook ik al had ervaren. Er zijn grote voordelen; men trouwt vaak al jong en zo kunnen de jonge ouders hun studie afmaken, buitenshuis werken of 's avonds met vrienden op stap gaan: een betere babysit bestaat immers niet!

In het najaar van 1996 had ik dankzij Misja's contacten een baan gevonden bij het Internationale Rode-Kruiscomité (ICRC), een Zwitserse organisatie waarvan het delegatiehoofd me voorstelde om als consultant voor hen te komen werken. Ik had ook een aanbod gekregen van het Georgische Ministerie van Volksgezondheid en Sociale Zaken om voor vierhonderd dollar per maand de Wereldbankhervormingen te begeleiden. Dat klonk heel interessant maar bij het Rode Kruis kreeg ik meer salaris en hoefde ik – op eigen verzoek – slechts vier dagen te werken. Ik wilde midden in de week op woensdag vrij hebben zodat ik nooit langer dan twee dagen achter elkaar thuis afwezig was en het huishouden en Eduards opvoeding goed in de hand kon blijven houden.

Mijn werk bij het Rode Kruis was boeiend en veelzijdig, ik mocht er voor het Nederlandse Rode Kruis een stuk over schrijven in hun maandblad.

'Het hoofdkantoor van ICRC *Tbilisi ligt op een rots nabij de oude stad en het Nariqalafort. Vanuit elk kantoor kun je genieten van een romantisch doorkijkje op deze eeuwenoude 'zonovergoten rozenstad'. Het hoofdkantoor is een dynamische werkplek,* where the action is, *het is een komen en gaan van gedelegeerden, veel nieuwe gezichten en elke dag nieuwe informatie die een aangepaste aanpak vereist.*

Het Georgische Rode Kruis (dat ik als consultant for cooperation *probeer te adviseren en ontwikkelen) staat nog in de kinderschoenen. Toch viert het in 1998 zijn zeventigjarig bestaan, maar door het uiteenvallen van de Sovjetunie werd begin jaren negentig ineens de geldkraan uit Moskou dichtgedraaid. Daarbovenop hebben de werknemers helaas weinig kaas gegeten van management of bedrijfsorganisatie. Ook staat demotivering, gebrek aan initiatief en pessimisme de ontwikkeling van het Georgische Rode Kruis in de weg. Het is ook niet gemakkelijk om als medewerker van het lokale Rode Kruis in een koud kantoor te moeten zitten en met een salaris rond te komen van zo'n vijftig à tachtig gulden per maand terwijl een gezin met een kind er voor overleving zo'n tweehonderdvijftig nodig heeft. Toch zijn er ook lichtpunten: de economie in Georgië trekt aan.* ICRC *en Federatie ondersteunen de Nationale Vereniging en halen de samenwerkingsverbanden strakker aan. Bovendien is er een aantal bilateriale projecten, onder andere met European Community Humanitarian Office (*ECHO*) en met het Nederlandse Rode Kruis.*

Het Nederlandse Rode Kruis financiert salarissen en basismedicijnen voor het verpleegsters-aan-huisprogramma, het stuurt medicijnen voor psychisch-neurologische zieken en chronisch zieke bejaarden. Ook steunt het Nederlandse Rode Kruis een project dat geslachtsziekten aanpakt.'

Nadat ik Eduard uitgelegd had hoe je een kruisje moet slaan bij het passeren van een kerk vroeg ik op een ochtend toen ik naar mijn werk ging:

–Zo, ik ga op pad. Waar gaat mama naartoe?
–Rode Kruis.
–Wat gaat ze daar doen?
–...kruisjes maken!

In België had ik al voor het Rode Kruis gewerkt en dus was ik al 'besmet' met het Rode-Kruisvirus zoals we dat onder elkaar noemden. Ik voelde me als onderdeel van de Rode-Kruisbeweging zeer nuttig, er heerste een prettige werksfeer en de ideeën bleven komen en stromen; het was heerlijk om weer aan het arbeidsproces deel te nemen. Het feit dat ik in het gezin de hoofdkostwinner was stoorde mij noch mijn man. Het werk dat hij verzette als parlementslid voor de partij van Eduard Sjevardnadze (Burgerunie) en de impact die zijn juridische hervormingen en transparant beleid hadden, was vele malen belangrijker voor de opbouw van het land dan de analyse die ik in die twee jaar maakte van het Georgische Rode Kruis!

Voor mij persoonlijk bleken deze twee jaren een ideale leerschool. Ik verkende het land door ruim dertig van de zestig Rode-Kruisafdelingen in het land te bezoeken, ik bouwde een netwerk van collega's op zowel binnen ICRC als het hoofdkantoor en de afdelingen van het Georgische Rode Kruis. En ik kreeg ruim de kans om me de taal eigen te maken omdat ik in principe steeds met dezelfde vragenlijst op de proppen kwam bij alle afdelingen om uit te vinden hoe zwak of sterk de afdeling was binnen het geheel. Ik vergelijk het aanleren van een taal weleens met kaatsenballen, je begint met één bal tegen de muur, als je die goed kunt vangen (de antwoorden of reacties op jouw taaluitingen begrijpt) haal je er een tweede bij en oefent net zo lang tot je ook met twee kunt kaatsenballen voordat je er een derde bal bijhaalt. Bij het leren van een taal zit het geheim 'm in de herhaling van de elementen die je al kent en die je steeds net iets anders formuleert. Daarom was niet alleen de analyse van de lokale afdelingen zo nuttig maar bijvoorbeeld ook het Georgische tafelen omdat daar ook steeds dezelfde woorden gebruikt worden bij het uitspreken van de toasts. Je kunt zo op een ideale manier het aangename met het nuttige combineren.

Als je een taal ten slotte al zo goed beheerst dat je erin droomt en gedichten schrijft dan ben je al in de lucht aan het kaatsen met een bal of vier, vijf.

Een organisatie is zo sterk als haar zwakste schakel, daarom was het zo belangrijk als ICRC om de verwachtingen en dromen te verwoorden, de specifieke regionale behoeften te peilen en ons een idee te vormen van de inkomsten, de verhouding met het hoofdkantoor en van de motivatie van de medewerkers en vrijwilligers. Deze non-gouvernementele organisatie maakte tijdens het Sovjetbewind wel degelijk deel uit van de nomenclatura en droeg dus alle kenmerken daarvan. Het was eigenlijk de Georgische maatschappij in een notendop met haar hiërarchische structuur, management en (ondemocratische) besluitvorming. De mechanismen en procedures die ik binnen deze organisatie in de loop van twee jaar onder de loep nam en die een heuse rem vormden op de kans op ontwikkeling en *self sustainability* herkende ik later blindelings bij ministeries, departementen, onderwijsinstellingen en zelfs bij bedrijven die nog op de oude manier verder borduurden en zo – soms zonder het te beseffen – stokken in hun eigen wielen staken. Ik herinner me een van de regionale voorzitsters van het Georgische Rode Kruis, *Kalbatoni* (mevrouw) Eteri in Goeria, een streek in West-Georgië waar de humor legendarisch is. Zij kon maar moeilijk in telefonisch contact komen met het hoofdkantoor en daarom had de president van het Rode Kruis haar ter bevordering van de onderlinge communicatie een *pager* (*peeper*, soort voorloper van het mobieltje) cadeau gedaan. Toen ik vroeg of ze de pager ontvangen had begon ze te stralen en wees achter zich terwijl ze uitriep: 'O ja, hij ligt hier, veilig in de safe!'

Tijdens deze tripjes naar de regio's leerde ik ontzettend veel bij. Mijn Georgische collega's vonden het heerlijk om me in te wijden in de 'geheimen' van de Georgische geschiedenis, cultuur en haar tradities. Bijgeloof was zoiets waarmee je al doende en reizende in aanraking komt. Bijvoorbeeld dat fluiten in huis geen rijkdom brengt, dat je elkaar geen hand mag geven boven een tafel of als je in de deurpost staat, dat je geen stuk zeep aan een ander mag doorgeven (zou de vriendschap kunnen wegwassen?), dat de eerste verjaardag van een kind niet gevierd behoord te worden...

Hoe bevredigend ik mijn nieuwe baan ook vond, het sprak voor zich dat ik na anderhalf jaar 'pauze' van 'alleen' moederschap en huishouden mijn draai achter een bureau weer moest vinden. Mijn gedachten dwaalden vaak af als ik door het raam van mijn kantoor naar het oude Nariqalafort en de Heilige Berg *Mtsatsminda* keek. Het kantoor van ICRC bevond zich op een rots in de oude wijk Avlabari, die ook wel 'Armeense wijk' wordt genoemd. Er wonen inderdaad veel Armeense Georgiërs, van oudsher behorende tot de handelsklasse, vaak geboren en getogen in Tbilisi, de zonovergoten rozenstad van Vakhtang Gorgasali.

Na zo'n achturige werkdag met gesprekken in veel verschillende talen stapte ik 's avonds doodmoe de metro weer in. Ik herinner me dat ik als 'zuinige Zeeuwse' eind december heel veel zwarte metromuntjes inkocht omdat ik op het nieuws had gehoord dat de prijs van een metrojeton per 1 januari zou stijgen. Maar wie schetst mijn verbazing dat de zwarte jetons werden omgezet in rode dunnere jetons en ik dus met een overschot aan tientallen dikke zwarte jetons zat die ik dan maar bij Eduards speelgoed opborg!

Gelukkig dat ik die ene dag midden in de week vrij had, die was heilig voor me. Na mijn werk wachtten Eduard en kinderjuf Nasiko mij thuis op en aten we samen een warme hap. Nasiko kon heerlijk flensjes bakken die we met bramenjam opsmikkelden. Een beetje Georgische huisvrouw maakt elk jaar zelf haar compôtes en jams die ze in weckpotten wegzet voor de wintermaanden.

Eduard kon het prima vinden met Nasiko. Zij hadden veel lol samen. Als hij 's morgens of 's middags zijn pap of soep niet naar binnen wilde werken 'dreigde' Nasiko wel eens met het monster 'Devi' die de kinderen die hun bord niet leegeten komt ophalen. Ook joeg ze hem schrik aan door de mannen na te roepen die op straat lege flessen verzamelden met hun '*Botlebs vibareb*!' ('Ik haal flessen op!') en van *botlebs* maakte ze *bavsjvebs*: 'Ik haal kinderen op, ik haal kinderen op!'

Misja kwam meestal later thuis dan ik en dan warmden we zijn kostje op. Heel soms stuurden we wel eens met zijn chauffeur een plastic tupperware-doosje met goulash of soep naar het Parlement, maar toen die bakjes niet terugkwamen hield ik daarmee op.

Op een ochtend kregen we op het werk te horen dat een Rode-Kruismedewerker in Tsjetsjenië een gruwelijke dood was gestorven. De Nederlander was in een Rode-Kruisziekenhuis werkzaam geweest waar op een vroege ochtend scherpschutters binnenslopen en de slapenden één voor één vanuit het deurgat doodschoten. Een binnen het Rode Kruis hooggeplaatste Zwitser vertelde me dat dit waarschijnlijk een actie was om te laten zien dat er absoluut geen taboes zijn: humanitaire hulpverleners, vrouwen, een ziekenhuis. Vreselijk barbaars!

Binnen het kringetje van ontwikkelingshulp leerde ik een Nederlandse kennen, Albertine, die voor de Verenigde Naties een zogenaamde *community facilitator* was. Zij had vooral projecten in

Zuid-Georgië, in de regio Samtsche-Djavachetië waar Armeense minderheden een groot deel van de bevolking uitmaken. Ze probeerde er non-gouvernementele organisaties van de grond te krijgen, lokale televisiestations, sprak er met vrouwen over hun positie en gemeenschappelijke problemen en nam zelfs vaak ambassadeurs mee naar deze vrij onherbergzame steppestreek waar het negen maanden lang winter is, minstens zeven uur rijden over slechte wegen. Albertine had van de VPRO en Wereldomroep het verzoek gekregen om regelmatig voor de radio over actualiteiten in Georgië te berichten voor het programma *Wereldnet*. Ze was echter zo vaak de stad uit voor haar werk dat ze mij vroeg dit correspondentschap te overwegen. Ik begon er april 1997 mee en ben tot op heden gemiddeld twee keer per maand op de radio te beluisteren met berichtgeving over Georgië. Ik sta dan live met Hilversum en drie andere 'Nederlanders in den vreemde' in verbinding gedurende drie kwartier.

Naast mijn dagelijkse werk bij het Rode Kruis wilde ik ook mijn kennis van de Franse taal bijhouden en besloot lessen Frans (drie uur per week in de vroege avonduren) en diapresentaties te gaan geven voor de Alliance Française. Ik koos daarbij onderwerpen als Benelux, Nederland, de stad Brussel en Vincent van Gogh. Met mijn diaseries kwam ik in de jaren erna in Batoemi, Koetaisi en Roestavi, meestal in het Frans maar ook wel eens in het Russisch (mijn Georgisch was toen nog niet zo goed). Dankzij de lessen Frans aan twaalf zeer gemotiveerde studenten had ik honderdvijfentwintig gulden extra per maand te besteden.

Maar ik wilde ook academisch een trede hogerop en dus besloot ik op het verzoek van de Tbilisi State University in te gaan en een doctoraalthesis te verdedigen aan de leerstoel Romaanse talen. Mijn schoonmoeder in het bijzonder was erg blij met dit initiatief en zei dat het me altijd te pas zou komen als ik door Misja's werk ooit nog eens 'in het buitenland' terecht zou komen. Als onderwerp koos ik de typologie van de Franse taal in België. Na twee jaar had ik al heel wat vakliteratuur doorgenomen en wel al een en ander op papier, maar toch vlotte het niet goed met de research. Waarschijnlijk was mijn thesisbegeleider te mild en had ik ook erg veel andere uitdagingen. De examens die ik in het kader van deze thesis moest afleggen legde ik op één na allemaal af: Georgisch als vreemde taal, Engels als vreemde taal, Algemene Linguïstiek en Informatica. Het ziet er niet naar uit dat ik momenteel nog tijd kan vrijmaken voor deze thesis.

Brief, 16 juni 1997

(...) Afgelopen week was ik in West-Georgië, wat was dat een leuke week. Natuurlijk veel werken, maar vooral ook veel van het landschap genieten, van de mensen en hun gastvrijheid en van de vrije avonden die ik dan ook meestal doorbracht bij de Georgische familie die ik in 1992 had leren kennen, toen ik voor het eerst naar Georgië kwam en Mikheil nog helemaal niet 'in de picture' was. Afgelopen december was ik al in Koetaisi, de tweede stad van Georgië en het weerzien met de familie van Firoezi (hij, zijn vrouw Ia en zijn zonen David en Gotsja) na vijf jaar was heerlijk. Ook nu was het weer leuk om hun familieleden en kennissen te ontmoeten die ik al zo lang niet gezien had. Natuurlijk werd er rijkelijk wijn geschonken. We zaten met z'n vijftienen aan tafel en ik ging een flink eind van de tamada *af zitten en verborg mijn wijnglas een beetje zodat het niet opviel als ik mijn glas na het uitspreken van een lange Georgische toast niet in één teug leegdronk. De laatste avond was ik met mijn collega's bij de voorzitter van het Georgische Rode Kruis in West-Georgië op bezoek en die had zulke muzikale kinderen, zij speelden op de piano de sterren van de hemel en zongen prachtig. We lagen pas om drie uur in bed. Sinds die avond heb ik thuis elke avond pianogespeeld. Piano. In Georgië is de piano een meubelstuk dat in een doorsnee huiskamer niet mag ontbreken (of er nu een gezinslid speelt of niet) en dat in een meubelzaak aangekocht wordt.*

Overdag maakten we uitstapjes naar lokale Rode-Kruisafdelingen in de verschillende steden en stadjes waarvan ik er nog geen enkele eerder had bezocht. Ik sprak er met Rode-Kruisvrijwilligers over hun ideeën, problemen, en gaf wat tips om donoren te zoeken of fundraising-activiteiten te organiseren. Ook ontmoette ik burgemeesters en gouverneurs die zeker wel geïnteresseerd waren in het Rode Kruis en ons werk in hun regio maar die het allemaal net een stukje interessanter vonden omdat ik de echtgenote ben van die populaire politicus die als hij niet in de krant staat wel op tv en radio is. Bijna ieder van hen nodigde ons aan tafel uit, zo is dat nu eenmaal in Georgië, en al helemaal in het westen.

Donderdag en vrijdag hadden we een seminar voor de medewerkers van het Georgische Rode Kruis uit die provincie en dat was een groot succes. We waren zelfs op de nationale televisie, voor de eerste keer werd mijn naam genoemd ('Roelofsi' in het Georgisch), anders ben ik maar altijd 'Misja's "tsoli"' of "me-oeghle"' (vrouw of echtgenote). Nu was ik eens een keertje zelf het middelpunt. Ook ik ben ambitieus.

Ik vond het echt jammer om vrijdag 's middags weer oostwaarts te rijden, maar natuurlijk was het weerzien met Eduardje en Mikheil (let op de volgorde, wacht maar tot jullie zelf kinderen hebben) heerlijk. Een rustig weekeinde volgde en ik ontdekte dat Eduardje in die ene week weer een heleboel had bijgeleerd. Dat is zo heerlijk om te merken. Misja moest helaas zaterdagochtend alweer op het vliegtuig naar Hannover, waar op neutraal terrein onderhandeld zou worden over het toekomstige statuut van het afgesplitste Abchazië. Het zal zeker niet de laatste onderhandeling zijn.

Ik zit nu even in de pauze te tikken, maar ik ga zo weer verder met de rapportage van afgelopen week en daarna alweer een volgend seminar en trip voorbereiden, er zijn nog genoeg regio's over in Georgië, natuurlijk niet allemaal even mooi en uniek, maar wat wil je. Het belangrijkste is dat dit een unieke manier is om het land te leren kennen en het Rode-Kruisvirus een beetje te verspreiden. Als we de interne dissemination *(zo heet dat met een duur woord) achter de rug hebben (winter 1997) gaan we de journalisten, verpleegsters en zelfs scholieren te lijf. Iedereen moet weten dat Henry Dunant in 1859 die beroemde humanitaire organisatie heeft opgericht die nu het Rode Kruis en de Rode Halve Maan is. Dat we onze zeven principes hebben en dat bijna alle landen 'onze' Geneva Conventions hebben ondertekend waarin de rechten – in oorlogstijd – van burgers, krijgsgevangenen en militairen buiten strijd bepaald zijn. Ik ben zelf ook met dit virus besmet en ben dan ook blij dat ik mijn contract kon verlengen tot januari 1998. Wat er daarna gebeurt zien we wel weer. Wie dan leeft dan zorgt, nietwaar?*

(...) Gisteren zat ik met mijn Georgische vriendin Nino en Eduardje in de serre van restaurant Europa, waar ze lekkere pizza's hebben en de eigenaar kwam binnen, ook een parlementslid, leider van de socialistische partij, een rijke, dankzij zijn vaders en zijn eigen businessneus. Misja en hij zijn water en vuur. Afgelopen week liep de discussie tussen

beiden hoog op in het Parlement waarbij Misja indirecte beschuldigingen uitsprak aan het adres van zijn vader (wat overigens in de zaal veel applaus oogstte, ik hoorde het op de radio toen ik terug kwam gereden uit Koetaisi). Toen de gedeputeerde me zag, keek hij nog eens en kwam toen op ons tafeltje afgestapt met zijn honingzoete mondje en nodigde ons uit. Ook bestelde hij een cocktail voor ons waardoor we gedwongen waren op zijn gezondheid te drinken, 1-0 voor hem, maar wat konden we doen? Ik probeerde te betalen, maar de serveerster gebaarde dat als wij betaalden zij een kopje kleiner gemaakt zou worden (2-1 voor hem). Gelukkig was ik verstandig genoeg om te zeggen dat we vervoer hadden toen hij ons een lift aanbood. We hadden helemaal geen vervoer en het regende pijpestelen, maar we draaiden snel een hoekje om en namen een taxi, oef, eindstand 2-2. Politici kun je maar beter te vriend houden buiten het plenum. Erbinnen trouwens ook, maar dan moet je geen Mikheil Saakasjvili heten, als het nodig is gaat hij een confrontatie niet uit de weg en neemt zo natuurlijk wel risico's, maar tot nu toe heeft deze stijl hem geen windeieren gelegd.'

Tijdens een van de Rode-Kruistripjes besloten de Imeretische chauffeur David en ik om iets vroeger terug te keren om zijn geboortedorp aan te doen en ook het Goerische geboortedorp van president Eduard Sjevardnadze, Mamathi. We vertrokken vanuit Koetaisi en lieten dit – tegen de regels in – niet aan de Rode-Kruiscentrale in Tbilisi weten. Toen we al goed en wel in Goeria zaten meldden we pas dat we bijna uit Koetaisi zouden vertrekken. Niemand had iets in de gaten, we beschouwden dit als een kleine triomf! Het was trouwens een prachtige streek rondom Mamati. De hellingen rondom het moeilijk bereikbare bergdorp staan er vol met theestruiken. Gehurkte figuren met strohoeden onderbraken een groen theestruikentapijt. Koeien en varkens met hun biggetjes lagen in de lommer te dutten langs het slecht berijdbare kuilenpad. Toen Sjevardnadze er nog woonde werd de streek geroemd om zijn thee, citrusvruchten en maïs. De inwoners van deze streek staan bekend om hun humor, gastvrijheid, levensvreugde en kookkunst.

In het geboortehuis van de Georgische president liep een cameraploeg rond, impressies aan het vastleggen voor de uitzending ter ere van Sjevardnadzes zeventigste verjaardag. De camera zwenkte van de waterput naar het rozenperk waar twee poezen lagen te soezen in de namiddagzon. De burgervader van het dorp keek toe vanaf een bankje en gaf af en toe wat aanwijzingen aan de filmploeg. Stiekem plukte ik een roos uit de tuin en trok ik een handjevol laurierbladeren van een struik. De tuin waar Eduard, zoon van een onderwijzer Russisch, als klein jongetje had gerend met zijn drie broers en zusje. In 1945 ging hij in Tbilisi voor ziekenbroeder leren. Hij werd actief in de communistische partij en schopte het er in 1972 tot eerste secretaris. Na een korte carrière als minister van Buitenlandse Zaken onder Mikhail Gorbatsjov, keerde hij terug naar zijn geboortegrond en werd er staatshoofd. Georgië stond dus in principe al ruim vijfentwintig jaar onder zijn leiding.

Op de terugweg richting het stadje Lantsjkhoeti kocht ik in het historische Mamathi enkele kilo's losse thee. Helaas verkocht de familie niet Sjevardnadzes groene lievelingsthee. Ik moest me dus tevreden stellen met zwarte. Enkele jaren later, toen mijn man minister van Justitie was kwam ik in Tbilisi per toeval via kennissen met het gezin in contact waar ik toen thee kocht: wat is de wereld toch klein, vooral in Georgië, waar men daarvoor de Russische uitdrukking gebruikt: '*Mir tesen.*'

In het Noordwesten van Georgië, midden in de Kaukasus, ligt een prachtige streek, Ratsja genaamd. Ik had er al veel over gehoord voordat ik er, in juni 1997, voor het Rode Kruis heen moest. Vanuit Kutaisi loopt een mooie weg naar Ratsja, die van het ene dal in het andere overloopt, zodat je prachtige vergezichten ziet als je over een heuvel rijdt en terug het dal in kijkt.

Gebladerte, rivieren en beekjes tegen een achtergrond van besneeuwde bergtoppen. Toen ik er enkele maanden later opnieuw heentrok was het nog een tikkeltje mooier: rode, oranje, bruine en gele herfsttinten, zacht gefilterd zonlicht en een frisse berglucht.

In de dorpjes waar de Land Cruiser door hobbelt wordt gewerkt: vissers, paarden, wagens, mensen in de weer; hout zagen, een huis of hek opknappen, straathandel. Oude en jonge mannen in groepen rond een tafel, op een bankje, waarschijnlijk het geliefde backgammon spelend, pratend over koetjes en kalfjes, dromerig vertellend over vroeger of gewoon lekker in de zon soezend.

In de, vrij geïsoleerde, bergstreken van Georgië, waarvan sommige delen vijf maanden per jaar door sneeuwval praktisch onbereikbaar zijn, vergrijst de bevolking: jongeren trekken naar de stad om er een hogere opleiding te volgen, vinden er werk, trouwen er en komen alleen nog maar in de zomermaanden naar hun geboortegrond. Er is weinig te doen voor jongeren, zeker nu de toerismesector en ook de fabrieken in deze uithoeken stil zijn komen te liggen.

Omdat de banden tussen het nationale Rode Kruis en het lokale bestuur als vanouds hecht zijn, vooral in zo'n kleine op zichzelf aangewezen gemeenschap, kwamen we in contact met een groot-burgemeester van een van de regio's. Ik zeg groot-burgemeester omdat dit heerschap op zijn beurt burgemeesters onder zich heeft, die in het Georgisch *meri* heten. Een groot-burgemeester is weer verantwoording schuldig aan de gouverneur van de provincie, een functie die bij ons met 'Commissaris van de Koningin' betiteld wordt.

Het was een uur of drie 's middags en de groot-burgemeester zat in het gemeentehuis aan de lunch, met een man of vijftien, een handjevol zangers met muziekinstrumenten en een vijftal vrouwen die af en aan liepen met nieuwe schotels, volle wijnkaraffen, schone borden, glazen en die af en toe ook eventjes plaatsnamen aan tafel. Ik vond het al heel gênant dat we de groot-burgemeester zomaar stoorden, nu werden we ook nog eens verzocht aan te schuiven. Een buitenlandse gast, onaangekondigd of lang verwacht, wordt in Georgië beschouwd als door God gezonden. Van toevallige toeschouwer werd ik zomaar eregast, zeker toen bleek dat ik met een Georgiër getrouwd was (en nog wel met die spraakmakende politicus). Mijn Georgische collega's en ik kregen de lokale specialiteiten (ham, vis, vogel) voorgeschoteld, een hele reeks toasts werd op 'de nieuwe vrienden' uitgebracht en onze oren werden gevleid met prachtige polyfonische gezangen, begeleid op een *tsjongoeri*, een soort luit. Een van de zangers, een forse man met rode wangen en een houthakkershemd, had heel veel weg van Marco Bakker. We raakten al snel in feeststemming en de glimlachjes en knipogen die we onderling uitwisselden, gaven blijk van eenzelfde onuitgesproken gedachte: dit was een prima afsluiting van een vermoeiende werkdag. Ik kreeg zelfs rozen aangeboden en kon een dansje met de groot-burgemeester niet weigeren. Toen men echter aankwam met grote geitenhorens waaruit flinke hoeveelheden wijn op zijn *pietiegorskisch*, dat wil zeggen in innige omhelzing, gedronken worden, gaf ik niet thuis. Bij vrouwen wordt gelukkig ook niet zo aangedrongen op het *ad fundum* drinken van een glas of hoorn, *qantsi* genaamd. Toen we het stadje weer uitreden, koos ik – op aanraden van mijn collega's – een mooie steen uit om een terugkeer naar dit paradijs veilig te stellen. Ik zou er dat jaar nog driemaal terugkeren.

Ik dacht nog vaak terug aan die bijzondere en hartelijke namiddag in Ratsja en toen mijn vriendin Fabiènne uit Nederland enkele maanden later op bezoek kwam wist ik meteen dat ik haar mee naar Ratsja wilde nemen.

Het weerzien met de groot-burgemeester was zoals ik het me voorgesteld had: 'Wat een verrassing, maar waarom heb je me niet van tevoren op de hoogte gebracht, dan had ik een speciaal programmaatje in elkaar gestoken.' We reden naar zijn kantoor en namen even plaats. Terloops vroegen we of we terechtkonden in het hotel dat daar niet ver vandaan gelegen is. Daar was natuurlijk geen sprake van: wij waren toch geen vreemdelingen en moesten ons toch niet in een hotel verschansen?

Terwijl we op het balkon van het uitzicht stonden te genieten hoorde ik de groot-burgemeester al het een en ander bespreken en regelen voor een feestelijk avondmaal. Protesteren hielp niet. Nee nee, maak je maar geen zorgen, ik laat jullie eerst en vooral de omgeving zien, dat willen jullie toch? We reden langs de synagoge van de nog maar enkele families tellende joodse gemeenschap (velen zijn naar Israël geëmigreerd) en langs talrijke mineraalwaterbronnen, en stonden telkens weer verbaasd hoe verschillend water kan smaken, naargelang het natrium- of zwavelgehalte. Het ene water staat bekend om zijn geneeskracht, het andere om zijn schoonheidsgeheim. Ergens op het terrein van een gedeeltelijk vervallen kuuroord onder een oude boom die in diepe herfstkleuren vlam had gevat, zat vadertje Stalin zonder neus. Voor de foto wilden we wel even bij hem op schoot kruipen. Ook mocht Fabiènne op een lege vlakte een Kalasjnikov uitproberen. Eerst wat terughoudend bij de gedachte, ging ze helemaal uit haar dak. We kregen een lege huls mee als aandenken.

Toen we ons 'thuis' wat opgefrist hadden en wat kleine cadeautjes hadden uitgedeeld, begon het feestelijk diner dat wel een uur of vijf voortduurde. Zangers, een tsjongoeri en een accordeon. Een nieuwe streekwijn werd voor het eerst geschonken. Een witte en een rosévariant werd gekeurd door collega's, jong en oud, van het gemeentehuis, hun echtgenoten en de zoon van de groot-burgemeester. Marco Bakker was ook weer van de partij.

Tafelen in Georgië is altijd een bijzondere ervaring. De schotels worden in groten getale op tafel gezet, meestal op kleine of middelgrote bordjes, waarbij het heel gewoon is als een bordje boven op de randen van twee andere bordjes komt te staan, dit blijkbaar om de overvloed te benadrukken. Je hoort van alles een beetje te proeven. Denk nooit dat alles op tafel staat, na ontelbare verschillende salades, kaas, vishapjes, kaasbrood of de wat lichtere maïsbroodjes komt nog vlees met gebakken (en vooraf niet gekookte) aardappelen. Daarna vaak nog vleesspiezen of grote ravioli's met gekruid gehakt erin. Tussendoor wordt je voorgerechtbordje dat op een onderbord staat om de haverklap ververst zodat je steeds een nieuw gerecht kunt proeven zonder dat er nog sausrestjes op je bord liggen. Dit komt ook over als overdaad en bereidheid om alles voor de gast te doen. Na fruit volgt traditiegetrouw thee of koffie met gebak. In de zomer ook ijs, met of zonder aardbeien. Soep wordt aan een traditioneel Georgisch maal niet geserveerd.

Wat drankconsumptie aan een Georgische tafel betreft, hechten Georgiërs aan een strenge gedragscode. Eerst en vooral hebben alle disgenoten respect voor de wijn, in het Georgisch *ghvino*. De Kaukasische republiek zou volgens overlevering het oudste wijnbouwland ter wereld zijn. Rijke grond, brandende zon en hard werken zorgen voor vijfhonderd verschillende druivensoorten die in Georgië gedijen. Naast respect voor de wijn (de succesvolste Georgische wijnen zijn Tsinandali, Moekoezani en Sapheravi) dient men de toastmeester (*tamada*) met alle égards te behandelen. Oratietalent met de daarbijbehorende originaliteit en creativiteit komt rond het Georgische 'tafelkleed' (zo wordt een feestmaal in het Georgisch aangeduid: *soepra*, bijzonder goed van pas. De tamada is meestal de man aan het hoofd van de lange tafel. Hij vraagt de aandacht en bepaalt wanneer en waarop gedronken zal worden. Daarbij kan hij voor aanvullend commentaar over een bepaald persoon of onderwerp beroep doen op een hulp-tamada of tafelgenoot die dan, na de tamada, zijn of haar zegje zal doen. Het woord wordt op zo'n moment overgedragen aan een ander met de toverspreuk *alaverdi*. Wee je gebeente als je dan op de gezondheid van de tamada drinkt. Je geeft daarmee namelijk aan dat het feestmaal maar gedaan moet zijn, de allerlaatste toasts zijn gereserveerd voor een voorspoedige thuisreis en voor de tamada. Na een soepra of tien ken je de volgorde van de toasts wel en leg je er stilletjes een wedje om ter ere van wie of wat het nu weer zal zijn. De toasts beginnen heel concreet en glijden af naar abstract, soms zelfs metafysisch. Eerst en vooral wordt het glas geheven op de reden van het gezellig samenzijn en op de gastheer en zijn familie. Dan op de gasten, soms individueel, soms in groepjes. Vervolgens komen de ouders, de voorouders en de kinderen (onze toekomst!) aan de beurt. De tamada beschrijft in eindeloze bewoordingen hoe goed, hoe lief, hoe uniek en hoe intelligent ze allemaal wel zijn. Ook voorvallen, heldendaden of bepaalde karaktertrekken worden gedetailleerd beschreven. Net voordat de tamada het glas aan zijn lippen zet, hij heeft het dan misschien wel al tien minuten in opgeheven stand, wenst hij die persoon liefde, geluk, gezondheid, succes en een zegen van de lieve Heer en daar sluit iedereen bij aan. De 'gelukkige', die met iedereen heeft geklonken, dient dan een behoorlijk dankwoord uit te spreken voordat hij zich te goed doet aan het nat van Bacchus, zich het liefst bescheiden en kort van stof opstellend. Dan nemen de toasts plots een andere wending: op het vaderland, de vriendschap, de vrouwen (oftewel de bloempjes aan onze tafel) de liefde, muziek, natuur en herinnering aan diegenen die uit ons midden zijn heengegaan, waarbij je met je glas brood moet aanraken om het contact met de aarde te symboliseren. Na deze nagedachtenisdronk is de tamada verplicht snel een dronk op het leven uit te brengen. Men mag niet te lang stilstaan bij de dood, het leven gaat verder. Soms geeft de tamada, na de verplichte nummers aan dat er nu vrij getoast mag worden. Een tafelgast kan ook toestemming aan de tamada vragen om een speciale of originele toast uit te brengen. Er wordt dan bijvoorbeeld getoast op het dak dat ons allen beschermt, in letterlijke en overdrachtelijke zin. Een vol glas moet liefst in één teug leegdronken worden, uit respect voor de gastheer en de personen op wie getoast wordt. Als man moet je je wel een leveraandoening aanhalen om daar onderuit te komen. Vrouwen hoeven niet per se in één teug een glas te legen. Evenmin hoeven ze op te staan als de tamada eenieder verzoekt om op te staan bij een zeer belangrijke toast. Eerlijk gezegd ben ik er nog steeds niet achter of dit een vorm is van de vrouwen ontzien en respecteren (maak je niet moe, blijf gerust zitten) of de vrouwen niet zien (tafelen en drinken is in de eerste plaats een mannenaangelegenheid). De vrouwen lopen af en aan tussen keuken en eetzaal en gaan soms in een klein groepje in de keuken zitten om het glas te heffen op elkaars gezondheid en die van hun kinderen en kleinkinderen. In het algemeen zijn Georgische vrouwen gedienstig zonder onderdanig te zijn.

De oorsprong van dit uitgebreide tafelen met een tamada is niet moeilijk te verklaren als men bedenkt dat het Georgische volk eeuwenlang onder de voet is gelopen door Mongolen, Perzen, Arabieren en andere volkeren. Telkens als er ten strijde getrokken moest worden kwamen de kopstukken van enkele dorpen bijeen en werden zij rond de tafel tijdens een 'soepra' aan elkaar voorgesteld door de tamada. En zo voelt het inderdaad: als je met wildvreemde mensen rond een 'soepra' komt te zitten kun je ervan uitgaan dat je iedereen binnen enkele uren persoonlijk kent en, wat nog belangrijker is, dat je als goede vrienden uit elkaar gaat.

De volgende ochtend, na een heerlijke nachtrust, stond beneden de tafel opnieuw gedekt en werd er ook weer wijn geschonken. Voor sommigen waarschijnlijk dé manier om een kater weg te werken. Omdat het al midden op de dag was, begonnen we al aan afscheid nemen te denken, we wilden op tijd weer in Tbilisi zijn, ik moest die avond nog voor de klas staan.

De zoon van de groot-burgemeester wilde ons nog een doos van de nieuwe wijn meegeven. Hij was wel erg lang weg, helaas konden we niet langer wachten en begonnen we al zachtjes aan aan de terugreis. Bij de stadsgrens stopten we nog even en zochten voor Fabiènne een mooie steen uit. Ik dacht terug aan het antwoord van de groot-burgemeesters op mijn vraag waarom er een bewaakte slagboom-ingang nodig is bij het binnenrijden van het stadje. 'We worden omringd door negentig kilometer grens, mijn kind, dan wil je wel voorzorgsmaatregelen nemen...'

Zoerab bleef te lang weg en we vertrokken. Hij haalde ons niet meer in. Enkele dagen later kregen we de doos met wijn alsnog toegezonden. Meegegeven met een buschauffeur.

Twee maanden later overleed hij, de zoon van de groot-burgemeester. Ik vernam het via de telefoon en kon de tragedie maar moeilijk overzien: bezweken aan een hartaanval, midden in de dertig, een vrouw, een dochter van twaalf, lieve ouders, een zus, het groepje trouwe makkers... Zo abrupt, zo gemeen. Had hij het overleefd als hij in Tbilisi geweest was, met een ambulancedienst, een intensive care? Ik moet erheen, dacht ik en reed in het weekend in één dag op en neer, tien uur in de auto voor een condoleancebezoek. We reden via Tsqinvali, de hoofdstad van Zuid-Ossetië, een smokkelstreek, maar hadden nergens last. De weg was prachtig maar het wegdek bijzonder slecht. Op sommige plaatsen waar sneeuw lag vulde die de gaten in het wegdek. Dat winterse wegdek noemen de Georgiërs 'wit asfalt'. Ondanks de afstand heb ik geen moment getwijfeld. De hele weg had ik kippenvel en tranen in mijn ogen. Zulke intense gevoelens had ik nog zelden gehad. Net voor aankomst nog even gestopt bij een oud kerkje, kaarsjes ontstoken en met besneeuwde schoenen weer de auto in.

Een condoleancebezoek dat kan worden afgelegd vanaf de dag van overlijden tot de dag van de begrafenis wordt erg op prijs gesteld door de familie van de overledene. Het is niet nodig de overledene daadwerkelijk te hebben gekend. Als iemand uit je naaste familie of vriendenkring iemand heeft verloren ga je om die persoon te condoleren, een hand, een schouderklopje te geven en soms enkele troostende woorden toe te spreken. De voordeur van het huis staat open en men komt de kamer binnen waar de overledene opgebaard ligt, omhelst de naaste familieleden en gaat een tijdje zitten op de stoelen die in een kring tegen de muur opgesteld staan. Foto's van de overledene hangen aan de muur, bij de baar staan kaarsen, wat wijn en brood. Dan kan gepraat worden, in sommige streken van Georgië is er een groepje klaagvrouwen dat klaagzangen ten gehore brengt. Personen die heel dicht bij de overledene staan bieden tijdens de eerste dagen na het overlijden hun hulp aan bij het verzorgen van een lijkschouwer, een priester, balsemer, en bij de aankoop van bloemen, kaarsen, het bespreken van een plaats op het kerkhof en dergelijke. Op de dag van de begrafenis (nooit op maandag, woensdag, vrijdag of zondag omdat dat respectievelijk de dagen zijn waarop Jezus werd verraden en gekruisigd. Rond de klok van twee uur dient de kist naar buiten gebracht te worden. Eerst worden door mannen en kinderen de vele bloemen naar buiten gedragen, de attributen, foto's, en dan de baar zelf. Maar eerst en vooral moeten de vrouwen die rond de kist zitten opstaan, afscheid nemen en het vertrek verlaten wat in de regel gepaard gaat met hartverscheurende taferelen. Ook op de begraafplaats zelf dienen de vrouwen te wijken vooraleer de mannen de kist aan touwen in het graf laten zakken.

Men vertelde me eens dat de gelaatskleur van de overledene iets zegt over de doodsoorzaak. In Nederland heb ik nog niet vaak een dode gezien en de kleur van het gezicht vond ik nooit afwijkend. Nu snapte ik dat die waarschijnlijk gepoederd waren, want in Georgië zie ik paarse, grijze en zelfs echt groene gezichten van overledenen die opgebaard liggen. Het gelaat verkleurt ook vaak aan de slapen. Het was een nieuw gegeven voor mij en ik begreep dat de dood meer iets vanzelfsprekends was, iets dat nu eenmaal zo vertrouwd is als het leven zelf en geen taboe.

Veertig dagen na het overlijden komt de naaste familie opnieuw bijeen om te gedenken dat de ziel het lichaam verlaat. Precies een jaar na het overlijden wordt ook een bijeenkomst georganiseerd waarna rouwkledij niet meer verplicht is en waarbij – gesymboliseerd door de zoetigheden die op tafel komen en het voorzichtige gezang dat ten gehore gebracht wordt – het hervatten van het 'gewone leven' benadrukt wordt. Na deze datum 'mag het allemaal weer'.

Na één schooljaar op de loonlijst te hebben gestaan van Alliance Française vond ik twee avonden per week lesgeven te veel worden en ruilde de baan in voor twee uur per week college aan de Faculteit Romaanse talen van de Staatsuniversiteit Ivane Djavakhishvili van Tbilisi. Ik had voornamelijk vrouwelijke studenten. Als ik aan Georgische studenten denk dan zie ik ze op straat zonnebloempitjes eten, een café opzoeken of een terrasje pakken. Met het studeren loopt het niet zo'n vaart en absentie op colleges lijkt de regel te zijn, is het niet te koud dan wel te warm om te komen. Patronen zijn er om doorbroken te worden, lijkt wel. Ook de sterke familiebanden sturen het dagelijkse patroon vaak in de war: mensen verschijnen soms enkele dagen niet of veel te laat op hun werk door een ziekte of sterfgeval in hun familie- of vriendenkring.

Ook mijn hoofdbaan had ik intussen ingeruild: ik stapte over van consultant Rode Kruis naar het consulaat Koninkrijk der Nederlanden waar ik drie jaar met heel veel plezier zou werken. Een van de laatste activiteiten die ik samen met het Georgische Rode Kruis ondernam was het organiseren van een grootscheepse schoonmaakactie in de Botanische Tuin op de Internationale Rode-Kruisdag (8 mei). Ook hield ik via het Georgische Rode Kruis contact met een ziekenhuisafdeling voor alleenstaande bejaarden in Tbilisi. En Stichting SOCO heeft twee jaar lang voor enkele tientallen lari's per maand voedselproducten aangekocht voor alleenstaande ouderen die in het ziekenhuis opgenomen waren.

Begin 1998 had ik mijn liefdadigheidsstichting, SOCO genaamd, laten registreren als anticipatie op mijn groeiende contacten met Nederlanders die belangstelling hadden voor Georgië. SOCO is geen acroniem, ik vind het eenvoudigweg mooi klinken. Men maakte er door de jaren heen *Sandra's Own Charity Organisation* van of *Save Our Country Organisation*, dat mag gerust van mij, maar het is niet officieel. Ik koos voor de rechtsvorm 'stichting' omdat dat naar Georgisch recht de eenvoudigste vorm was met de minste voorwaarden. Je hoefde er bijna geen kapitaal voor te hebben en kon hem in je eentje oprichten. Toen ik later een auto had, zette ik die op de balans en dat was voldoende.

Het woord voor stichting, in het Georgisch *phondi* is hetzelfde als het woord voor 'fonds' en daarom was ik achteraf bekeken toch minder gelukkig met deze rechtsvorm. Velen kregen namelijk de indruk dat wij een fonds waren dat geldmiddelen te besteden had en projecten kon financieren die door anderen werden aangedragen. Tot nu toe had ik enkele kleuterscholen aan speelgoed geholpen, wat kansarme kinderen kleding en schoolboeken gegeven of een alleenstaande oudere aan medicijnen geholpen. Maar meer hield dat nog niet in. Toen ik mijn opvolgster bij het Rode Kruis had ingewerkt en de kantoordeur van het Rode Kruis achter me dichttrok wilde ik graag humanitair actief blijven en nam ik me voor een eigen liefdadigheidsstichting op te richten. Ik zou ongetwijfeld frequente Nederlandse contacten bereid vinden om humanitaire doelen te sponsoren in Georgië. Bij een bezoek aan het patriarchaat kreeg ik de zegen van Patriarch Ilja II voor mijn activiteiten op dit gebied.

De kleuren van de letters s, o, c en o in het logo (respectievelijk blauw, rood, zwart en groen) hebben wel degelijk een symbolische betekenis. Het is de ontcijfering van de manier waarop ik met humanitaire hulp in Georgië begonnen ben. De blauwe 's' staat voor het avontuur waarbij ik in 1992 als reislustige jongedame die openstond voor andere landen en culturen voor het eerst in Georgië terechtkwam. De rode 'o' staat voor de liefde die mij met een Georgiër verbond. De 'c' is zwart, omdat dat de kleur van het geloof, de religie is die ik met haar christelijke waarden als basis zie voor mijn naastenliefde en de groene letter 'o' ten slotte staat voor hoop, hoop op een betere toekomst voor Georgië.

Op die christelijke waarden wil ik graag dieper ingaan. Voor mij zijn de sleutelwoorden van het christelijk geloof naastenliefde, solidariteit, vergeving en barmhartigheid. Als gedoopte rooms-katholiek zat ik op een rooms-katholieke basisschool die me voorbereidde op mijn Heilige Communie en vier jaren later de Vorming en een christelijke middelbare school. Wij waren niet zulke fanatieke kerkgangers, maar dankzij het zangkoor waar mijn moeder lid van was en nog steeds is, kwamen we wel regelmatig in de kerk. De religie speelde in mijn ouders' jeugd een prominente rol: zij kregen les van nonnetjes en paters en moesten nog in de biechtstoel. Zij werden opgevoed met de opvatting dat het een statussymbool was als je familieleden religieuzen waren. Mijn vaders ooms (Heerooms) en mijn moeders tantes waren allen in de Missie geweest in Afrika en op Borneo. Wij gingen elke zomer bij deze ondertussen gepensioneerde 'zustertjes' op bezoek en eigenlijk hebben zuster Joanetta en Nepomucena bij mij belangstelling voor de Derde Wereld gewekt en door hun toedoen ben ik erover gaan lezen en kleurige ansichtkaarten maar ook kleingeld gaan sparen voor goede doelen. Ik citeer graag een brief van Zr. Joanetta uit 1983 (Vlaamse invloed duidelijk merkbaar in deze brief). Ik was toen veertien jaar. De brief past bijzonder goed bij mijn drijfveren om een humanitaire stichting op te richten. Er stond altijd een kruisje midden boven.

'Lieve Sandra,

u zult wel denken Tante Joanetta is mij vergeten, maar dat is niet waar hoor, dagelijks ben ik met mijn gedachten bij jullie, en ben altijd blij wat van U te horen. Wat heb je deze keer toch leuk geschreven, die brief van het bedelen aan de deur, ik heb hem de Zusters laten lezen en wat hadden ze er plezier in. Ik kan mij zoo goed indenken, als je bij de mensen aalmoes vraagd voor de evenmens, die zooveel honger en gebrek leid. Ik heb hetzelfde gehad, toen ik nog thuis bij Moeder was, ben dan ook dikwijls te leur gesteld. Ik bedelde ook voor de Kindsheid, dat was ook voor de derde wereld, en nog andere organisaties, ik heb er ook mijn roeping als Religieuze aan te danken, al dat werk trok mij. U gaat maar rustig door, met je mooi werk voor de derde wereld. Wat je aan de minsten der mijnen doet, is alles voor God. Ik heb nu wat plaatjes uitgeknipt, maar jammer de oude van het jaar '82 heb ik allemaal weggedaan. Het tijdschrift BIJEEN *verzamelt alle gegevens over de derde wereld. Ik zal ze nu dit jaar bewaren, en dan zal ik er mooie platen uitzoeken. Gaat zo door met je mooi werk, O. L. Heer zal je hiervoor zegenen. Als je al eens tegen de lamp loopt, dan zeg je maar alles voor U lieve Jezus. Wij bidden elke dag voor U dat je braaf mag blijven. Op het Hoogfeest van Paasen en Pinksteren heb ik extra aan U allen gedacht. Fijn dat je zo'n mooie vacantie gehad heeft op het ijs. Sinaaspitjes kan ik niet gebruiken maar het andere wel. U bent nu weer volop in een nieuwe schooljaar. Wij moeten O. L. Heer danken, dat je zoo goed leerd op de school. Gaat zoo voort, met Gods zegen en onder de bescherming van Maria. Leef geluk-*

kig. Dag aan Pa en Ma en je broer. Maar meest aan U Sandra, tot van de zomer.'

De humanitaire nood in Georgië is hoog. De staat stelt weinig middelen beschikbaar en vele ouderen, gehandicapten, arbeidsongeschikten, kroostrijke gezinnen en geïnstitutionaliseerde kinderen zijn aangewezen op hulp van buitenaf: soms van internationale donoren, maar in de eerste plaats van buren, familieleden of vrienden. Die groep heeft echter ook maar beperkte veerkracht om naasten te helpen omdat zij te kampen heeft met dezelfde economische crisis, dezelfde corruptie en dezelfde risico's die onverzekerd wonen en werken met zich meebrengen.

Een gepensioneerde dame met suikerziekte in Tbilisi vertelde me dat ze haar meubels verkocht en haar boeken voor heel weinig geld afstond, omdat brandstof voor het kacheltje duur was en haar medicijnen onbetaalbaar.

Als het noodlot toeslaat, door brand of een sterfgeval, dan moet bij familie of vrienden worden aangeklopt voor financiële hulp, want verzekerd is zo goed als niemand. Daardoor is een deel van de hulp die humanitaire organisaties geven, dweilen met de kraan open. Het individu, gezin of gemeenschap blijft onbeschermd. Ik noem dit echter eerder kwetsbaarheid dan armoede, want een gemiddelde Georgiër heeft wel een dak boven zijn hoofd en kan wel op een of andere manier overleven.

In mijn geheugen staat een vrouwtje gegrift, een onderwijzeres uit Khoertsja (in het aan Abchazië grenzende gebied Gali) die zo blij was dat er eindelijk aandacht voor hun school was en die ons verzekerde dat er echt geen enkel boek zou worden doorverkocht, omdat, zo merkte ze met een cynisch lachje op 'er hier in het dorp toch geen stuiver is'.

Een ander gezicht dat me bij is gebleven is dat van een huilende man bij een gebotste vrachtwagen die mandarijnen vervoerde. Mijn man en ik kwamen hem tegen toen we een weekend in de bergen wilden vertoeven: we waren op een kille maandagochtend in januari vertrokken naar Goedaoeri, een ski-oord op tweeduizend meter boven de zeespiegel en op twee uur rijden van Tbilisi over de militaire snelweg. Het grote sporthotel en de vier stoeltjesliften zijn er eind jaren tachtig door Oostenrijkers neergezet en je kunt er van december tot ongeveer half april heerlijk skiën. Ook kun je helikoptervluchten maken naar de Noord-Kaukasische gletsjers voor zogenoemde 'Heli-ski' dat behalve in de Kaukasus maar op enkele plaatsen ter wereld is toegestaan, waaronder in Australië en Canada. Goedaoeri is een ideale plek om de sportieve weekeinden buiten de stad door te brengen en een frisse neus te halen.

Na ruim anderhalf uur noordwaarts gereden te hebben zaten we in de sneeuw. We zaten in een doodgewone Lada, zonder sneeuwbanden of -kettingen en dreigden af en toe weg te glijden. We kwamen een aantal schuivende vrachtwagens tegen en dat was een eng gezicht. Er was zelfs een vrachtwagen gekanteld en honderden gekneusde mandarijnen lagen in de sneeuw en bleven uit de laadbak rollen. Een fortuin voor het echtpaar dat in de cabine zat. Zij huilden tranen met tuiten. Door hun toedoen was de weg volledig geblokkeerd, we moesten te voet verder, een klim van een half uur. Mandarijnen in de sneeuw... ik had het al eens eerder gezien, namelijk in Adzjarië, op de pas tussen Koboeleti en Batoemi, feloranje mandarijnenbomen die, afstekend tegen de sneeuw schreeuwden om geplukt te worden en die, een tijdje later, voor een prikkie met emmers tegelijk langs de straat verkocht werden. Emmers vol vitamientjes.

De lunch in het chique hotel deed ons goed. We konden er weer tegen, bonden de ski's onder en sprongen de Doppelmayer Dreisessellift in. Overal was het wit, diepte zie je dan niet en elke hobbel in de sowieso ongeprepareerde piste is er dan één te veel. Bomen of begroeiing kom je ook niet tegen op die hoogte. Zonder sneeuwbril was het geen pretje, maar toch hadden we een ontzettende lol, omdat we steeds in de diepsneeuw bleven steken en onze ski's of stokken af en toe zoek waren. Na een heel uur ploeteren gingen we graag op de uitnodiging van een vriend in om iets lekker sterks te gaan drinken in de Hadahütte, een lichthouten chalet op 2750 meter boven de zeespiegel. Na de glühwein gleden we heel eenvoudig en licht de berg af en gingen in het hotel zelfs nog tennissen en pingpongen. Er waren zo'n honderd hotelgasten bij het diner: Moskovieten, Duitsers, wat Oostenrijkers en de Georgiërs die het zich konden veroorloven. Het was er druk omdat het kerstavond was, maar een dutje na het eten deed wonderen, om elf uur waren we weer fit en reden we met wat vrienden mee naar een skischooltje bergafwaarts voor een kerstdiner. Van de pilafrijst die dampend op tafel kwam, met appels, rozijnen, peer en abrikoos, at ik een beetje mee. Het was erg gezellig temidden van gezang en brandende kaarsjes. Om half drie 's nachts waren we pas terug op de hotelkamer, we kletsten nog tot vier uur en gingen toen heel tevreden slapen, vastberaden om de volgende dag weer de piste op te gaan.

Ik wilde een snowboard proberen. Misja was met twee andere parlementariërs alvast vooruitgegaan en zo kwam het dat ik alleen zat in de driezit, wat onwennig met dat dwarse snowboard onder mijn voeten. Als dat maar goed zou gaan bij het uitstappen! Van het hotel naar de lift, zo'n honderd meter, was al niet gemakkelijk geweest, je zwaartepunt ligt heel anders dan bij het alpineskiën. Ik keek op mijn horloge, het was kwart over twee. De zon scheen nog steeds uitbundig, de wind was ondertussen gaan liggen, ik verheugde me bijzonder op de komende afdaling. Toen stond de lift stil. De stoeltjes bungelden nog even na en de inzittenden wachtten vervolgens geduldig tot het euvel hersteld zou zijn. Ik hing zes meter boven de grond. Na een half uur kwamen mijn man en zijn twee vrienden onder mijn stoeltje door skiën en grapten 'Jaja, zo zie je maar, dit is voor Misja de manier om van je af te komen.' Na nog eens een kwartier kwam er eindelijk een Käseböhrer pistenbullie met vier man op het dak en allemaal 'geredde' mensen erin. Het bleek dat ik de laatste was die uit de kapotte lift geplukt moest worden. Ze gooiden me een touw met een lus erin toe. Eerst had ik me met enige moeite van het snowboard ontdaan. Ik gooide het naar beneden en het bleef als een pijl rechtop in de sneeuw staan. Ik begon 'm toch wel te knijpen toen ik dat touw vastpakte. Er werd me gebaard dat ik het touw over de bovenkant van het stoeltje moest leggen om dan de lus over mijn hoofd en onder mijn armen te brengen. De barrière van het stoeltje duwde ik van me af. Nu het engste: 180 graden draaien en me langzaam laten zakken. Ik was even heel bang, maar Misja riep: 'Je bent toch al uit een vliegtuig gesprongen ook!' Dat was waar, ik had zelfs mijn brevet gehaald op Texel tijdens een cursus parachutespringen. Ik zette me over mijn angst heen, het ging prima en ik stond binnen de kortste keren op de grond. Ik wilde niet op de pistenbullie, maar klom mijn snowboard weer op. Een uur later kwam ik pas bij het hotel aan. Mijn drie cavaliers hadden mijn eerste twintig meter goedkeurend aanschouwd en waren het gegiechel en geklungel dat op de onvermijdelijke valpartij volgde al snel beu. Ze waren 'alvast' doorgeskied. Het opstaan was zo moeilijk omdat ik mijn stokken miste en mijn benen niet onafhankelijk van elkaar kon bewegen. Stukjes gelopen en enkele meters gesnowboard. Op het laatste stukje naar het hotel kreeg ik het ineens een beetje door, maar toen was ik zo uitgeput en hongerig dat ik niets anders meer wilde dan naar het hotel afglijden. Nog even gezwommen en gedoucht en toen, tegen zes uur 's avonds, terug naar Tbilisi.

Misja werd door een panel journalisten verkozen tot 'Man van het jaar 1997'. Politici, sporters, zakenlieden, zangers en acteurs – de lijst kandidaten was indrukwekkend. Voor Misja was dit een hele eer. Graag had ik bij VPRO's *Wereldnet* verteld over deze prijs en ook over het feit dat Misja met nog een ander parlementslid ervoor gezorgd had dat de Georgische ambassadeur in Italië uit zijn functie werd ontheven wegens autozwendel. Dat was voorpaginanieuws, en daar vraagt men in *Wereldnet* juist naar, maar ik vond het als nuchtere Hollandse maar borstklopperij en dus liet ik het achterwege. In de loop der tijd werd dat echter steeds moeilijker. Het behandelen van de actualiteit kwam hoe langer hoe meer overeen met de overlopende agenda van mijn man. Ik vond dat niet prettig en had er – toen het me hoog zat – een openhartig telefoongesprek over met Stan van Houcke, journalist, schrijver en ook goede bekende. Hij vond dat ik júist door moest gaan met verslaggeven, en open moest zijn over die bijzondere positie als vrouw van een populaire politicus. Dat het juist een unieke invalshoek gaf en dat dat voor het programma extra interessant was. Ik ging dus door en Stans collega's pakten het goed op.

Stan kwam in 1999 op verzoek van de VPRO naar Georgië afgereisd om een radioportret van mij te maken. Ook reisde hij door het land en draaide een televisie-documentaire voor de Amsterdamse lokale televisiezender. Boven op een berg naast een middeleeuws kerkje en met een tsjilpende krekel op de achtergrond had hij een microfoon onder mijn neus geduwd en heel direct gevraagd of de krekel gelukkig was, wat geluk voor mij betekende en of ik zelf gelukkig was. Daarop had ik geantwoord dat geluk inhoudt dat je datgene kunt doen wat je in het leven prettig en belangrijk vindt en dat ik in die zin gelukkig ben, omdat ik alles wat ik belangrijk vind doe en het me lukt het in een harmonieus geheel te combineren: familie, vrienden en werk. Ook nam ik Stan mee naar de Heilige Berg in Tbilisi waar net onder de televisietoren een groot gebouw stond te vervallen waar vroeger een zeer elitair restaurant had gehuisd waar partijbonzen vanaf het terras prachtig op de stad uitkeken, *kak na ladonieje (*als op de palm van je hand) zoals de Russen zo mooi zeggen. Ik had eens samen met een andere Nederlandse die met een Georgiër getrouwd was zitten mijmeren over die plek en ik had het wilde plan om het gebouw in ere te herstellen er een visrestaurant te beginnen waar als specialiteit Zeeuwse mossels en oesters zouden worden geserveerd. Het gebied is momenteel in privébezit en over de bestemming is men het voor zover ik weet nog niet eens.

In de jaren dat ik mij steeds meer thuis begon te voelen in de Georgische maatschappij kreeg Misja hoe langer hoe meer te doen en nam hij steeds zwaardere verantwoordelijkheden op zich. Toen ik een keer naar de verjaardag van mijn schoonzusje ging, zei een van de vrienden van Misja's broer: 'Zet de televisie maar aan, dan is Misja er ook bij!' En dat was nog maar toen we net in Georgië woonden! Hij kwam steeds vaker laat thuis. Als hij dan bijvoorbeeld met een groepje hongerstakers uit Abchazië ging spreken zat moederlief met tartaartjes en maïsbroodjes met kaas thuis op hem te wachten. En zoonlief sliep al als een roosje als zijn vader dan eindelijk thuiskwam. En dat werd mettertijd meer regel dan uitzondering.

Nu is het in het algemeen zo dat Georgische mannen geen huisvaders zijn en zo goed als geen rol spelen in het huishouden. Zij werken 's avonds tot laat door en brengen veel tijd met hun vrienden door. Mannen komen niet om zes uur thuis om aan te schuiven en daarna met vrouw en (schoon)ouders de rest van de avond door te brengen.

Ik heb altijd goed alleen kunnen zijn en onafhankelijk prima kunnen functioneren. Het is zelfs zo dat ik het nodig heb om alleen te zijn om mijn drukke agenda te beheren, alles op een rijtje te zetten om overzicht te houden en prioriteiten te kunnen stellen. Natuurlijk is mijn man veel minder betrokken bij het opgroeien van onze zoon dan wij wel zouden wensen. Maar ik relativeer, klaag zelden of nooit en neem het op de koop toe dat hij zo'n druk bezet politicus is. Ik weet immers dat hij probeert zijn land vooruit te helpen en dat is het mooiste wat hij zijn zoon kan schenken. Misja is bovendien een politicus van internationaal kaliber. Een Georgiër die over de landsgrenzen heen kijkt en internationaal van betekenis is zoals ook een aantal andere bekende of beruchte Georgiërs: Stalin, Beria en Sjevardnadze bijvoorbeeld. Soms is het net of mijn man een wandelende politieke encyclopedie is, je noemt een land of regio en hij weet je precies te vertellen wie er de machthebbers zijn, hoe zij aan de macht gekomen zijn, wanneer er zich burgeroorlogen of strijd om onafhankelijkheid afspeelden en wat voor soort hervormingen er momenteel doorgevoerd worden. Kennis hebben is één, die toepassen een tweede, maar die gebruiken en interpreteren ten bate van de ontwikkeling in je eigen land is een derde. Hij blijft me verbazen.

In de zomer trekken de Georgiërs de beboste heuvels in naar hun geboortedorpen of het dorp waar hun familie vandaan komt en waar vaak nog grootouders of andere familieleden wonen. Ook de kust trekt, maar meer in augustus en september dan in juni en juli. Van eind juni tot en met begin september zijn de meeste jonge gezinnen buiten de hoofdstad te vinden. De vaders gaan niet altijd mee. Ze blijven werken of trekken met hun vrienden in het 'uitgestorven' Tbilisi op. Zo vieren ook zij hun broodnodige vakantie in en om de hoofdstad en verblijven in de weekends voor een paar dagen bij hun vrouwen en kinderen. Op enkele honderden meters boven Tbilisi is het al goed mogelijk de tropische temperaturen van vijfendertig-veertig graden Celsius die de hoofdstad in de vallei in deze periode te bieden heeft, te ontvluchten.

Wij trokken in de zomer van 1998 naar de Zwarte-Zeekust, de badplaats Oereki in de provincie Goeria. Men beweert dat het zwarte zand op het strand van Oereki voor kinderen in de groei bijzonder gezond is vanwege de magnetische werking ervan. Niet overal aan de Georgische kust ligt overigens zwart magnetisch zand, meestal zijn het kiezelstenen en in Abchazië zelfs wit zand. Kinderen die wat langzaam zijn met lopen of 'zwak' in de benen worden door hun oma's en jonge moeders meegesleept naar Oereki om in het magische zand aan de Zwarte Zee met hun emmertjes en schepjes te spelen terwijl de moeders zoete broodjes, zonnebloempitten en maïskolven van de strandventers kopen. Wat me erg aansprak was dat de Georgische minister van Milieuzaken, mevrouw Nino Achobadze op zaterdag met een groep strandgangers grote schoonmaak hield op het strand van Oereki. Het was een symbolische actie die me optimistisch stemde want het was zeker nodig om het probleem van de sterk vervuilde en overbeviste Zwarte Zee, omringd door Georgië, Turkije, Roemenië, Bulgarije, Oekraïne en Rusland onder de aandacht te brengen.

Terug uit Oereki stonden we dan wellicht sterker op onze benen, tussen onze haren krioelde het van de luizen! Het toeristische complex 'Bergdiamant' had waarschijnlijk het beddengoed niet gestreken en het tapijt niet schoongeschrobd.

– Ma, de Zwarte Zee is niet zwart maar blauw!
– Ja, en hoe komt dat, dat heb je toch in Cadzand geleerd?
– Ja, omdat de lucht ook blauw is.
– Inderdaad.

Ons appartement aan de ondertussen volledig gecommercialiseerde Perovskaiastraat verkochten we zelf. Ik als makelaarsdochter typte op de computer een van een telefoonnummer voorzien 'TE KOOP'-bord dat ik vervolgens, geheel tegen Georgische tradities in, tegen ons raam plakte. We kregen vrij snel een serieuze reactie. Onze buren waren echter bevreesd dat onze woning – gezien de tendens in de straat – in een restaurant omgebouwd zou worden en protesteerden tegen de verkoop aan deze zakenman. Zij hadden daar echter het recht niet toe en alles wat we ze konden beloven was dat de man een flinke isolerende laag in muren en plafonds zou inbouwen. Wij zelf zouden naar Saboertalo verhuizen, een nog onafgebouwde duplex, de verbouwing zou maanden duren en wij verbleven zo lang bij Giuli, mijn schoonmoeder. Onze meubels werden achter slot en grendel opgeslagen in een van de vertrekken van de nieuwe duplex. Toen de open haard zo goed als af was moest die 'ingebrand' worden en maakten we er met de werklieden *sjasliks* in. Je behoort in een Georgisch huishouden altijd spiezen te hebben om spontaan in je open haard brochettes te maken. Over het nasmeulende vuur heen leg je op enkele bakstenen je spiezen neer met gemarineerd varkensvlees of vis (met een zalige grenadinesaus erover is dat smullen). Een andere regel luidt dat je als huisvrouw zelf de haard aan moet kunnen steken, dat betekent dat je een echte huisvrouw (*namdvili diasakhlisi*) bent en in staat bent een huishouden goed te runnen.

En daar komt nogal wat bij kijken. De lokale keuken alleen al is zo divers en zo bewerkelijk dat je er een dagtaak aan hebt om op basis van verse producten een volledige maaltijd op tafel te krijgen.

De Georgische keuken kent bijzonder veel lekkernijen en exotische gerechten die, naargelang de ingrediënten, in verschillende regio's van het land hun oorsprong vinden.

De bekendste van de lekkernijen is de *tsjoertskhela*, een aan een touwtje in de zon gedroogd mengsel met aan de buitenkant verdikt druivensap en binnenin walnoten of hazelnoten geregen aan het basistouwtje. Het idee van een zoete worst die heel lang houdbaar is. Hij zit boordevol calorieën en wordt in de volksmond ook wel 'Georgische snickers' genoemd. Als Georgische soldaten ten strijde trokken kregen ze van hun vrouwen, zussen of moeders tientallen tjoertskhela's mee om de honger te stillen.

Kozinakhi is een andere lekkernij met noten die met het eindejaarsfeest te maken heeft en die elk gezin ook thuis dient te maken. Het is een klein ruitvormig gesneden koekje van walnoten en honing, erg plakkerig. Als je de eerste dagen van januari ergens op bezoek komt staat bij de fruitschaal meestal ook een schaal van deze kozinakhi's waar je er traditiegetrouw eentje van moet proeven.

Pelamousse is een soort pudding die glibberig paars of bruin op een bord ligt te wachten tot je aan het toetje toe bent. Het zou niet meer zijn dan verdikt druivensap, wellicht met extra suiker.

Khatsjapoeri (of 'lariekoek' zoals eerder beschreven) is de traditionele kaaskoek, ook wel 'Georgische pizza' genoemd, die aan elke Georgische tafel, ongezien het tijdstip van de maaltijd, verschijnt. Het deeg heeft inderdaad iets van pizzadeeg dat wordt platgerold en bedekt met geraspte kaas die vervolgens op een vingervlugge manier omsloten wordt door het deeg en opnieuw wordt platgerold vooraleer hij de oven of de pan ingaat. Er bestaan Mingreelse en Imeretische khatsjapoeri's waarbij de kaas het smaakverschil geeft. Mijn lievelingskhatsjapoeri is de Adzjarische waarbij er van het deeg een soort kano gemaakt wordt (te vergelijken met Turkse pizza) met daarin een gebakken ei in de gesmolten kaas. Uit de kustprovincie Adzjarië komt ook de zogenaamde *atsjma*-variant, een zwaar op de maag liggend vierkant torentje van kaas en bladerdeeg. Ten slotte zijn er de door de studenten zo geliefde bladerdeegkaaskoeken, die wat kleiner en makkelijker te behappen zijn. In elke buurt in Tbilisi zijn één of meer *sakhatsjapoere* te vinden waar je in de rij aan kunt schuiven om je keuze te maken. Bij khatsjapoeri wordt meestal frisdrank geserveerd. Khatsjapoerideeg wordt soms ook opgevuld met bonen, dragon of vlees. Ik heb zelf ook geleerd khatsjapoeri te maken, het geheim zit hem in het deeg waarvan de ingrediënten allemaal op kamertemperatuur moeten zijn en in de kaas die niet te gezouten moet zijn.

Satsivi is een bewerkelijk hoofdgerecht van kip of kalkoen in gekruide walnotensaus (*bazjé*) waarvan de bijna oranje karamelkleur verkregen wordt door fijngestampte saffraanblaadjes. Satsivi wordt vaak op feestdagen geserveerd. Als je satsivi kunt maken ben je een keukenprinses.

Khinkali zijn klokvormige deegkussentjes (soort grote ravioli's) gevuld met gekruid gehakt en bestrooid met peper. Als je de gekookte khinkali's voorzichtig uit het water vist mag er traditiegetrouw in de keuken niet gesproken worden, het is heel verantwoordelijk werk. De khinkali mag niet barsten en aan tafel niet doorgesneden worden, hij wordt met de handen gegeten om het smakelijke sap niet verloren te laten gaan. Voor een lepel is de khinkali te fors. Wie het droogste bordje heeft is de behendigste disgenoot.

Verder kent men in Georgië heerlijke koude voorgerechten zoals ratatouille van aubergine, tomaat, paprika en aardappel, aubergineplakken in een knoflooknotensaus en diverse pastei-achtige salades zoals spinaziecrème, rode-bietencrème en bonencrème. Dille, rode basilicum en koriander zijn favoriete kruiden. Ook kan men met champignons en andere paddestoelen heerlijke salades en hoofdgerechten bereiden, bijvoorbeeld in een keramieke schaal, gevuld met kaas en in olie gebakken.

De voorgerechten staan al op tafel als je aanschuift. Soep verschijnt niet aan een Georgische feesttafel maar is wel ingeburgerd (vooral Russische soepen, matsonisoep (op yoghurtbasis), kippensoep en *khasji* (een soort knoflookbouillon die traditiegetrouw opgediend wordt aan mannen die met een kater wakker worden). Hoofdgerechten worden stuk voor stuk binnengebracht, eerst de khatsjapoeri, dan de vlees- en visgerechten, de champignons, gebakken aardappelen, de gienkali's, de sjasliks. Goede sjasliks behoeven geen saus maar voor de liefhebbers staat er pruimenchutney (*tqemali*) of voor vissjasjliks granaatappelsaus op tafel, maar van veel scherpere sauzen zoals *adjika* is men ook niet vies.

Brood wordt bij elke maaltijd geserveerd, meestal het luchtig ogende ruitvormige *lavasji*brood maar ook wel eens zwaardere maïsbroodjes. Zout mag je met een minuscuul lepelje uit het zoutschaaltje nemen en bij gebrek daaraan met je vingers – daarbij wel oppassend om niet te morsen anders, zo wordt in de volksmond beweerd, zal er aan tafel weldra onenigheid ontstaan. Als je bestek laat vallen betekent dat dat er een gast op komst is. En als je precies op de hoek van de tafel gaat zitten zul je zeven jaar lang niet in het huwelijk treden.

Het is niet zo dat er elke dag een feestmaal op tafel staat maar de minste of geringste gelegenheid wordt aangegrepen om een speciaal maal te bereiden waarbij te allen tijde wijn wordt geschonken (verjaardag, huwelijk, geboorte, overlijden, afstuderen, buitenlandse gasten, terugkeer van een familielid of vriend, nationale of religieuze feestdagen). Als buitenstaander of toerist krijg je de onjuiste indruk dat er nooit gewoon een soepje met brood of een bord spaghetti met gehakt weggelepeld wordt bij moeder in de keuken.

We hielden ervan om mensen thuis te eten te vragen. Nasiko hielp dan om parlementsleden, juristen of buitenlandse consultants te bedienen. Ik herinner me eind september 1997 toen we drie avonden achtereen gasten hadden en het me echt te veel werd. De laatste avond was het goed mis, natuurlijk net toen de Franse ambassadeur en zijn eerste secretaris onze eregasten waren: het tafelkleed was ontzettend vuil, servetten ontbraken, de champagne was niet gekoeld, er lagen geen opscheplepels bij de schotels en tot overmaat van ramp zaten er vliegjes op de druiven en kon men aan de taart proeven dat hij niet vers meer was. Natuurlijk hadden Misja en ik daar woorden over en ik riep uit dat we echt geen restaurant waren.

Ik herinner me ook een Amerikaan, David Bronheim, een man op leeftijd die Misja ontzettend steunde in zijn pogingen tot het hervormen van het rechtstelsel. Tijdens een diner bij ons thuis zei hij: 'We've got to sell this legal reform as beautiful apparel (lingerie)'. Helaas kwam hij bij een auto-ongeluk ter hoogte van Mtskheta om het leven, dat was een vreselijke klap voor Misja. Toen ik er door de Amerikaanse ambassade telefonisch over werd ingelicht had ik net twee Nederlandse jongedames over de vloer. Ik moest ze wegsturen omdat ik dit slechte nieuws aan Misja moest overbrengen en hem wilde opvangen.

Deelnemen aan het Georgische verkeer draagt meer dan een gemiddeld risico met zich mee. Toen mijn broer via Duitsland, Oostenrijk, Roemenië, Bulgarije en Turkije een tweedehands Honda Accord naar Tbilisi reed, twijfelde ik aanvankelijk nog of ik zelf wel zou gaan rijden naar werk of kleuterschool of iemand zou vragen me te rijden. Ik heb mezelf toen twee weken de tijd gegeven om een beslissing te nemen. Na die twee weken reed ik als een Georgiër. Dat betekent dat je op de grote weg geheel rechts moet rijden (en niet midden op je weghelft) omdat er op de denkbeeldige derde of soms zelfs vierde rijstrook vaak nog auto's tussenglippen. Dat je om de haverklap je claxon gebruikt of met je koplampen waarschuwt dat je eraan komt en gezien wilt worden. Dat je plotseling afslaat waar dat niet toegestaan is of even wilt keren tijdens spitsuur. Dat je midden op straat met open raam een praatje gaat maken met een bekende. Dat je in je voorruit barsten hebt zitten

Boven: In het Zeeuws-Vlaamse landschap, net een maand moeder (augustus 1995)
Onder: Zomer 2002. Foto: Giorgi Dundua

Boven: Thuis in Terneuzen, met vader en moeder (oktober 2004).
Foto: Sergo Edisjerasjvili
Onder: Oma Tamara en haar man Nikoesja Tsereteli Abasjidze

Huwelijk in New York, 17 november 1993

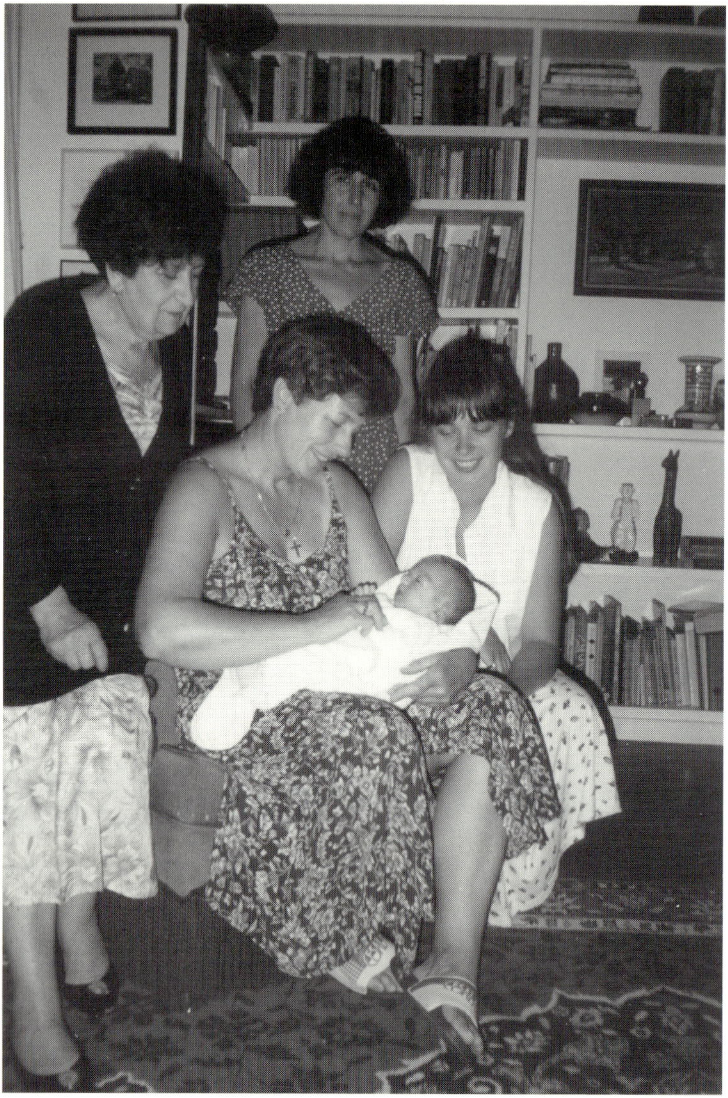

Van links naar rechts: oma Mzia, mijn moeder met Eduard, schoonmoeder Giuli en ik (juli 1995)

Vijf generaties (1997)

Boven: Misja leest Eduard voor
Onder: Moeder en zoon (2002). Foto Raphael Arzoemanovi

Boven: Tbilisi
Onder: Tbilisi, met het standbeeld van Vachtang Gorgasali, de stichter van de stad.
Foto's: Sergo Edisjerasjvili

Misja's afstuderen. Op de achtergrond professor Oscar Schachter

Bezoek aan transportbeurs in Tbilisi samen met de Nederlandse ambassadeur Harry Molenaar (najaar 2001)

Boven: Vader en zoon over staatszaken (januari 2004).
Foto: Alvares Canovas
Onder: Voedselpakketdistributie door stichting SOCO,
in Ratsja (1999)

Boven: School in Tsjanieti, Goeria, waar SOCO in najaar 2003 een schoolboekenactie hield
Onder: Moederdag (3 maart) 2004. Geboortekliniek Tbilisi

Misja als parlementslid met op de achtergrond president Sjevardnadze

Rozenrevolutie uitgebeeld in aquarel. Kerstkaart die mijn moeder in 2003 maakte en verstuurde

Boven: Verkiezingsbijeenkomst presidentsverkiezingen (december 2003)
Onder: Bij de inauguratie. Moeder en schoonmoeder op de achtergrond. Foto: David Khizanisjvili (*Eye of Georgia*)

Misja's inauguratie tot president, 25 januari 2004.
Foto: Khizanisjvili (*Eye of Georgia*)

Boven: Staatsbezoek aan Duitsland. Berlijn, januari 2004
Onder: GOS-top Moskou, bij de paardenrennen (juli 2004).
Foto Badri Vadatsjkoria

en dat je achteruitkijkspiegels ontbreken. Gordels omdoen komt ten opzichte van de chauffeur wantrouwend over. De Georgiërs vinden het te veel gedoe en vertrouwen voor de volle 100% op het ikoontje dat tegen het dashboard gelijmd is. Een rijbewijs haal je niet maar koop je, de praktijk doe je op in het echte verkeer. Qua spiegels kijkt de Georgiër letterlijk en figuurlijk niet zo nauw. Achteruitkijkspiegels ontbreken vaak.

Toen ik een keer hartje zomer net buiten de stad bij een meloenenkraampje stopte kwam er een verkeersagent op me af, uit pure belangstelling; een vrouwelijke chauffeur was toen nog een zeldzaamheid (ondertussen allang niet meer). Toen hij zag dat ik in de gordel zat zei hij met een lach: 'Waarom maak je het jezelf zo moeilijk?' Waarop ik antwoordde: 'Ik kan wel rijden maar kunnen al die anderen het wel?' En dat vraag ik me eerlijk gezegd soms af. Zeker als je op een rotonde zit, is het niet het verkeer van rechts of het verkeer op de rotonde dat voorrang krijgt, maar de verkeersgebruiker die het hardste doordrukt en het brutaalste is. Richtingaanwijzers worden zelden gebruikt, zeker niet bij inhaalmanoeuvres. Bij aflopende hellingen plegen de taxichauffeurs en de chauffeurs van goedkopere wagentjes de motor uit te zetten en de versnellingspook in de neutrale stand te plaatsen om brandstof te sparen. Als een auto met pech staat blijft hij gewoon midden op de weg staan, stapt de chauffeur uit, doet de motorkap open en begint – geheid met een sigaret in de mond – op zijn gemak te sleutelen ondanks het vele getoeter en de opstoppingen die hij veroorzaakt.

's Avonds rijden is in die zin een uitdaging dat je als chauffeur wel heel goed moet kijken en je snelheid moet aanpassen omdat er om de haverklap, waar dan ook, zelfs op de snelweg, iemand op zijn dooie gemakje en bijna altijd in zwarte kledij de weg wil oversteken.

Een APK-keuring is geheel onbestaand. Je hebt wel een vignet nodig maar dat haal je aan een loket en om het niet te moeilijk te maken rond je het verschuldigde bedrag flink naar boven af zodat de ambtenaar slechts zegt: 'Een Volkswagen? Ja hoor, dat is wel een betrouwbare auto, volgende!' Het vignet wil dus absoluut niets zeggen en is geldklopperij voor de doorsnee bestuurder. In 2004 is door mijn man dan ook een moratorium ingesteld van twee jaar op technische keuringen totdat er een betrouwbaar keuringsysteem ingevoerd is. Vanaf 2005 wordt het dragen van een veiligheidsriem voorin verplicht en het gebruik van een mobiele telefoon strafbaar.

Toen Jan Pronk, toenmalig minister van Ontwikkelingssamenwerking in 1997 een bezoek aan Georgië bracht en in het enige luxe hotel dat de stad toen kende met de Nederlandse gemeenschap een groentesoepje weglepelde, overhandigde ik hem een brief waaruit ik citeer:

De ervaringen die ik als Nederlandse de afgelopen jaren heb opgedaan in Georgië kan ik niet in enkele bladzijden samenvatten

(...)

Ik ben zo vrij om wat interessante momenten uit mijn ervaringen naar voren te brengen en enkele verbanden te leggen, die, naar ik hoop, u van nut kunnen zijn bij het maken van keuzen en het bepalen van een beleidslijn ten aanzien van Georgië.

Toen God de aarde aan het verdelen was en elk volk een stukje toegewezen kreeg, kwamen de Georgiërs te laat: alles was al opgedeeld. God vroeg waarom ze zo laat waren gekomen en de Georgiërs riepen uit: wij waren aan het dansen, zingen, feesten en drinken op Uw gezondheid en ter ere van U! God was daarmee zo ingenomen dat Hij de Georgiërs het stukje land ter beschikking stelde dat Hij voor zichzelf gereserveerd had: het Paradijs.

Ondanks alle moeilijkheden en tegenslagen zijn de Georgiërs nog steeds trots op hun paradijs. En een paradijs was het: zonnebaden aan de Zwarte Zee, skiën in de Kaukasus, wandelen in geurige dennenbossen, speuren in grotten, kanoën op bergrivieren, voor ieder wat wils. Bovendien was Georgië een Sovjetrepubliek met een zeer hoge levensstandaard. Vele Georgiërs boven de dertig zul je nog dagelijks met weemoed in hun stem over de goeie ouwe tijd horen mijmeren. Vrijheid is goed en wel, keuze voor de consument is ook niet slecht, maar als je geen geld hebt te besteden en je leeft van brood en bonen en nu en dan eens iets extra's van een fa-

milielid of vriend, dan heb je liever een wat strakker regime, maar dan wel met een goed gevulde maag, een baan en een fijne zorgeloze vakantie. Het is toch veel eenvoudiger om te doen wat je baas verwacht – niet meer en niet minder – zonder te veel uit de pas te lopen, dan om voor je eigen recht op te komen, studie- en levenskeuzes te maken, verantwoordelijkheid te leren nemen, (financiële) onafhankelijkheid na te streven, c.v.'s en donorrapporten te schrijven, zaken die 'we' de Georgiërs zo graag willen aanleren (...)

Ook maakte ik in deze brief melding van de Griekse held Jason die met zijn Argonauten op zoek ging naar het Gulden Vlies. In 1998 verscheen een lokaal bier op de markt dat de naam 'Argo' droeg. Binnen zes weken waren er een miljoen flesjes van over de toonbank gegaan. Het gerstennat smaakte de Georgiërs prima en ze waren er trots op een kwaliteitsbier van Georgische makelij te hebben dat niet onderdeed voor de dure buitenlandse biersoorten in de schappen van de supermarkten. Het spreekt voor zich dat lokale produktie de zo broodnodige werkgelegenheid schept. Het percentage dat onder de armoedegrens leefde daalde in een jaar met tien procent, er kwam meer belangstelling voor Georgië als afzetmarkt en doorvoerland, de wetshervormingen begonnen vorm aan te nemen, kortom er was heel duidelijk sprake van een positieve economische trend. Ook de kans dat een olie- en gaspijplijn van de Kaspische Zee naar de Zwarte Zee over Georgisch grondgebied zou lopen werd reëel. Georgië zou daarvoor enkele decennia lang niet alleen transitrechten ontvangen, het zou ook veel werkgelegenheid scheppen.

Inspelend op economisch perspectief organiseerde de Ambassade van het Koninkrijk der Nederlanden in Moskou eind oktober 1997 in Tbilisi een serie evenementen in het kader van de 'Nederlandse Dagen'. Er reisde een handelsdelegatie uit Nederland mee. Men vroeg mijn medewerking en ik nam er bij het Rode Kruis enkele vrije dagen voor op. Deze 'Focus on the Netherlands' was voor mij een welkome afwisseling en bijverdienste. Het lag in de lijn der verwachting dat men mij – als een van de weinige Nederlanders in Georgië – om assistentie vroeg. Ik had ook thuis een Koninginnedagreceptie georganiseerd, helemaal in mijn eentje. Mijn moeder kwam toen ook en had oranjebitter, kaas, vlaggenprikkertjes, dropjes en oranje versieringen meegebracht. Veel Nederlanders en Georgiërs die 'iets met Nederland' hadden meldden zich. Misja bracht een aantal juristen mee die met Nederland aan de herschrijving van het Burgerlijk Wetboek bezig waren. Ik had op het vliegveld tientallen uitnodigingen voor de receptie uitgedeeld aan de reizigers van de vlucht uit Amsterdam. Filmregisseurs Ineke Smits en haar Georgische vriend Tato Kotetisjvili waren daar ook bij. Zij woonden in Rotterdam. Tato zou helaas enkele weken later na terugkomst in Nederland overlijden. Ineke maakte de film waar hij toen aan bezig was (*Nostalgia*) af. Het is een film die een groep vrienden tien jaar na een huwelijksfeest weer bij elkaar brengt. In die tien jaar is vooral door de bloedige burgeroorlog veel veranderd in de vriendenkring en Nostalgia beeldt dit op een prachtige manier uit. Later maakte Ineke samen met Arthur Japin de prachtige deels in Georgië gedraaide film *Magonia* naar het gelijknamige boek van Japin. De première ervan vond eind 2001 plaats. Binnenkort komt er van Ineke een film uit die het historische thema 'Texel' op een romantische manier tot leven brengt. Tato's vader Vachoesti is een beroemd hedendaagse Georgisch dichter. Hij is gek op Gerrit Komrij's poëzie die dankzij Ingrid en haar studenten jaren later in het Georgisch vertaald is.

– Edoetsja, wil je met een Nederlands of een Georgisch meisje trouwen?
– Met een Nederlandse.
– Waarom?
– O, omdat ze dan met jou kan praten.
– Ja maar, ik kan toch ook Georgisch en als jij zo groot bent, kan ik het nog beter.
– O... dan wil ik twee meisjes, één Nederlandse en één Georgische!

Ik hielp de ambassade met het organiseren van de receptie, ving de handelsdelegatie op en verzorgde een bezoekprogramma voor de echtgenote van de ambassadeur.

De twintig Nederlandse bedrijven die meegereisd waren deden

zaken in electronica, constructie, importbevordering van ontwikkelingslanden, vrachttransport, zuivelproducten, aardappelen, consulting en bloemen. Ze legden tijdens hun driedaags bezoek de eerste contacten met hun counterparts in Georgië. Daarnaast vond er een overdracht plaats van hulpgoederen van het Nederlandse Ministerie van Defensie aan het Georgische leger (röntgenapparatuur, slaapzakken, uniformen) en werd er een tentoonstelling 'Nederlandse handel overzee', een videopresentatie over het Nederlands Danstheater en een filmfestival georganiseerd. Ook in de dagbladen, op televisie en radio werd veel aandacht besteed aan Nederland. In het Metechi Palace Hotel stonden onder andere spruitjes op het menu in het teken van de Nederlandse culinaire week. 'The night of the Dutch flowers', een receptie voor de *business community* van Tbilisi viel erg in de smaak: in een met prachtige bloemstukken versierde zaal liepen Georgische jongedames in Hollandse klederdracht rond met schalen bitterballen en toastjes zalm en haring. De gast kon een advocaatje of oude klare proeven of een pintje pakken van de tap. Een tweede receptie was georganiseerd voor regering, parlement en de internationale gemeenschap (inclusief het kleine tiental Nederlanders dat toen in Georgië woonde en/of werkte). De ambassadeur De Vos van Steenwijk hield een toespraak waarin hij de gasten uitnodigde om in de voorzaal de vier Hollandse Meesters te bewonderen die in Maastricht gerestaureerd waren. De echtgenote van de ambassadeur, barones De Vos van Steenwijk, bezocht tijdens de Nederlandse dagen onder mijn begeleiding enkele kleine ambassadeprojecten zoals het bergbijenproject in Kavtiskhevi en een educatief project voor diabetici in Tbilisi. Ook de oude binnenstad van Tbilisi, de oude hoofdstad Mtskheta en het museum met schilderijen van Niko Pirosmani vereerden we met een bezoek.

Voor de handelsdelegatie had ik op eigen initiatief een praktisch minigidsje in elkaar gezet over land, cultuur en taal vergezeld van handige tips en nuttige adressen en telefoonnummers.

In februari 1998 werden we allen wakker geschud door de autobomaanslag op Sjevardnadze waarvan de beelden van een verwilderde president in zijn onderhemd de wereld rondgingen. Hij kwam met de schrik vrij maar twee van zijn presidentiële lijfwachten kwamen om. De beschuldigende vinger wees naar de paramilitaire groep *Mkhedrioni* (die tijdens de burgeroorlog en de jaren vlak daarna voor zoveel geplunder en vernieling verantwoordelijk was) waarvan het grootste deel werd opgepakt, ontwapend en achter slot en grendel gezet. Daaronder ook hun leider, Djaba Iosseliani, die vijf jaar later, alweer een tijdje op vrije voeten, aan een hartaanval bezweek. Hij zou in totaal ruim twintig jaar van zijn leven achter de tralies hebben doorgebracht.

Er kwamen – ook naar aanleiding van de handelsdelegatie – hoe langer hoe meer Nederlanders en Nederlandstaligen naar Georgië om de haalbaarheid van commerciële activiteiten te peilen of marktstudies uit te voeren. Maar ook om als consultant hun steentje bij te dragen in internationale of niet-gouvernementele ontwikkelingsprojecten.

Een uitzondering op die tijdelijk verblijvende Nederlandssprekenden was de Westvlaamse Ingrid Degraeve, die Nederlands als bijvak introduceerde aan het Instituut voor Vreemde Talen en Culturen (tegenwoordig Universiteit voor Vreemde Talen en Culturen). Zij zou erin slagen de Nederlandse taal zodanig te promoten dat er momenteel tientallen Nederlandssprekende Georgiërs zijn waarvan een deel zelfs zomercursussen heeft gevolgd in Nederland en Vlaanderen. Maar Ingrid had nog veel meer in haar mars: naast het Docentschap Nederlandse Taal richtte ze met haar Georgische echtgenoot en kunstfotograaf Vato Tsereteli het MAF-instituut op (Media Art Farm) en samen nodigden zij Nederlandstalige schrijvers, regisseurs en kunstenaars uit waardoor het Georgische publiek de kans kreeg kennis te maken met Stefan Van den Bremt, Arthur Japin, Arnon Grunberg, Gerrit Komrij, Joke van Leeuwen, de Rotterdamse kunstenaar...

Ingrid en ik hadden veel gemeen: studie tot vertaler/tolk Frans en Duits afgerond in België, een Georgiër getrouwd en naar zijn vaderland gevolgd om daar iets op te bouwen. Ook Ingrid leerde snel Georgisch. Mensen vragen me vrijwel dagelijks hoe lang het heeft geduurd voordat ik Georgisch sprak en ik vertel dan altijd dat dat op een heel natuurlijke manier gebeurd is. Toen we in Amerika woonden hoorde ik vaak Georgisch om me heen spreken en deed ik onbewust al heel wat passieve kennis op. Zo voelde ik na een tijdje bijvoorbeeld de nuances aan in de verschillende manieren om op een vraag bevestigend te antwoorden. Het officiëlere *diach*, het neutrale *ki* en het wat familiaire *cho*. Toen Misja eens een telefoongesprek beëindigde vroeg ik hem: 'Wat was dat voor een belangrijk iemand dat je constant "diach" zei ?' Hij glimlachte.

De zomercursus Georgisch die ik in 1996 heb gevolgd gaf me een bepaalde basis hoewel de methodologishe aanpak op die vijf weken durende cursus absoluut niet systematisch was en we ook geen enkel leerboek hanteerden. Ik nam vervolgens nog een aantal maanden privé-lessen Georgisch en wilde het daarna een tijdje zonder proberen: een taal leer je toch het beste door – weliswaar met een zekere basis – te wonen en te werken in het taalgebied. Het feit dat ik een goede kennis van het Russisch had hinderde me eerlijk gezegd in het aanleren van de Georgische taal. Op straat, in een winkel, in gesprekken met familie en vrienden greep ik toch regelmatig terug op Russische uitdrukkingen of benamingen als ik zo gauw niet op een woord kon komen in het Georgisch of in een moeilijke constructie dreigde vast te lopen. Voorkennis van het Russisch was dus in feite meer een hinderpaal dan een hulpmiddel. Toch mist men veel als men wel Georgisch maar geen Russisch spreekt. Bijna tien procent van de Georgische bevolking behoort tot de Russische minderheid, Russisch is voor vele wetenschappers nog de voertaal. Russische uitdrukkingen en leenwoorden worden om de haverklap gebezigd en, last but not least, moppen en anekdotes worden vaak in het Russisch verteld.

Georgië heeft jaarlijks een Moedertaaldag, op 14 april. Op die datum is er in 1978 namelijk een massaal studentenprotest geweest tegen de dreigende Grondwetswijziging onder Sovjetbewind dat Georgisch als officiële taal moest worden afgeschaft ten bate van het Russisch. De maatregel werd onder druk van de protesten en op voorspraak van toenmalig partijsecretaris Sjevardnadze ingetrokken. Die dag werd voortaan aangemerkt als 'Dag van de Moedertaal'. Bij het Moedertaalstandbeeld in Tbilisi vinden op die dag (die tevens de aanvang van de studentendagen inluidt) jaarlijks culturele festiviteiten plaats.

Een taal leren is ook naamvallen blokken en woordjes stampen. Om het nuttige met het aangename te verenigen vertaalde ik een loflied over Tbilisi van Laghidze. Eerst vertaalde ik het samen met mijn studenten Frans van de Alliance Française en ging er daarna zelf eens goed voor zitten om het in mijn moedertaal om te zetten en 'zangerig' te houden. Ook de pianobegeleiding heb ik toen ingestudeerd. Ik was trots op het resultaat:

TBILISI

Waar vind ik nog zo'n hemel
Zo helderblauw en eindeloos
Precies zo mooi als die van jou
Een zwaar verleden draag je mee
Je ruïnes vervallen
zoals grijs haar voor altijd bij je blijft

(refrein)
Tbilisi, zonovergoten rozenstad
Zonder jou kan ik niet meer bestaan
Is er echt nergens een tweede Varazi
En waar, waar is de grijze Mtatsminda ?

Geniet van rozenstruiken
En voorjaarsbomen op je pad
met open armen heten ze je welkom
je gaat vanzelf zingen
want dat doen ook de bladeren
en zelfs de hemel, prachtig kobaltblauw
(refrein)

Ook kocht ik een veertigtal Georgische filmklassiekers op video met films van Tengiz Abuladze, Otar Iosseliani, Nana Djordjadze, Eldar Sjengelaia en vele anderen. Ik nam me heilig voor er elke week één te bekijken. Georgië staat hoog aangeschreven in de filmwereld: van beroemde regisseurs als Mardjanisjvili en Akhmeteli uit de jaren twintig tot de sterren uit de jaren zestig uit bovengenoemd rijtje die tientallen prijzen in de wacht sleepten. Georgiërs halen ontzettend vaak citaten uit hun beroemde films aan of vergelijken een situatie of persoon met die uit hun klassiekers.

Ik leerde het Georgische woord *mezobeli* dat 'buren' betekent. Het komt van het woord *ezo* oftewel tuin of binnenpleintje tussen een groepje huizen in. Alle bewoners rond het pleintje zijn je 'm-ezobeli', mede-plein-bewoner. In het Georgisch is het begrip dus veel ruimer dan in Nederland, waar slechts je directe buren (boven, onder, links of rechts) 'buren' genoemd mogen worden. In Georgië kan iemand die vijf huizen verder woont aan de overkant van de binnentuin dus met alle recht een 'mezobeli' genoemd worden. In het begin, toen ik de oorsprong van dit woord nog niet doorgrond had kwam het op mij over als overdreven om iedereen die in jouw wijk woonde maar meteen buren te noemen.

Als Eduard het over Giuli's huis had zei hij in het Georgisch altijd *sakhlshi* (thuis, naar huis). Ik verbeterde hem dan op een betweterig toontje en legde uit dat Giuli en Zoeriko niet bij ons in huis wonen. Maar terwijl ik dat zei voelde ik dat ik hem onrecht aandeed, hem een trap gaf tegen zijn Georgische ego. In de Georgische cultuur is elk huis van een naast familielid ook jouw huis en thuis. Je beweegt je er vrij, pakt de telefoon, loopt even naar buiten zonder dat aan te kondigen voor een burenpraatje of een boodschap en bent er duidelijk niet 'te gast'. Ik paste me dus aan en zweeg. Taal is tenslotte uiting van een cultuur en communicatie binnen die cultuur.

Sommige van mijn ervaringen vergeleek ik met het kijken naar plaatjes die op de kinderpagina's van een krant vergeleken moeten worden onder het kopje 'Zoek de verschillen'. Hoe langer je kijkt hoe meer schijnbaar onopvallende verschillen je ziet. En zeker als je een kind opvoedt kom je allerlei situaties tegen. Zo ook op de kleuterschool, waar eerst alle meisjes gezamenlijk naar het toilet gaan, dan de jongens. En waar de jongens verteld wordt dat ze hun plassertje niet moeten vasthouden. Dat zou wel eens – op latere leeftijd – een masturbatiedrang kunnen opwekken. Daar moet je in Nederland eens mee aankomen! Giuli en Zoeriko vonden het ook achterhaald en deden het af als een ouderwetse opvatting. Ik wist niet wat ik ermee aan moest, dit was geheel nieuw terrein voor mij. Thuis moest-ie hem potjandrie wel vasthouden hoor, anders zou alles nat worden!

Toen Zoeriko eens telefoneerde met mijn vader klaagde hij steen en been over onze pogingen om hem van het roken af te helpen: *Your dear daughter and grandson are worse than the Russians! In my own house I cannot hide from them to smoke! Even if I go to the toilet to smoke one, Educha finds me and asks through the closed door: Did you fall inside the pot?*

Oma Mzia zei nadat ze een keer op haar achterkleinzoon gepast had: *eto ne rebionok, eto angel*, (dit is geen kind, dit is een engeltje) omdat Eduard zo braaf naar bed ging zonder enige vorm van protest en zonder gezeur om liedjes of verhaaltjes. Dat is een kwestie van streng in het begin en daarna niet beter meer weten. Eduard kreeg van zijn geboorte af een eigen kamer toegewezen en ik volgde Dokter Spocks drie r-en nauwkeurig op: rust, regelmaat en reinheid.

Eduard had het kruipen overgeslagen en was relatief laat met lopen (zestien maanden). Des te sneller was hij met praten, en nog wel in twee talen: Nederlands en Georgisch. Toen hij anderhalf jaar oud was zei hij *ja* altijd in het Nederlands en *ara* (nee) in het Georgisch. Als hij naar de radio wilde luisteren wees hij naar de knoppen en zei: 'Ja, ja, ja'. De eerste maanden van zijn prietpraat haalde hij beide talen soms door elkaar, daarna nooit meer. Taal was iets persoonsgebonden voor hem, later pas situatiegebonden.

Zo zou Nasiko een keer om elf uur met Eduard naar de dierentuin gaan wandelen. Ook moest ze nog enkele boodschappen doen onderweg. Omdat ik pauze had van één tot twee had ik met Nasiko en Giuli afgesproken om om één uur bij mij thuis te zijn zodat we met Eduard even naar de markt konden gaan om samen wat nieuwe kleren te kopen. Maar Nasiko en Eduard kwamen pas om vijf voor twee aanzetten. Tegen die tijd waren Giuli en ik al zo ongerust dat ik uitviel tegen de kinderjuf. Ik legde Eduardje in het Nederlands uit dat Nasiko niet lief geweest was omdat ze wist dat ik al een uur thuis op hen aan het wachten was, waarop hij heel hard begon te huilen en in het Georgisch al snikkend en snotterend vertaalde dat ik beweerde dat Nasiko niet lief meer was. Daar sta je dan. Asociaal heet dat. Het persoonsgebonden taalgebruik veranderde dus langzaam in een context- en situatiegebonden manier van communiceren tussen moeder en zoon. Als we alleen waren of iets tussen ons moesten bespreken zou het in het Nederlands zijn, als we in gezelschap waren en het gebruik van het Nederlands als een soort geheimtaal asociaal zou overkomen kozen we voor het Georgisch. Dat loopt tot vandaag de dag op rolletjes.

In mijn brieven naar huis beschreef ik ook vaak Eduards taalvorderingen of prietpraat. Zoals die ene keer toen hij op tafel lag om verschoond te worden en een plat adressenboekje in zijn hand had. Hij zei: 'Open, open', ik antwoordde: 'Doe het maar open' en hij zei: 'Gaat niet'. Ik zei: 'O, gaat het niet?' en hij antwoordde voor het eerst: 'Moeilijk'. Ik was zo blij en trots.

Eduard kon later ook prachtige nieuwe woorden verzinnen zoals 'meneertekeningen' voor portretten die tijdens demonstraties getoond worden, 'bierstaandertjes' voor bierviltjes, 'vasthoudertjes' voor oortjes van een kopje, een 'op-doos' voor een doos die leeg is of 'kleine veeltjes' voor veel kleine beetjes.

Toen er eens cakedeeg in de oven stond en hij niet wilde wachten tot de cake gaar was zei hij: 'Ik wil niet-geklaarde cake.'

Natuurlijk gebruikte ik mijn contacten met Nederland veelvuldig. Internetverbinding en telefoneren waren toen nog erg duur. Post naar Georgië deed er drie tot zes weken over en daarom kregen reizigers brieven en pakjes foto's en kranten mee die al gefrankeerd waren met Nederlandse, Belgische of Duitse postzegels. In de afgelopen jaren heb ik ook tientallen reizigers die naar Georgië reisden opgezadeld met pakketten aan mijn adres waarin mijn moeder zorgvuldig van alles en nog wat stopte: correspondentie, nasimix, kruidenmix, kipkruiden, speculaaskruiden, drop, handige keukenbenodigdheden, verzorgingsproducten, thee met smaakjes maar ook bijvoorbeeld instant-tompoezen die Eduard en ik dan in zijn hutje onder de trap opaten. Als verrassing had mijn moeder er ook een keer chocoladeletters voor het hele gezin bij ingepakt.

De Nederlandse staat stelt vaak een honorair consul aan in landen waar ze nog geen vertegenwoordiging heeft. Nederlandse diplomaten van de ambassade in Moskou kwamen in die tijd regelmatig naar Georgië (dat waren snoepreisjes voor hen) en hadden mij, als een van de weinige Nederlanders in Georgië, al in 1997 gevraagd of ik niet een Georgiër kende die goed ingevoerd was in het bedrijfsleven ter plaatse en ook met Nederland voeling had. Die man werd Irakli Baidasjvili, een jonge Georgiër die Engelse taal en literatuur had gestudeerd en die vanuit Maastricht de Georgische Kamer van Koophandel in de Benelux had vertegenwoordigd. De Nederlandse ambassadeur uit Moskou vroeg vervolgens of ikzelf assistente van de honorair consul wilde worden en het consulaat wilde bemannen. We kwamen tot een overeenkomst en ik werkte ook hier vier dagen per week. Eduard ging toen naar de kleuterschool vlak bij het consulaat. Om twee uur bracht ik hem naar huis bij kinderjuf Nasiko waar hij een vast middagdutje deed. Woensdag bleef onze vrije dag samen. We maakten dan meestal wandelingen naar de Botanische Tuin of de dierentuin. Toen het consulaat zijn deuren opende, had ik de eerste dagen nog op de vleugel gespeeld maar al snel deed het nieuwtje de ronde dat er een consulaat geopend was in de stadswijk Vake en werd het hoe langer hoe drukker met bezoekers en bellers zodat zelfs het aanstellen van een portier en een koffiejuffrouw nodig bleek. Ook dankzij de internetverbinding werd de werkdruk opgevoerd met verzoeken tot informatie en assisentie bij geplande bezoeken vanuit departementen in Den Haag of ambassades in Moskou en Kiev. De bevoegdheden en verschillende portefeuilles zoals economische zaken, consulaire zaken, landbouw, mensenrechten, vredesopbouw en democratisering, politiezaken waren over die drie posten verdeeld wat vanzelfsprekend niet altijd tot optimale resultaten en coördinatie leidde. Tegenwoordig is er een goed geregelde en goed bemande *full-fledged* ambassade in Tbilisi.

In Moskou had ik een inwerkstage op de Nederlandse ambassade. Het was erg 'in' onder de Hollandse diplomaten om een 'Blauwe Rus' op de kop te tikken, oftewel een prachtig blauwgrijze kat die in Nederland zeker 1200 dollar zou kosten. Voor een slordige 100 dollar liet ik mij ook paaien en kreeg ik een raskatje mee van de ‘Kloeb Lioebetelei Kosjek’, oftewel de Kattenliefhebbersclub’. Het was geen enkel probleem om bij de dierenarts in Moskou papieren te krijgen zonder dat ik het poesje bij me had. In haar paspoort stonden de klinkende namen van haar ongetwijfeld zeer muzikale moeder Tosca en haar vader Hippolyte in prachtig handgeschreven Cyrillische karakters opgetekend. Zelf luisterde mijn grijze dotje naar de naam Camilla Bolero oftewel gewoon Camilla. Op de *stari Arbat* kocht ik een speciale kattenmand voor de vlucht naar Tbilisi zodat ik Camilla onder mijn stoel zou mogen plaatsen. Ze mocht in de logeerkamer van de ambtswoning van de Nederlandse ambassadeur de nacht doorbrengen vooraleer ze naar Tbilisi werd overgevlogen waar een heel blij driejarig jongetje haar onder zijn hoede zou nemen. Op de terugvlucht reisde de negenjarige zoon Dimitri van mijn vriendin en ex-Rode-Kruiscollega Sophia Prokofjev onder mijn hoede mee.

–Eduard, wat wil je later worden?
–Bakker.
–Wat vind je daar zo leuk aan?
–Om jou zoete broodjes te sturen maar, uh... de winkel is nog niet gebouwd, ik weet het nog niet.

Op het consulaat speelde Eduard na de kleuterschool wel eens even met Tamaz, de portier. Tamaz speelde dan de consul en ging achter het loket staan. Eduard zei dat hij naar Nederland wilde en Tamaz vroeg zijn naam, achternaam en beroep van zijn vader.

–Waar werkt je vader?
–Op het parlement.
–Wat doet hij daar?
–Niks...

Op het consulaat verstrekten wij geen visums maar boden we hulp en advies aan zowel bezoekende Nederlanders als Georgiërs die iets met Nederland te maken hadden. Zo kwam ik meer en meer in contact met Georgiërs uit alle lagen van de bevolking. De toeloop was van diverse pluimage. De ene dag een student over de vloer met postuniversitaire ambities, de volgende dag een zakenman die een kas wilde bouwen, een autohandelaar of een diplomaat uit Moskou en dan weer iemand van een belangenorganisatie, een musicus, een ambtenaar uit Den Haag of een consultant voor een Europees hulpproject. Dagelijks sprak ik Nederlands, Engels, vaak Russisch, hoewel ik met de Georgische taal ook al behoorlijk uit de voeten kon. In 1999 hield ik trouwens voor het eerst – helemaal in het Georgisch – een lezing met diapresentatie over Nederland voor de studenten International Relations aan de de staatsuniversiteit van Tbilisi. Trots dat ik was!

Toch voelde ik me soms een buitenbeentje zoals die ene keer toen ik werd uitgenodigd op een dameslunch waar ik me van het begin af aan al niet thuis voelde. Het waren allemaal vrouwen van expats die bij projecten van Wereldbank, Europese Unie of internationale humanitaire organisaties werkzaam waren plus één of twee Georgische 'vrouwen van'. Waar ze het zoal over hadden: 'Kun je je kinderen beschermen tegen invloed van de televisie? Wat is het geheim van het fruitdieet? Welke route is het beste om rond het Schildpaddenmeer te joggen?' De tonijnsalade en de abrikozenpudding smaakten me niet. Ik zat daar op het lederen bankstel met mijn vers geperste jus d'orange en voelde me absoluut niet op mijn gemak, meer een toeschouwer, een geval apart. Ik hoorde niet bij de expat-gemeenschap, maar ook nog niet bij de Georgiërs. Enerzijds voelde ik me verloren tussen die twee groepen, anderzijds besefte ik dat ik juist een rol in beide groepen kon spelen door mijn 'brugfunctie'. Toen het onderwerp van gesprek uiteindelijk 'humanitaire hulp' werd voelde ik me iets beter op mijn gemak, daar had ik tenminste voeling mee. Men vroeg me waar mijn stichting SOCO zich mee bezig hield en ik vertelde er enthousiast over.

De eerste grote sponsor die mijn stichting in de arm nam om Georgische kinderen een helpende hand toe te steken was voetbalclub Willem II uit Tilburg. Ik was tijdens hun UEFA-uitwedstrijd tegen Tbilisi Dynamo opgetrokken met de directieleden, sponsors en hun echtgenotes en was met de groep meegereisd naar de stad Gori om het Stalinmuseum te bezichtigen. Willem II wilde graag een actie opzetten voor Georgische kinderen en toen ze mijn voorstel voor een grootse schoolboekenactie aan Wilde Ganzen doorspeelden wilden die er wel een verdubbelingsactie aan verbinden. Het werd een megaproject met achtduizend schoolboeken, lesmateriaal en sportbenodigdheden voor meer dan drieduizend al jaren ontheemde kinderen op scholen in Zoegdidi, Gali, Koboeleti, Tsqneti, Vasjli Dzjvari, Koetaisi en Senaki. De distributie van de boeken gaf ik niet uit handen en ik nam er een aantal vrije dagen voor op om met mijn broer, die, op wereldreis, net in Georgië was aanbeland het hele land te doorkruisen met een vrachtwagentje vol boeken. Samen met vrijwilligers hadden we in alle boeken stempels gezet waarop stond dat de boeken niet verkocht mochten worden en dat het een geschenk van stichting SOCO was. Naast het schoolboekenproject werd er ook een aantal weeshuizen in de regio's voorzien van kleding, schoeisel, handdoeken, sport- en spelmateriaal. Ik paste er wel altijd voor op dat de hulpgoederen niet zo mooi of kostbaar waren omdat ik een keer had gemerkt dat de stoelen die ik voor bezoekers aan een kraamkliniek had gekocht na enkele weken niet langer bij de bedden maar plots in de directiekamer opdoken!

Mijn ouders verhuisden die winter naar een appartement in een flatgebouw aan de Westerschelde. Heel ruim, heel licht, praktisch en smaakvol ingericht, zoals mijn moeder dat zo goed kan met haar artistieke oog. Het was een bar koude winter en de dag dat het kwik –8°C haalde werd de Elfstedentocht aangekondigd, een volksfeest!

Die winter nodigde ik Nino Zjvania mee uit naar Nederland. Wij waren goede vriendinnen geworden. Zij had mij de eerste maanden van mijn emigratie zo goed opgevangen en ik wilde op deze manier iets terugdoen. In Nederland nam ik haar natuurlijk mee naar Amsterdam, naar ons vakantiehuisje in Cadzand, naar Brussel en ook naar Parijs. In Amsterdam brachten we een bezoek aan de Georgische profvoetballer Sjota Arveladze en zijn gezin. We kregen er khatsjapoeri geserveerd. Deze Ajacied uit een wel heel sportief nest (zijn tweelingbroer Archil speelde bij NAC en een derde broer, Reso, bij KV Mechelen) klaagde over het Hollandse weer maar vond Nederlanders fijne mensen. De broertjes Arveladze waren in Nederland als een soort ambassadeurs 'het gezicht van Georgië' geworden, zelfs zo populair dat Misja die een keer in Nederland was voor een juridische conferentie gevraagd werd hoe de president van Georgië ook weer heette. 'Sjarveladze?'

Voor een Georgische radio-jeugduitzending over Nederland waarbij ik eregast mocht zijn kwam ik enkele maanden later met het idee om Sjota live in de uitzending met zijn verjaardag (en die van zijn tweelingbroer) te feliciteren. Het werd een leuk spontaan telefoongesprek en Sjota kankerde opnieuw op het Hollandse weer. Toch zijn de temperaturen in de Georgische hoofdstad en die in Nederland best met elkaar te vergelijken (behalve dan hartje zomer) maar in Nederland is het zoveel vochtiger en winderiger wat het guur, kil en dus onverdraaglijker maakt.

De gebroeders Arveladze zag ik in augustus 1999 opnieuw op het vliegveld van Tbilisi toen zij de Nederlandse trainer Johan Boskamp begeleidden die het Georgische elftal een aantal maanden zou komen trainen.

Nino had een prachtig geweven kleed meegebracht, een schilderijtje en wijn. Gelukkig was die beter afgesloten dan de rode wijn die Misja en ik het jaar ervoor in de huiskamer openden! Die was namelijk tijdens de reis behoorlijk door elkaar geschud en spoot (open) op het witte plafond van mijn ouderlijk huis. Mijn ouders lieten het er echter nog een hele tijd op zitten, als kunstwerk en als een origineel Georgisch souvenir.

Eind december keerden Nino en ik terug want we wilden Oud en Nieuw met onze mannen vieren. Giuli's man Zoeriko vertelde dat hij in een marsjroetka (minibus) over politiek had gesproken en net had gedaan of hij een tijdje niet in Tbilisi geweest was. Of er politiek nog interessante dingen gebeurd waren. 'Nee', was het antwoord. 'Hebben we een goed parlement?' vroeg hij toen. Men zei dat het parlement maar niks was en Zoeriko – vissend naar complimentjes over zijn stiefzoon – vroeg: 'Is er dan niemand die iets interessants te melden heeft?' 'Ja, toch wel, er is er één: Misja Saakasjvili.' Giuli en ik kregen er kippenvel van.

–Ma, waarom is dit een vliegtuig?
–Omdat het vleugels heeft.
–Vogels hebben toch ook vleugels...
–Ja, maar die hebben weer geen raampjes. Vogels hebben toch geen raampjes?

–Waarom zijn we weer in Tbilisi?
–Vind je het niet leuk?
–Ik wil weer naar Nederland.
–Waarom vind je het daar zo leuk?
–Omdat er hagelslag is.
–En als we hier hagelslag kopen, is het hier dan ook leuk?
–Ja.

President Sjevardnadze werd zeventig jaar. Ik wilde mijn bewondering voor deze man laten blijken en schreef hem een mooie wenskaart die ik zelf afgaf bij de Kanselarij. Dat heb ik jaren volgehouden. Pas toen Misja zich flink kritisch begon op te stellen ten opzichte van Sjevardnadzes beleid, enkele jaren later, ben ik ermee gestopt. Dat vind ik toch het jammere van politiek, hoor. Ze bepaalt of dicteert naar mijn mening te vaak de menselijke verhoudingen die er eigenlijk weinig mee te maken zouden moeten hebben. Misja kijkt daar net iets anders tegenaan. Hij vindt dat je naar het beleid moet leven waar je voor staat. Als je iemand bekritiseert omdat hij grof belasting ontduikt of met overheidsgelden een imperium opbouwt, dan kun je niet de volgende dag samen het glas heffen of je zoontje naar het verjaardagspartijtje van zijn kind laten gaan. Toch is het niet zo dat Misja zo iemand 'opgeeft'. Hij gelooft dat mensen kunnen veranderen of tot inkeer kunnen komen. Als ze bewijzen dat ze hun leven of principes willen veranderen en van zijn team deel willen uitmaken dan staat hij daar open voor. Ik vind dat een prachtige eigenschap. Als het de zaak dient waar hij voor staat en de normen en waarden bevestigt waarin hij gelooft dan is er geen sprake (meer) van persoonlijke wrok.

Ik herinner me dat ik een dartbord gekocht had voor Misja en er allemaal krantenfotootjes van ministers en politici op had geplakt die Misja liever zou zien gaan dan komen. Hij kon er echter niet om lachen. 'Voor mij is dit geen spelletje,' zei hij.

Misja wond er geen doekjes om en gebruikte zijn voorzitterschap van de Juridische vaste kamercommissie om ministers die hij van corrupte praktijken verdacht aan de kaak te stellen. Eerder had hij al met collega-parlementslid en vriend Gia Baramidze de Georgische ambassadeur in Italië teruggeroepen. In 1998 werden ook de ministers van Justitie en van Communicatie ter verantwoording in het parlement op het matje geroepen. Zij werden aan de tand gevoeld over smeergeldaffaires wat tot hun ontslag leidde.

Ook pleitte Misja er in het parlement voor om de doodstraf af te schaffen. Dat was de derde keer in de geschiedenis van Georgië. De eerste keer in de twaalfde eeuw ten tijde van koningin Tamara (de Georgische Gouden Eeuw) en een tweede keer tijdens de korte periode (1918-1921) dat Georgië een onafhankelijk land was. Misja werd door zijn klare taal, gedurfde aanpak van corruptie en wetshervormingen in de volksmond al gauw de 'vader van de wetshervormingen' genoemd.

Misja ging het zomerreces van juli en augustus enigszins teleurgesteld in. Hij had gehoopt dat er een ministerraad met premier ingesteld zou worden wat een betere verdeling van de macht had kunnen betekenen. Maar de president had er een stokje voor gestoken. Een lichtpuntje was dat Misja eind juli, midden in de zomervakantie als gasteindredacteur de maandagkrant van 'Sjansi' mocht verzorgen. Hij ging er helemaal in op en schreef zich een ongeluk. Het dagblad met een oplage van vierduizend exemplaren was op de dag van uitgifte meteen uitverkocht. Misja's thema was 'Geef deze generatie een kans' en in de krant was een vijftiental interviews opgenomen met jonge talenten tussen de twintig en vijfendertig jaar over hun visie op de ontwikkeling van Georgië.

Einde zomer 1998 werd Misja naar voren geschoven als fractieleider van de Burgerunie. Dat was weer een sport hoger op de politieke ladder, en weer een andere invalshoek, een nieuwe kans om ervaring op te doen. Zijn stem in het parlement kreeg zo meer gewicht.

Het nieuwe academische jaar werd op de Georgische televisie met een satirisch programma begonnen, 'Sprookje voor grote mensen' heette het, met marionetten die de bekendste politici voorstelden. Misja kwam in deze serie af en toe in beeld, bellen blazend in de buurt van de president of als toreador met rode lap die hij steeds op het laatste moment wegtrok als een of andere minister briesend op hem af kwam stormen. Ik vond Misja's pop sprekend lijken en heel sympathiek, maar zijn stem konden ze helaas niet nabootsen.

Mijn broer Egbert was ondertussen aan zijn wereldreis begonnen: met een oude volkswagen naar Zuid-Europa, via Turkije naar de Kaukasus. Hij bleef vijf maanden in Georgië waar hij met skilessen en het schrijven over humanitaire projecten wat bijverdiende. Vanuit Georgië reisde hij verder naar het Oosten waar hij Iran, India, Cambodja en nog veel meer interessante landen aandeed. Terwijl hij in Georgië was werd ik dertig jaar en had hij er mede voor gezorgd dat mijn ouders een verrassingsbezoek brachten. Het was het mooiste cadeau dat ik me had kunnen indenken.

Misja kreeg van president Sjevardnadze een standje toen hij niet op zijn kantoor zat en dus de directe presidentiële lijn niet had beantwoord. Misja verzweeg niet dat hij khinkali was gaan eten. Sjevardnadze reageerde daarop gepikeerd: 'Die mensen die met mij via een directe lijn in contact staan laten de khinkali brengen!' waarop Misja zei: 'Ik kom liever wat onder de mensen!'

Het werd in de tweede helft van 1998 helaas duidelijk dat het tij in de ontwikkeling van Georgië gekeerd was. De positieve (economische) trend die dankzij een zekere vorm van stabiliteit en goed ingezette hervormingen waargenomen was hield medio 1998 halt. De veiligheidssituatie rondom de bomaanslag op de president, het oplaaien van het conflict in de aan Abchazië grenzende Gali-regio waardoor duizenden teruggekeerde Georgiërs opnieuw werden verjaagd en de Russische roebelcrisis waar ook Georgië zwaar onder te lijden had, waren de factoren die een nieuwe periode inluidden: één van stagnatie en achteruitgang zo kenmerkend voor Georgië in de jaren rond de eeuwwisseling. Jaren waarin men zich hoe langer hoe meer afvroeg of het ooit nog wel goed zou komen met dit land en of er überháupt nog wel van een land sprake kon zijn of eerder van een falende staat.

4 Eén stap vooruit, twee achteruit (1999-2000)

Op 4 mei 1999 woonde de Patriarch van de Georgisch-orthodoxe kerk, Ilja II, de herdenkingsplechtigheid op het eiland Texel bij. Het was immers vijfenvijftig jaar geleden dat meer dan vijfhonderd Georgiërs daar tijdens de Tweede Wereldoorlog omgekomen waren. Op het consulaat kregen we een verzoek van een man die op zoek was naar zijn Georgische familieleden. Hij had goede reden te denken dat een man uit het Georgische bataljon op Texel zijn vader was en ging op zoek naar zijn familieleden in Kakhetie. Dat was voor die man en zijn echtgenote een heel emotionele week waarbij ze het geboortehuis van de Georgiër bezochten, zijn zus ontmoetten en enkele van zijn 'neven' die inderdaad gelijkenis vertoonden met de man uit Nederland. Toen er echter later genetisch onderzoek was gedaan bleek dat er wetenschappelijk geen familieverwantschap aan te tonen was. Dat was een teleurstelling voor de man maar hij, zijn vrouw en ook ik zijn ervan overtuigd dat zijn wortels in Georgië liggen en als zijn gezondheid het toelaat zal hij zeker terugkeren voor een nadere kennismaking met het land en de bewoners. Ze waren in Kakhetie zo hartelijk ontvangen dat ze zich er ongemakkelijk en zelfs gegeneerd door voelden en graag iets terug wilden doen. Ik legde uit dat het de Georgiërs in het bloed zit om goed voor hun gasten te zijn, dat ze er trots op waren buitenlandse gasten te hebben ontvangen en dat er heus wel een tijdstip zou komen waarop zij iets terug konden doen. De basis was immers gelegd voor een heuse vriendschap en daarbinnen hebben vrienden naar Georgisch gebruik alles voor elkaar over. Toch stopte de Nederlander de 'familieleden' regelmatig wat geld toe en stond hij ze waar hij kon met raad en daad bij.

In 1993, enkele maanden voor ik Misja leerde kennen, was ik op Texel om een van mijn dromen te verwezenlijken: het halen van een brevet parachutespringen. Het was een ontzettend dure cursus, maar ik had er lang voor gespaard en kreeg uiteindelijk na een week en na acht sprongen met een *square parachute* (van duizend meter hoogte) mijn brevet uitgereikt. Had ik toen geweten dat er honderden Georgiërs begraven lagen bij De Hoge Berg dan was ik er zeker heen geweest. Door mijn bezoek aan Georgië in 1993 was mijn fascinatie voor het land immers gewekt!

Toen ik in Georgië eens over mijn vliegkunsten vertelde werd ik in de krant een 'Vliegende Hollander' genoemd, zonder dat ze wisten dat mijn geboortestad Terneuzen ook nog eens de stad was van waaruit kapitein De Deckere van het schip 'De Vliegende Hollander' was vertrokken (en nooit meer teruggekeerd). In 2005 bij het zestigjarig herdenken van de opstand is het goed mogelijk dat mijn man en ik het eiland Texel zullen bezoeken.

Naar aanleiding van mijn eerste drie jaar in Georgië stelde ik mijn indrukken op schrift voor het dagblad *Rezonansi* onder het kopje 'Mijn eerste duizend dagen in Georgië'.

'Deze week is het precies duizend dagen dat ik in Tbilisi, Georgië, woon. Het beviel me uitstekend en ik hoop dat ik nog een x-aantal duizend dagen mag meemaken in dit land dat zogezegd mijn tweede vaderland is geworden. Maar, zoals iedereen weet, waren dit niet Georgiës beste dagen, het waren eerder crisisdagen, die rampzalige economische en sociale gevolgen hadden op bijna elk gebied.

Ik heb alle windrichtingen van Georgië bezocht: Tsalka, Dmanisi, Oni, Mirzaani, Baghdati, Sarpi, Qazbegi, Gali, Zoegdidi, Senaki, Mamati, Borjomi, Tsjiatoera, Kharagauli (ik moet toegeven dat ik een lichte voorkeur heb voor West-Georgië). Er staan enkele beelden in mijn geheugen gegrift: een ontheemde familie die in een badkamer in Kopitnari woont, een vrouw in tranen omdat ze bij Tqiboeli twee varkens kwijtgeraakt was, een man die stond te grienen bij een omgekiepte vrachtwagen vol mandarijnen, in de sneeuw in Mtskheta-Mtianeti. En nog een recent beeld van vorige week toen we paaspakketten aan alleenstaande ouderen uitdeelden in de Ambrolauri-regio, waar een dankbare oude vrouw, Oegrekhelidze genaamd, ons wilde uitnodigen bij haar thuis omdat ze zo ontroerd was dat ze nu van Nederland afhankelijk was, maar zich net op tijd bedacht, omdat ze slechts bruine bonen in huis had.

Soms denk ik wel eens dat veel bewoners van dit land het niet waard zijn dit paradijs te bewonen omdat ze gewoonweg niet genoeg hart en wil hebben voor de vooruitgang van het hedendaagse Georgië. Gelukkig weet ik dat er ook anderen zijn en spreek de hoop uit dat de wind nog van richting zal veranderen. Ik wil best nog eens duizend dagen wachten en zelfs nog langer om dit te zien gebeuren.

(...) Georgiërs zijn de laatste jaren geheel overgeleverd aan het lot en aangewezen op zichzelf. Zonder energie of infrastructuur, onvoldoende gezondheidszorg, onmenselijke omstandigheden in en voor de klas – om maar van de alledaagse ongemakken te zwijgen.

Ik moet zeggen dat ik het als een steek in mijn hart voel als ik op internet de reisadviezen lees over Georgië: "Niet aan te raden om buiten Tbilisi te reizen." Alsof we direct aan de frontlijn wonen.

Hoe kunt u, uw buurman, vriend, ik, hoe kunnen we dat toch onder ons laten gebeuren? Is er hier nog een saamhorigheidsgevoel, een eenheid die staat voor een betere toekomst of denken we allemaal alleen aan onze beste vrienden en familieleden en hun problemen? Toebehoren tot een clan, een stam, een "goede" achternaam hebben is niet echt de uitdrukking van solidariteit ten opzichte van je landgenoten en het geeft je zeker geen recht om ontevreden te zijn en te klagen over de overheid die tenslotte door jezelf gekozen is. En als je niet bestuurd wilt worden (i.e. belasting betalen om de zwakkeren in de samenleving te steunen) of je bent niet bestuurbaar (onvindbaar zijn of illegale praktijken voeren), wat dan? Als het blijkt dat het saamhorigheidsgevoel niet in voldoende mate aanwezig is of dat de regering te zwak is om dit door te voeren, dan is Georgië niets anders dan een jungle waar het recht van de sterkste heerst en er geen gerechtigheid bestaat. Het lijkt erop dat er inderdaad een soort onverschilligheid heerst die de laatste tien jaar alleen maar is toegenomen, toen elke Georgiër helemaal op zichzelf was aangewezen en van de staat niets meer te verwachten had. Zeker, internationale organisaties en buitenlandse overheden kunnen nog eens vijf jaar lang kredieten en giften schenken, maar u en ik weten wat er met dat geld gebeurt, dat door vrij eerlijke sponsors en overheden bij elkaar werd gelegd. Het komt terecht in de zakken van diegenen, die het achteraf allemaal met diplomatie en charme kunnen verantwoorden. Ze zullen zeggen, of anderen ertoe brengen te zeggen, dat het geld prima besteed is. Het kan hun niet schelen wat voor gevolgen dat op lange termijn heeft, zij kijken zelf niet ver vooruit. Snel rijk worden is het hoofddoel en ondertussen de vriendenkring de hand boven het hoofd houden om deze praktijken te kunnen voortzetten. Denk niet dat corruptie slechts in Georgië voorkomt, maar het is hier wel zorgwekkend en neemt nog steeds toe. Het is belangrijk corruptie aan te pakken door erover te praten en de bevolking in te lichten over haar rechten en mogelijkheden. De media kunnen daarbij een toenemende rol spelen door openheid en zo de kans op verbergen of inpikken van de gelden verkleinen.

De Nederlandse ambassadeur verwoordde dat perfect toen hij een paar weken geleden met de gouverneur van Imereti over politiek sprak: grote veranderingen in de maatschappij vinden meestal hun oorsprong aan de basis van de samenleving, bijvoorbeeld uit protest of ontevredenheid. Ze werden nooit van bovenaf opgelegd. De grote veranderingen die in Georgië tot nu toe plaatsvonden werden opgelegd. Het heeft tijd nodig en (psychologische) aanpassing. Elke actie wordt geïnitieerd vanuit onze hersenen: laat ons daar dan ook beginnen. Als ik de financiële mogelijkheden had of ik had invloed op mensen met zulke mogelijkheden, dan zou ik die vervallen fabrieken, afgebrande gebouwen, en dergelijke die niet privatiseerbaar zijn willen afbreken. Ze ontsieren niet alleen het landschap, ze herinneren ons er in de steden en dorpen ook aan dat de tijd waarin het leven gemakkelijker was voorbij is, de tijd waarin men zich druk maakte om bruiloften, excursies, sportwedstrijden in plaats van over elektriciteitsvoorziening, werkloosheid en dure medicijnen. Het is onmogelijk om deze gedachten in grootheden uit te drukken, dat wil zeggen te meten, maar geloof me, als je dagelijks langs bomen, gras en bloemen kunt wandelen in plaats van langs de vervallen fabriek van je grootvader, dan begint je dag toch anders: met prettigere gevoelens, ondernemingslust, compromis- en vergevingsgezindheid, een lach, respect, allemaal onmeetbare zaken. De tweede, minstens zo belangrijke stap zal zijn dat iedereen zijn verantwoordelijkheden neemt: het licht uitdoen als je het niet nodig hebt, de kraan dichtdraaien als je geen water meer nodig hebt, lessen volgen, de straat goed repareren wat blijkbaar niet zo eenvoudig is daar dezelfde gaten op dezelfde plaatsen om de zes maanden weer opduiken. Alsjeblieft, hándel, maar handel niet als je niet weet hoe of wat. Handel niet zonder erbij na te denken. Als ieder een stukje van die grote verantwoordelijkheid draagt die nodig is om een land op te bouwen, dan zijn we het waard om op die grond te wonen waar koningin Tamara en Sjota Roestaveli hun verantwoordelijkheden droegen.

Dit waren enkele indrukken en gevoelens die ik met u, beste lezer, wilde delen, en samen met u hoop ik en bid ik dat allen die een hart voor Georgië hebben de kans krijgen om stap voor stap gezamenlijk het land weder op te bouwen. Het is lente, de meest ideale periode om schoonmaak te houden en een nieuwe bladzijde op te slaan. Laat ons niet vergeten dat het van u en mij afhankelijk is of we staand en zonder aarzelen ons glas op Georgië ad fundum drinken of niet.'

In juni ging president Sjevardnadze op staatsbezoek naar Nederland, Irakli de honorair consul en ik mochten ook mee. Ik logeerde voor het eerst in eigen land in een hotel en nog wel één nabij Scheveningen. Sjevardnadze begroette alle passagiers in het vliegtuig, ook mij. Ik vond dat een hele eer.

In Nederland ontmoette hij premier Wim Kok, minister van Financiën Gerrit Zalm en minister van Ontwikkelingssamenwerking Eveline Herfkens. Ook was er een audiëntie bij Hare Majesteit en een gezamenlijke lunch. Tot slot een rondvaart door de haven van Rotterdam met zakenlieden. Daar, op het schip 'De Nieuwe Maas' deelde ik wat informatiemateriaal uit over zakendoen in en met Georgië. De honorair consul deelde er al onze visitekaartjes uit aan nieuwe interessante contacten. Ook vermeldden we aan iedereen die het maar wilde horen dat Georgië binnen enkele maanden volwaardig lid van de Wereldhandelsorganisatie zou zijn.

Tijdens dit staatsbezoek werd het me maar weer eens duidelijk hoeveel parallellen er getrokken kunnen worden tussen Nederland en Georgië: beide zijn kleine landen met een 'kleine taal', een grote buur waarvan men afhankelijk is en waarmee de verhouding door de jaren heen soms minder goed verliep. En beide ook transitlanden met een hoog opgeleide bevolking en veel werkgelegenheid in de land- en tuinbouwsector.

Bij terugkeer besloten Irakli en ik om op het consulaat een traditie in te stellen: één keer per maand wilden we een *Keep in touch with the Dutch*-receptie houden voor alle Nederlanders die in Tbilisi woonden, werkten of er op bezoek waren. Ook de Georgiërs die zakelijk met Nederland in contact stonden of er bijvoorbeeld hadden gewoond of gestudeerd waren welkom. Toen de Nederlandse ambassade in 2001 in Tbilisi geopend werd bleef deze traditie, onder dezelfde naam, behouden, alleen waren de informele samenkomsten niet meer zo frequent.

Op een van de bijeenkomsten met Nederlanders leerde ik de echtgenote kennen van een Nederlandse zakenman die zeer regelmatig in Georgië kwam. Het koppel had een huis laten bouwen op een half uur rijden buiten de stad en was er in gaan wonen in gezelschap van een paar katten. Ik opperde dat het wellicht verstandiger was om een waakhond in huis te nemen omdat het toch een vrij afgelegen gebied was en de criminaliteit nu eenmaal groter was dan ooit. Enkele weken later moest ik vernemen dat de echtgenote van de zakenman midden in de nacht bestolen was, toen ze alleen thuis was. Ze was al haar cash en mobiele telefoon kwijt, en kon het niet meer opbrengen om in Georgië te blijven, zo'n traumatische ervaring was het voor haar geweest.

We kregen op het consulaat indirect ook wel eens te maken met problemen van Georgiërs in Nederland. Zo werd het stoffelijk overschot van een jonge Georgiër die in Nederland overleden was gerepatrieerd en werden wij verzocht een en ander te coördineren. We reden naar het vliegveld maar toen we zagen dat de familieleden er allen waren en de documenten in orde leken te zijn vertrokken we weer, de familie moest nog anderhalf uur op de vertraagde vlucht wachten. Voor de begrafenis kwamen ook twee Nederlandse jonge vrouwen over, vriendinnen van de overledene, ik zag ze tijdens het condoleancebezoek dat ik aan de familie bracht, ergens in een troosteloze en kleurloze buitenwijk van Tbilisi. Ze spraken niet over de doodsoorzaak maar ik had de indruk dat er drank of drugs in het spel was of dat het misschien een wanhoopsdaad geweest was. Zijn broer had juist die dag gehoord dat hij een verblijfsvergunning zou krijgen. Hij stelde zijn vertrek naar Nederland vanzelfsprekend uit tot na het verstrijken van de rouwperiode van veertig dagen. De vriendinnen namen contact met me op en vertelden dat ze de condoleancedagen als zeer zwaar hadden ervaren. Graag wilden ze, als manier om hun verdriet te verwerken, die plekken bezoeken die voor de overledene een bijzondere rol hadden gespeeld, zijn geboortestreek, zijn school en ook het zwembad waar hij jarenlang waterpolo had gespeeld. Dat bleek nota bene het zwembad te zijn waar ik twee keer per week te vinden was samen met Eduard. Ik leende beide dames zwemspullen en we gingen met zijn allen zwemmen. De badmeester Elgoedja had de jongen persoonlijk gekend en stelde het bijzonder op prijs dat de Nederlandse vrouwen het rouwproces op deze manier beleefden.

Misja ging onverminderd voort met zijn hervormingen. Hij had de rechtsprekende macht aangepakt en organiseerde samen met de American Bar Association examens voor de rechters waarin kennis van nieuwe wetteksten en de door Georgië ondertekende conventies en verdragen werd getest. De examenvragen werden verzegeld binnengevlogen, bij de examens zat op elke hoek een waarnemer, tot in de toiletten toe.

Toen mijn man echter ook het Parket en de ordebewaarders wilde gaan hervormen kreeg hij tegenwerking om 'budgettaire redenen'.

Af en toe werd die tegenwerking zo onverdraaglijk dat hij wel eens dreigde om een oppositiepartij te creëren die met de parlementsverkiezingen van het najaar van 1999 veel steun zou krijgen. Misja wist de internationale donoren aan zijn kant en de publieke opinie zou ook zijn kant kiezen. Maar hij bleef hoop koesteren dat de hervormingen, al was het met vertraging, vervolg zouden vinden.

Toch was het voor de vader van de wetshervormingen ook wel eens moeilijk om gewoon een burger te zijn die voor zijn rechten wil opkomen. In die tijd schoten de appartementencomplexen in de hoofdstad als paddestoelen uit de grond, er was een heuse bouw-*boom* ingezet. Bouwlicenties konden gewoon worden gekocht, men overschreed vaak het toegestane aantal verdiepingen om meer winst te maken en appartementen werden zelfs soms met valse papieren aan drie, vier of soms zelfs vijf eigenaren verkocht tot de projectontwikkelaar er met het geld vandoor ging. In onze eigen achtertuin waar jarenlang een stille bouwput had gelegen, begon men met heien en algauw werd de ene verdieping na de andere uit de grond gestampt. (Op een ochtend hoorde ik de werklieden 'Vieren! Vieren!' roepen, een term uit de zeevaartterminologie, rechtstreeks van het Nederlandse 'vieren'.)

Het project had vijf verdiepingen voorzien, maar het werden er elf. Er kwam geen straaltje zon meer ons huis binnen. Natuurlijk hadden we vanaf het begin moeten protesteren uit naam van de hele buurt maar mijn man leek het onverstandig dat te doen. Hij redeneerde: 'Als we al schadevergoeding krijgen, zeggen ze dat er sprake is van omkoperij en als de rechtbank de bouw stopt wordt er verklaard dat ik de rechter heb beïnvloed, een typische *no gain situation*.' Onze bovenbuurman probeerde op eigen kracht uit naam van de drie gezinnen die in ons pand woonden materiële compensatie te verkrijgen in de vorm van bouwmateriaal, dubbele beglazing en dergelijke wat hem gedeeltelijk, op basis van een contract, is gelukt. Onze duplex hebben we uiteindelijk met flink verlies verkocht. De lichtinval was nog maar minimaal en stof zorgde ervoor dat er in de tuin ook niets meer groeide, De enige kwee(k)perenboom die in de tuin stond zal nu ondertussen ook wel gecrepeerd zijn.

Terwijl Misja de kans kreeg om op uitnodiging van de Wereldbank het Aziatische continent te leren kennen en er *success stories* als Maleisië en Japan bezocht zat ik ondertussen niet stil: de activiteiten van mijn humanitaire stichting SOCO namen toe. Ik ging op zoek naar een kleine kantoorruimte en vond er een in Saboertalo. Een secretaresse zou van nu af aan enkele uren per dag aanwezig zijn om de telefoon te beantwoorden, brieven uit te sturen en acties voor te bereiden. Ik bood haar een bescheiden salaris maar betaalde dat – iets wat ik zelf in Amerika altijd zo op prijs heb gesteld – elke twee weken uit. Het is een gewoonte die ik tot op heden voer en waar mijn werknemers wel bij varen. Het is immers veel eenvoudiger en overzichtelijker om uitbetalingen te overbruggen als daar telkens twee weken tussen zit in plaats van een maand. Dankzij Nederlandse sponsors (vooral service-clubs, stichtingen en enkele bedrijven) konden we in 1999 een behoorlijk aantal liefdadigheidsacties uitvoeren. We hielpen een tandartsenpraktijk in Tbilisi aan apparatuur en boden tientallen ontheemde kinderen kosteloze tandheelkundige behandeling. We reisden ook af naar afgelegen bergachtige streken als Ratsja en Samtsche-Djavachetië waar we in totaal maar liefst duizend voedselpakketten aan alleenstaande ouderen uitdeelden.

Met een Italiaanse meelimporteur, Sergio genaamd, sprak ik af dat we voor de voedselpakkettenactie grote hoeveelheden meel direct uit de opslagplaats bij de douane zouden aankopen. Dat zou ons veel geld besparen, zodat we meer meel konden kopen. We hadden een document verkregen bij het Departement voor Internationale Humanitaire Hulp als bewijs dat we een lokale liefdadigheidsorganisatie waren en geen btw hoefden af te dragen.

De douanebeambte bij wie mijn collega en ik aanklopten om de documenten in orde te maken voor het vrijgeven van het meel uit de opslagplaats lag echter dwars. Hij stelde allerlei vragen over de invoer van het meel en vroeg bijkomende documenten om te tonen wat Stichting SOCO met het meel ging aanvangen. Ik merkte dat hier de keuze was: veel geduld oefenen en tien keer van het kastje naar de muur gestuurd worden of een bedrag op tafel leggen waarmee het benodigde document binnen een mum van tijd opgemaakt zou worden. Het spreekt voor zich dat geen van beide voor mij een optie was. Ik vroeg de man waar hij vandaan kwam. Ik hoopte stilletjes dat hij uit Ratsja kwam waar de pakketten naartoe zouden gaan maar dat bleek niet het geval. Toen legde ik hem uit dat zijn gedrag zou bepalen of de alleenstaande bejaarden vier of zes kilogram meel kregen en dat het zinloos was om allerlei barrières op te werpen.

De man hield voet bij stuk en ik besloot de Italiaan Sergio te bellen. Daar ik in het douanekantoor geen mobiele verbinding tot stand kon brengen liep ik naar buiten. Sergio was razend en vertelde me dat die doortrapte corruptie de reden was van zijn op handen zijnde vertrek uit Georgië. Mijn collega had ondertussen laten doorschemeren dat ik de vrouw van Saakasjvili was want toen ik kwaad terugkeerde was de ambtenaar plots poeslief en sprak over misverstanden en onduidelijkheden. Maar ik wilde niets meer. Ik mompelde iets van 'stokken in je eigen wielen steken' en knalde de houten deur keihard dicht. Mijn collega volgde en zei nog dat het voor elkaar was, dat we het document konden krijgen maar ik wilde nooit meer iets met de douane te maken hebben en zou alles gewoon in Georgië op de lokale markt kopen! Verder vertelde hij me dat terwijl ik buiten stond te telefoneren er een partij condooms en een partij pantykousen als humanitaire waar vrijgegeven waren wat me vanzelfsprekend nog vastberadener maakte om nooit meer een voet over hun drempel te zetten.

In Ratsja waar we vierhonderd pakketten zouden achterlaten, hadden we wat je noemt een akkefietje, nota bene met de groot-burgemeester die ons het jaar ervoor zo bijzonder in de watten had gelegd en op wiens zoons begrafenis ik geweest was. We kwamen er namelijk achter dat er op de lijst begunstigden die de sociale afdeling van het gemeentehuis ons had verstrekt heel wat namen van mensen stonden die of niet alleenstaand waren of bepaald niet onder de armoedegrens leefden. Toen we daar vlak voor de distributie in Ratsja over begonnen gaf dat nogal wat scheve gezichten, maar wij konden – bij gebrek aan een betere lijst – eigenlijk niet meer terug. We hielden een mini-monitoring van vijf procent van de begunstigden en waren niet ontevreden. We besloten de gok te wagen en startten de distributie. Van tijd tot tijd vroeg ik aan de personen die de pakketten op kwamen halen en hun handtekening plaatsten of ze wel alleenstaand waren en wie er voor hen zorgde. Een van de oudere dames reageerde bijna beledigd op deze vragen en toen ik aan een ander vroeg wie zij was kreeg ik te horen dat dit de moeder van de politiekorpschef was. Ik was razend en voelde me bedrogen. Na de afmattende distributie kregen we een diner aangeboden bij een van de lokale bestuurders; het was de verjaardag van zijn zoontje. Ook enkele rechters waren aan de dis uitgenodigd om bij de vrouw van de vader van de wetshervorming in een goed blaadje te kunnen komen. Ik weigerde categoriek om plaats te nemen aan deze tafel omdat ik vond dat de samenwerking absoluut niet goed was verlopen en ik ontevreden was met de lijst. Hoe kon ik, alsof er niets aan de hand was, toasten met de mensen die voor deze farce verantwoordelijk waren? Door rechtsomkeert te maken heb ik die familie en de lokale overheid diep beledigd, maar ik kon het niet over mijn hart verkrijgen te blijven. We veranderden ook van logeeradres.

De volgende dag kreeg ik de volle laag van de groot-burgemeester: ik had meer kwaad dan goed gedaan door naar Ratsja te komen en een chaos te creëren. Hij had mij een plezier willen doen door op mijn verzoek in te gaan om voedselpakketten uit te delen maar eigenlijk had niemand om die pakketten gevraagd. Nu was de maat vol! Hoe durfde hij zich zo uit te laten in naam van die tientallen ouderen voor wie dat voedselpakket wel veel betekende! Ik vertrok stampvoetend. Pas enkele jaren later sprak ik de man die ondertussen parlementslid geworden was weer aan. Over het voorval repten we met geen woord meer.

Begin september 1999 werd er een twintig minuten durend interview met mij als 'vrouw van' op het eerste net uitgezonden. De reacties waren overweldigend: ik sprak al zo goed Georgisch, was zo'n vlotte leuke meid, had humor... Half oktober werd het interview nogmaals uitgezonden. Dat was perfecte timing in verband met de parlementverkiezingscampagne die inmiddels volop was losgebarsten.

Maar het andere kamp verspreidde het gerucht dat mijn vader Misja's campagne financierde. Ik schreef het hem: 'Pa, ga er maar aan staan, dat gaat je tientallen duizenden dollars kosten!' Ook werden er foto's van ons huis verspreid met achterop de tekst dat het hele pand van ons was en dat wij zogenaamd zouden proberen de corruptie te bestrijden... Dat er in dat drie verdiepingen tellende huis met drie verschillende ingangen en telefoonnummers drie gezinnen wonen zou bij de journalisten toch vragen hebben moeten oproepen. Kortom, de roddels werden steeds smeriger.

Om er even tussenuit te gaan reisden Eduardje en ik met mijn moeders schildersgroep mee naar Bourgondië. In het Département le Yonne, het pittoreske plaatsje Noyers-sur-Serein, konden we tot rust komen. We roeiden, fietsten, maakten zelfs een dagtrip met de trein naar Parijs en keken naar de schilderende dames. Soms las ik Eduard voor, soms las ik voor mezelf. Ik had mijn 'puberbijbel' meegenomen, *Niet morgen maar nu*, een boek van de Amerikaanse psycholoog Wayne W. Dyer, vertaald uit het Engels. Ik las daar nog maar eens in hoe je dankzij een andere kijk op het leven een efficiënte manier van behoeftebevrediging kunt bereiken.

Tijdens een van de diners, onder het genot van – jawel – een Bourgondisch wijntje, stelde ik de groep voor om ook eens een schildervakantie in Georgië te overwegen.

–Mama, weet je wat een droom is?
–Nou, wat is een droom?
–Dat is als je iets anders ziet en je je toch nog in je bedje kunt omdraaien.

Toen we thuiskwamen merkte ik dat Eduard probeerde zijn 'koningschap' of 'prinsdom' te herstellen; hij wilde opnieuw het middelpunt van de belangstelling zijn, wat in Frankrijk niet constant het geval was. Hij probeerde te commanderen en dingen mochten niet te lang duren anders ging hij bokken. Ik waarschuwde onze oppas Nasiko dat ze niet te veel moest toegeven.

Begin oktober sloeg de verkiezingskoorts toe: eind die maand stonden de parlementsverkiezingen gepland. Misja stelde zich kandidaat als partijloos parlementslid voor het kiesdistrict Vake (zeventigduizend inwoners). Dit kiesdistrict beslaat een wijk in de stad die deels als 'elitair' bekend staat en deels behoorlijk verpauperd is. Het accent in de campagne kwam duidelijk op de torenflats op de verschillende plateaus in het verpauperde gedeelte te liggen. In het elitaire deel aan de Chavchavadzelaan, om de hoek bij het Nederlands consulaat had Misja zijn hoofdkantoor waar – voor het eerst in de geschiedenis van Georgië – kamergrote foto's hingen van de kandidaat. Misja's slogan luidde: 'Georgië zonder corruptie'. Een van de hoofdpunten van zijn verkiezingsprogramma was strijd tegen illegaal verkregen eigendom waarbij het de bedoeling was dat er een wet ingediend zou worden die hooggeplaatste ambtenaren zou dwingen hun eigendommen aan de staat af te staan indien zij niet konden aantonen waar het kapitaal vandaan kwam. Misja nam journalisten mee naar enkele buitenwijken van Tbilisi die naar zijn zeggen niet onderdeden voor Hollywood en waar hele rijen paleisjes op naam stonden van politiechefs, gevangenisdirecteuren, ministers of hun naaste familieleden.

Ook de hoofdboswachter kreeg het aan de stok met mijn man in verband met illegale kap van bos in Tsqneti, dat deel uitmaakte van het stadsdeel waarvan Misja gedeputeerde wilde worden. 's Nachts werd er benzine op de stammen en wortels van hele rijen dennen en iepen gegoten om overdag plaats te maken voor nog meer 'pracht en praal'. Misja eiste het onmiddellijke aftreden van de boswachter. Toen de man door journalisten benaderd werd stuurde hij zijn herdershonden op hen af, nam filmcamera's in beslag en begon als waarschuwing in de lucht te schieten. De politie greep niet of nauwelijks in. Zij zat ook in het complot. Toch was dit goede publiciteit voor Misja's campagne: hij kon hiermee op een heel concrete manier laten zien dat hij enerzijds niet bevreesd was om zich in te zetten voor een rechtvaardigere verdeling van macht en middelen en dat hij anderzijds in die strijd tegen corruptie en machtsmisbruik te maken kreeg met lieden die zich op onorthodoxe wijze vastklampten aan hun verworven goed. De man zou echter pas in 2003 van zijn functie ontheven worden. In 2004 werd nog een tiental woningen van hem geconfisceerd.

Ik had een aanzienlijk aandeel in de campagne. Ik was 's morgens vroeg uit de veren om op drukke punten op straat foldertjes uit te delen, bijvoorbeeld in winkels, bij een metrostation of bushaltes. Ook bezocht ik buurtcentra, scholen en peuterspeelzalen, soms met een paar clowns erbij die de kinderen vermaakten. Na mijn zegje gedaan te hebben dromden de mensen zich om me heen om me een verzoekschrift in handen te duwen of om me ronduit te vragen of ik geen verwarming voor de kleuterschool kon regelen, een nieuwe buslijn kon instellen, een operatie voor een ziek kind kon bekostigen of een stokkende lift of lekkend dak kon repareren. Natuurlijk konden we weinig doen maar soms was een kort telefoontje naar de juiste persoon toch genoeg om een benadeelde te helpen of in ieder geval licht op de zaak te werpen. Ik merkte wel dat mensen nog niet voor hun rechten konden opkomen. Dat er nog te veel afhing van status en connecties en dat de mensen hoopten dat ik hun problemen kon oplossen omdat men mij respecteerde en tegen me opkeek. Omgaan met individuele verzoekschriften aan mijn adres heb ik altijd het moeilijkste gevonden. Vaak is zo'n smeekbede een noodkreet, hoop die bijna vervlogen is, een laatste poging om aandacht te krijgen. Dat besef ik maar al te goed. De mensen hebben pen, papier, tijd en moed bij elkaar gezocht om de brief zo goed en overtuigend mogelijk op te stellen en ze mogen er dan ook vanuit gaan dat hij serieus gelezen wordt en niet door een politiek gekleurde bril. Ik probeer altijd alles en iedereen duidelijk te maken dat politieke voorkeur voor mij niet van betekenis is, dat ik de kwetsbaarsten probeer te bereiken of die nu democraat, communist, zviadist, laborist of niet partijgebonden zijn.

Toen ik een keer foldertjes aan het uitdelen was op het Instituut voor Vreemde Talen en Culturen riep een van de studentes uit terwijl ze de brochure met mijn mans foto tegen zich aandrukte: 'O, mijn liefde, mijn leven!' en ik zei met een lach: 'Nee, de mijne!' maar besefte toen ik het zei en zag dat zij zich realiseerde wie ze voor zich had, dat die tijd voorbij was. Dat Misja ondertussen al zo populair en publiekseigen geworden was dat ik bijna geen recht van spreken meer had. Dat politiek vóór gezinsleven ging daar was ik al een tijdje achter. En zoals ik al eerder schreef, had ik dat geaccepteerd omdat Misja zo hard werkte voor het land waar ik zoveel van was gaan houden. Toch blijft het pijn doen in het hart als je man – tegen de verwachtingen in – kiest voor een nieuwjaarsviering in een bejaardentehuis en niet gewoon thuis blijft, gezellig bij opa en oma, zonder camera's erbij.

Misja's rivaal in Vake was de heer Salaridze die in de vroege opiniepeilingen tien procent voor stond. Deze man was tijdens de Sovjettijd vice-minister van Binnenlandse Zaken geweest en had recentelijk een hoge post bij de politie. Na een week stonden ze in de peilingen al gelijk, Misja had de juiste tactiek gekozen en begon terrein te winnen. Er waren zelfs notarissen, artsen en ambulancediensten in Vake die hun diensten gratis beschikbaar stelden ter ondersteuning van Misja's verkiezingscampagne. Hij deed enkele harde uitspraken richting Adzjarië waar volgens hem een deel van de campagnefinanciering van zijn rivaal vandaan kwam. De spanning steeg, de confrontatie werd harder en toen onze auto werd aangereden begon ik echt bang te worden. Ik schreef op 7 oktober van dat jaar aan mijn ouders:

'Ik begin bang te worden. Onze Niva is aangereden door een kleine vrachtwagen zonder nummerplaat in een buitenwijk van Tblisi toen Misja net de auto ingestapt was die langs de trottoirrand geparkeerd stond. Hij had net iets in een kiosk gekocht en stapte in, wilde starten en werd geraakt. Gelukkig heeft hij zelf niets, is alleen geschrokken. Het vrachtwagentje reed door. Het staat in alle kranten en was op televisie. Misja onthoudt zich van commentaar maar zegt dat niemand hem bang kan maken. Ik leg een en ander in verband met zijn uitspraken ten aanzien van Adzjarië van de laatste dagen (waarin hij zijn rivaal ervan beschuldigt daarvandaan gefinancierd en gestuurd te worden). Misja praat eroverheen. Ik als nuchtere Hollandse voel dat er iets niet klopt. Ik kreeg een paar dagen geleden een vreemd telefoontje uit Batoemi van een Nederlander die blijkbaar met een familielid van Aslan Abasjidze getrouwd is, de leider van de autonome republiek Adzjarië. Hij nodigde me uit voor een conferentie in Batoemi over een thema waar ik in de verste verte geen voeling mee heb. Hij stelde ook heel veel vragen over mij persoonlijk. Hoe ik zo in Georgië verzeild was geraakt en dergelijke. Ik hield me op de vlakte want ik voelde natte voeten. (...) Ik weet niet wat ons de komende vijfentwintig dagen nog te wachten staat, wel weet ik dat ik voor ons huis de komende vier weken bewaking wil. Ik zou het mezelf nooit vergeven als er iets gebeurde (bij ons is het immers niet moeilijk binnen te komen/klimmen) dat ik van tevoren wel degelijk heb voelen aankomen en had kunnen vermijden (of in ieder geval het risico verminderen). Onze telefoon wordt honderd procent zeker afgetapt. (...) Lig er niet wakker van, dat doe ík wel. Als het te gek wordt gaan we 'onderduiken' bij Mzia of Giuli tot het over is. Ja, de vrijheid, blijheid is nu ver te zoeken. Alles moet nu onder een vergrootglas gelegd worden en ik voel dat elke stap die ik zet en elk woord dat ik uitspreek tegen me gebruikt kan worden. Het is geen gemakkelijke opgave. Beter te voorzichtig dan onbevreesd.'

Enkele dagen later was het weer prijs: onze Honda werd aangereden. Die was weliswaar niet meer van ons, al ongeveer een maand eerder had ik hem aan een particulier verkocht (overgegaan op een praktischere Lada Niva) maar hij stond geparkeerd en toen de eigenaar terugkwam vond hij hem gedeukt, vanachter aangereden, kofferbak en achterlichten kapot, linkervleugel ingedeukt. Ik heb twee jaar in die blauw-metallic auto, uniek in Tbilisi, rondgereden en het kenteken was bekend in de stad. De auto werd naar onze buurman Noegsar, uitdeuker van beroep, gebracht en wij haalden de pers erbij om dit vast te leggen. De agressor was volgens ooggetuigen opnieuw de mysterieuze vrachtwagen zonder kentekenplaten geweest.

Het ging ook deze keer niet om ons maar om ons angst aan te jagen, terreur te zaaien. Al die zenuwen en twijfels zijn inderdaad afmattend en deprimerend. Het kan natuurlijk ook altijd nog toeval geweest zijn. Maar vanaf de dag erna kregen we dan toch eindelijk bewaking voor ons huis en voor het verkiezingskantoor. Thuis betekende dat dat er van 's avonds laat tot 's morgens vroeg een ongewapende man in een klein kioskje met een peertje en een straalkacheltje op een stoel zat met een bordje brood, kaas en wat fruit dat hij van mij toegestopt kreeg. Misja zei dat we waarschijnlijk niet meer van die bewaking zouden afkomen en bedoelde daarmee dat het alleen nog maar noodzakelijker zou worden. Zeker als hij zijn slogan 'Georgië zonder corruptie' werkelijkheid wilde laten worden, waar hij hoegenaamd geen vrienden mee zou maken. Ik betrapte mezelf er steeds vaker op eraan te denken hoe ik van het balkon zou moeten afspringen en of het niet verstandiger zou zijn om daar een touw neer te leggen (net zoals mijn vader op mijn eerste 'kot' in Brussel op een zolderkamer een touw aan de poot van mijn bed had vastgemaakt voor als er brand zou uitbreken). Ons balkon zou eigenlijk ook getralied moeten worden, met de mogelijkheid om het traliewerk overdag te openen om de was aan de waslijnen te hangen.

De spanningen werden me vermoedelijk te veel. Ik kwam twee dagen op bed te liggen, mijn maag was van streek. Ik dronk naar Georgische gewoonte zonder in te ademen een grote hoeveelheid water met keukensoda erin opgelost wat tot braken aanzet. Ik kreeg er ook koorts bij. Had ik dan ook nog een virusje te pakken?

Behalve de spanning rondom de verkiezingen was er ook de oorlog die woedde in de Russische Federatie, net over de noordelijke grens van Georgië. Een van de Noord-Kaukasische republieken, Tsjetsjenië wil zich al jaren van Rusland afscheiden. Van december 1994 tot zomer 1996 had een eerste gewapend conflict plaatsgevonden. De tweede helft van 1999 laaide de strijd weer op en had Rusland opnieuw zijn handen vol aan deze om hun strijdlust bekend staande Tsjetsjenen. Ze vormen in verhouding slechts een kleine groep strijders, maar ze vechten tot het bittere eind door en schuwen geen enkel middel – denk aan de terreuraanslagen in Moskou. In dit conflict trek ik geen partij, waar er twee vechten hebben er twee schuld. Ook Georgië trekt geen partij en geeft de hoop niet op dat er pacifistischere manieren bestaan om tot een vorm van samen-leving te komen. In 2002 heb ik in Parijs de film *Kavkazski plen* gezien die heel goed weergeeft hoe een oorlog afhangt van menselijke keuzes en opoffering voor je land of je strijdmakker. Een van de hoofdrollen werd prachtig vertolkt door de Georgiër Djemal Siqaroelidze.

Duizenden Tjsetsjenen vluchtten de zuidgrens naar de Georgische Pankisivallei over. Deze kloof in de streek Kakhetie wordt al zo'n honderdvijfenzeventig jaar bewoond door duizenden zogenaamde *Kisten*, een oorspronkelijk Tsjetsjeense bevolkingsgroep die intussen in de Georgische samenleving geïntegreerd is. In de zestien dorpen die zij bewonen vingen ze honderden familieleden en verwanten uit het met oorlog geteisterde Tsjetsjenië liefdevol op. Ook momenteel zijn er nog zo'n ruim tweeduizend Tsjetsjeense vluchtelingen op Georgisch grondgebied waar lokale en internationale hulporganisaties proberen met juridische, medische en materiële hulp hun leven draaglijker te maken.

Helaas was de Pankisivallei in die tijd een streek waar de Georgische autoriteiten weinig in de melk te brokkelen hadden, een streek ook gekenmerkt door smokkel en illegale handel. Vanwege het gebrek aan orde en controle was dit de vallei waar het spoor van autodiefstal en ontvoeringszaken vaak heen leidde. Tijdens Russische offensieven op Tsjetsjeense doelwitten werden er helaas ook boven Georgisch grondgebied bommen afgeworpen – in een periode van drie jaar zou het aantal schendingen van het Georgische luchtruim zelfs tot vijftien keer toe plaatsvinden. De reactie van de Georgische overheid was krachteloos en wekte waarschijnlijk in

Moskou alleen nog maar meer minachting op voor de machthebbers in Tbilisi. De veiligheidssituatie in Tbilisi en omstreken werd er hoegenaamd niet beter op. Er werden veel extra beveiligingsmaatregelen genomen.

Twee jonge kunstenaars, de gebroeders Z., gingen in deze tijd op zoek naar afleiding en avontuur in de Pankisivallei waar hun zogenoemde 'vrienden' ze uitleverden aan een groep bandieten die vervolgens voor hun vrijlating losgeld eisten. Zij lieten Giga en zijn broer de keus wie er vrijuit mocht gaan om het nieuws aan de familie Z. over te brengen. Zo heeft Giga maar liefst een jaar doorgebracht in handen van Tsjetsjenen in de Tsjetsjeense hoofdstad Grozny. Het verhaal gaat dat president Sjevardnadze uiteindelijk druk heeft uitgeoefend op het militaire gezag in Tsjetsjenië tijdens een bezoek van een van hun leiders aan Georgië waardoor Giga uiteindelijk vrij werd gelaten. Zelf vertelde hij me dat het ensceneren van ontvoeringen in de Noord-Kaukasus een bloeiende business is. Een groep mannen is belast met de ontvoering zelf, een tweede groep (gezinnen) met het 'onderhouden' van de ongelukkigen en een derde groep staat in voor de communicatie en de onderhandelingen met de familie of werkgever. Het is een lucratieve business want een bepaald percentage van de gedupeerde families betaalt en daarmee wordt de machinerie draaiende gehouden en worden flinke winsten opgestreken. Dat klinkt cru maar gaat echt zo. Giga vertelde me (en hij heeft zijn verhaal ook aan *Vrij Nederland* verteld) dat hij soms alleen in een kelder zat en soms in een kamer of op een vliering waar hij zelfs van zijn boeien ontdaan werd en op bestelling moest schilderen. Maar soms werd hij ook – letterlijk als een hond – in de hoek van de huiskamer van een gezin vastgebonden en getolereerd met af en toe een bord restjes voor zijn neus. Het gezinsleven in de huiskamer ging gewoon door. Giga pikte in dat jaar veel op van de Tsjetsjeense taal. Na terugkeer heeft hij de draad weer gewoon opgepakt, is een opleiding aan de Georgische militaire academie (kadettenschool) begonnen en heeft hij daarop in Duitsland taalonderwijs genoten. Recentelijk is hij naar een vredesmissie in Bosnië vertrokken.

Sophia was mijn Franse collega en vriendin bij het Internationale Rode-Kruiscomité. Zij tolkte voor de organisatie in gevangenissen en haar zoon Dimitri (toen negen jaar oud) was eens onder mijn hoede van Moskou naar Tbilisi mee teruggevlogen. In juli 1998 zag ik Sophia nog op de '*quatorze juillet*-receptie' van de Franse ambassade in Tbilisi, enkele dagen later werd ze met haar collega en Georgische chauffeur in de Pankisivallei ontvoerd. Ze werkte namelijk de laatste paar maanden in de vallei waar veel vluchtelingen uit Tsjetsjenië een veilig(er) onderkomen hadden gezocht. Het Internationale Rode-Kruiscomité legde allerlei collectieve voorzieningen aan in de provisorische vluchtelingenkampen. Haar missie zat erop, het was bijna zomervakantie en ze briefde haar Zwitserse collega om haar taken over te nemen. Hun jeep liep in een hinderlaag en werd afgenomen. Ze moesten kilometers met een wapen in hun rug door de velden lopen en werden uiteindelijk in een kelder gedumpt. Midden in de kamer stond een emmer voor de behoeften. Ze zouden acht dagen in die kelder verblijven voordat het Rode Kruis met de ontvoerders tot een vergelijk kwam. Toen ik het bericht van haar ontvoering kreeg kon ik er niet van slapen en heb ik een hele nacht door aan een brief geschreven. Later vertelde ze me dat ze de levenservaring die ze door de ontvoering had opgedaan eigenlijk niet gemist had willen hebben. Een en ander had haar kijk op het leven zeer ingrijpend veranderd. Ze gaf haar relatie op en vertrok met haar zoon naar een ander werelddeel voor de volgende missie: Sri Lanka. Een ander detail dat me bijgebleven is, is dat Dimitri na haar vrijlating zijn handtekening aan het oefenen was omdat zijn moeder 'toch op tv geweest was en nu een ster was...'

Een andere, veel gecompliceerdere en langdurigere ontvoeringszaak was die van de Britse bankier Peter Shaw die voor de Europese Unie werkte en wellicht in niet helemaal zuivere praktijken financieel voordeel had behaald. Zijn ontvoerders waren hoogstwaarschijnlijk Tsjetsjenen en Georgiërs. Na vier maanden onderhandelingen en flink wat dreigementen van de Europese Unie om bepaalde hulpprogramma's stop te zetten werd de man vrijgelaten. Er was losgeld gevraagd en de omstandigheden waaronder hij werd vrijgelaten werden in het algemeen als zeer onduidelijk ervaren. Naar eigen zeggen heeft de man vier maanden in een gat in de grond doorgebracht waar hij zijn benen niet kon strekken.

Een dag na zijn vrijlating huppelde hij echter met een baby op zijn arm de vliegtuigtrap van British Airways op. Met een beetje logica kan gesteld worden dat er hoogstwaarschijnlijk een deal is gesloten tussen de Georgische overheid en Peter Shaw zelf. De Georgische televisiekijkers zijn er in ieder geval van overtuigd dat ze door de overheid en de media voor de gek zijn gehouden.

Natuurlijk gingen al deze horrorverhalen me niet in de koude kleren zitten en varieerde ik heel bewust mijn rijroutes en ging telefonisch niet te gedetailleerd in op Misja's of mijn verplaatsingen. In Nederland en België had ik vergeefs naar een *pepper spray* gezocht om toch in ieder geval een weermiddel te hebben voor als ik ooit eens met een of andere vorm van agressie te maken zou krijgen. Uiteindelijk vond ik een self defense spray met dubieuze inhoud in de jagerszaak aan de Roestaveliboulevard. Ik liet er in mijn handtas een speciaal vakje voor maken maar gelukkig heb ik de spray nooit gebruikt. Het gaf wel een bepaald gevoel van veiligheid. Ik heb hem één keer aan een angstige dame gegeven die dacht dat ze gevolgd werd en dat men het op haar en haar zakenpartner gemunt had.

Een week voor de parlementsverkiezingen kreeg ik een brief van mijn oom Karel. Hij reageerde op een van mijn rondschrijfbrieven aan familie en vrienden en was, zoals altijd, heel origineel in zijn bewoordingen. Ik citeer een stukje uit zijn brief die in deze wel heel spannende tijden veel goed deed.

'(...) Al uit de eerste zinnen van je brief, Sandra, blijkt je reiservaring. Bewonderenswaardig toch en merkwaardig ook, dat uit zo'n honkvaste familie, wat de Van der Poelen en de Roelofsen in de grond van de zaak toch zijn en ook zullen blijven, twee van die nieuwsgierige wereldreizigers ontspruiten als jij en Egbert. De één is neergestreken tussen de Zwarte en de Kaspische Zee en de ander is barrevoets in Nepal waargenomen! Vermoedelijk zal jullie nageslacht bestaan uit ruimtereizigers.

De verwikkelingen zoals je die beschrijft omtrent de verkiezingen in Georgië, liegen er trouwens niet om. Materiaal voor een documentaire lijkt me. Ik hoorde van je moeder dat jullie auto (en zelfs de vorige) mikpunt zijn van intimidatie. Je moeder zal je denkelijk wel regelmatig manen om toch vooral ook voorzichtig te zijn, ik zal dat hier dus nala-

ten. Ik hoop natuurlijk dat de verkiezingen van 31 oktober gunstig voor Misja uitpakken en jullie weer in wat rustiger vaarwater terechtkomen waarin het goed peddelen is. Tussen de regels door, in je beschrijving van de verkiezingscampagne, bespeur ik, dat jullie je redelijk, humaan en eerlijk opstellen, wat het credo van een volksvertegenwoordiger behoort te zijn, dunkt me.

Wat er ten slotte nog aan vermeldenswaardig nieuws uit deze contrijen valt te vermelden is bitter weinig. Zoals je weet is Nederland overbevolkt (zeventien miljoen op een paar weilanden), daarnaast is het te ruim voorzien van geldmiddelen. Zou het geen goed idee zijn van onze regering, om bijvoorbeeld een land als Georgië te adopteren als afgezet gebied voor kennis en geldmiddelen en overige zaken waaraan hier te veel is en bij jullie te weinig? Alles waar het hier van overloopt, stroomt bij jullie naar binnen. Zodat over pakweg vijfentwintig jaar beide landen gelijkwaardig zijn in alle belangrijke opzichten. Samen namen beide landen dan weer een ander (groter) land voor hun rekening. (...)'

Uit de opiniepeilingen bleek dat Misja zijn initiële achterstand flink had ingehaald. Ook in het televisiedebat tussen beide rivalen kwam Misja als sterkste naar voren wat zijn kansen nog een aantal procenten deed stijgen. Ikzelf trok de laatste week mijn stoute schoenen aan door doodgewoon naar een verkiezingsbijeenkomst van Misja's rivaal te gaan in het Vakepark. De echtgenote van Saloridze pakte het sportief op: ze overhandigde me bloemen en feliciteerde me alvast. Voordat de zoemende camera's me gevonden hadden was ik alweer weg, maar honderden toegestroomden hadden toch gezien dat ik me in het hol van de leeuw begeven had. Na Misja's klinkende verkiezingsoverwinning in stadsdeel Vake werd onze bewaking opgeheven en het kioskje weggehaald. Misja was nu afgevaardigde met een districtszetel, dat legde meer gewicht in de schaal dan een reguliere meerderheidszetel: hij sprak direct uit naam van zeventigduizend kiezers en was vastberaden zijn kiezers tevreden te stellen en zich voor de volle honderd procent in te zetten voor stadsdeel Vake.

Ik was na de positieve uitslag van de verkiezingen toch niet gerust. Ik had last van mijn zenuwkuchje veroorzaakt door een vernauwde luchtpijp en had spanningshoofdpijn achter de ogen die normaal slechts opdook als ik tijdgebrek had voordat er gasten zouden komen. Het leek wel of ik een bepaalde spanning in de lucht voelde hangen. Vermengd met een wanhopig gevoel van angst voor de komende wintermaanden omdat Georgië er zo bijzonder slecht voor stond en er – letterlijk en figuurlijk – bijna geen lichtpuntjes waren: in de meeste wijken was geen stroom overdag, de prijzen van gas en stookolie bleven stijgen, er was oorlog aan de grens en de criminaliteit in de hoofdstad had een alarmerende omvang aangenomen. Misja zei tijdens een spraakmakend interview op het eerste net dat de minister van Brandstofvoorziening en Energiezaken meer weg had van een elektricien dan van een minister en dat-ie maar op moest stappen. Waarop de minister in kwestie naar Sjevardnadze stapte om over zulks zijn beklag te doen. De president sprak: 'Als ik in jouw schoenen gestaan had was ik allang opgestapt,' en tekende zijn ontslagbrief. Misja had veel meer invloed en aanzien dan we beseften... En het was dan ook geen uitzondering meer dat mensen tegen me zeiden dat Misja president moest worden. Ik dacht dan bij mezelf dat men in het huidige Georgië een verstandige persoon nooit de kans zou geven zo ver te komen of vroeg me stilletjes af waarván hij dan wel president moest worden nu het land er zo verbrokkeld en stuurloos bij lag.

Het werd november en het kwik daalde flink. Op 17 november kuste ik Misja wakker om hem aan onze trouwdag van zes jaar geleden te herinneren toen we via de New York Subway naar het gemeentehuis reden. Misja was het ermee eens dat Eduard en ik na deze zware en emotionele maanden een vakantie verdiend hadden. Zelf had hij daar helaas geen tijd voor. De laatste week van november trokken moeder en zoon dus naar de het in de dennenbossen gelegen park-kuuroord Likani in centraal-Georgië waar we trouw uit de grond opspuitend zwavelhoudend mineraalwater dronken vóór de maaltijden, massages namen en vooral veel wandelden. Misja kwam ook een middag op bezoek en toen we bij de bron aan het drinken waren, zei een oud bijna tandeloos vrouwtje: 'Ooo, dat-ie daar tijd voor vrij kan maken...' Zo kun je het natuurlijk ook bekijken!

Ook het heerlijk avondje van Sinterklaas bracht wat afleiding. We vierden het met een vijftiental Nederlanders bij een koppel thuis, lekker pepernoten eten bij de open haard en liedjes begeleiden op de vleugel. Eduard vond het Sinterklaasfeest als vierjarige prachtig en was niet eens bang voor Zwarte Piet want 'die gaf toch pepernoten en cadeautjes en deed steeds maar van die grappige dingen en liep zo heel voorzichtig met grote stappen net als een clown en zwaaide alleen maar een keer met zijn roe toen de volwassenen onder Sinterklaas' toespraak aan het babbelen waren!' Dat de Sint Nederlands sprak vond hij heel bijzonder en wat was hij blij met zijn Ernie- en Bertkalender, broodtrommeltje, schetsblokken en verf, autootje en snoepgoed.

Mama lustte geen kweepeer maar Eduard wel. 'Ja jij bent een Nederlandse dus daarom lust jij die niet, ik wel, ik ben een Georgiër.' De volgende dag had hij een niet zo lekkere kweepeer getroffen en zei: 'Hè, bah, vandaag ben ik Nederlander, ik wil deze niet!'

We keken naar Eurosport, gewichtheffen en slalom, en Eduard zei:

– Weet je wie er wint?...
– ...?
– Wie ook onder de sneeuw durft!

En toen ik bij gewichtheffen net had uitgelegd waarvoor magnesium gebruikt werd zei hij:

– Waarom doet deze niet meer met die suiker?

Even later deden we het na: we speelden dat een stok de baar was en dat Eduard de gewichtheffer was en met zijn gezicht moest laten zien dat het wel heel erg zwaar was. Hij deed het bijzonder goed, in etappes, eerst door de knieën, dan tot de lies, dan omhoog en armen gestrekt, de stok laten vallen. Toen pakte hij de stok opnieuw en zei: 'Nu nog 's voor wie het niet gezien heeft misschien...', doelend op de herhaling in slowmotion.

Eduard had een goed analytisch vermogen. Als ik dacht dat hij iets saai vond of niet zat op te letten (zoals bijvoorbeeld tijdens een klassiek concert) bleek dat hij wel degelijk alles en iedereen heel goed had zitten observeren. Dan deed hij thuis de dirigent, de solist en het koor zo treffend na, met stem, mimiek en gebaren dat ik er versteld van stond. En hij had ook zo'n plezier in het imiteren van politici dat ik het niet kon nalaten aan mijn ouders te schrijven dat 'die kleine Saakasjvili nog wel eens op de planken komt als de Georgische André van Duin of Youp van 't Hek.

Toen hij een keer terugkwam van een balletvoorstelling van de prima ballerina van Nino Ananiasjvili van het Moskouse Bolsjoi-theater hadden we het volgende gesprek:

–Hoe was het ballet?
–Goed.
–Waren het alleen maar meisjes of ook jongetjes?
–Ja, ook jongens.
–Grote of kleine jongetjes?
– Grote, maar niet zo groot als papa (terwijl hij op zijn buik wees), niet zo groot hier.

Misja zat in een dip, niet alleen omdat hij zijn geliefde kiezers niet zo snel als hij wel gewenst had tevreden kon stellen maar ook omdat door de diepe economische crisis alles in het geding leek te komen. Uit die tijd stamt Misja's uitspraak dat helemaal geen hervorming nog altijd beter is dan een halve hervorming. De eerlijke en examenbestendige rechters zouden zich wel eens kunnen bedenken nu ze al drie maanden geen salaris meer ontvangen hadden, en ook het leger had al acht maanden geen *tetri* gezien en zou waarschijnlijk niet vies zijn van muiterij of omkoping. Allemaal factoren die het leven onzekerder maakten en onze dagelijkse beslommeringen onbenulliger. Ik hoopte maar dat bevriende landen Georgië zouden steunen om de status quo in ieder geval te handhaven en om stapje voor stapje de mensen om te vormen tot mondige burgers die een goed bestuur en transparant beleid eisen. Maar dat had tijd nodig en wie zou de Georgiërs helpen overleven in die overbruggingsperiode?

Ik vroeg mijn schoonvader Nika wat ik met mijn zenuwkuch aan moest, die maar niet overging. Hij schreef valeriaandruppels voor en zei dat ik elke ochtend een wisseldouche moest nemen, warm-koud-warm en eindigend met koud, vervolgens flink afdrogen met een ruwe handdoek, in een warme badjas stappen en zeker een kwartier uitrusten. Dat deed me denken aan de vijfde klas van het atheneum toen ik me fysiek wilde voorbereiden op het moeilijke studiejaar en op de eindexamens die daarna zouden volgen en ik elke ochtend een ijskoude douche nam. Ik volgde Nika's advies op maar de spasmen in mijn luchtpijp bleven. Ik kreeg te weinig lucht en hoeste vaak, ook deels uit gewoonte. Tot die vrijdagavond 10 december 1999, waarop Misja ontkwam aan een fysieke afrekening nabij ons huis. Men had het niet op zijn leven gemunt maar wilde hem in elkaar slaan als waarschuwing, berisping voor enkele felle media-uitlatingen aan het adres van de leidster van de nationaal-democratische partij. Ik stond er bovenop en heb alles gezien, ook al was het donker.

Ik kwam terug van het consulaat, had een collega naar huis gebracht en reed om ongeveer kwart over zeven onze pikdonkere straat in. Ik zag voor onze garagedeur een grasgroene-metallic auto staan, met het binnenlicht aan. De chauffeur had veel grijs haar met nog net een paar zwarte strengen erdoorheen. Ik had de auto noch zijn berijder eerder gezien. Precies aan de overkant van de straat stond een mij bekende donkerblauwe Mercedes, van een buurjongen, die ook zijn binnenlicht aan had geknipt. Ik groette en knipperde met mijn koplampen om aan de groene auto duidelijk te maken dat ik mijn garage in wilde. De man reageerde niet. Toen stak ik mijn knipperlichten aan en deed zelfs het portier open om met mijn arm naar mijn garage te wijzen. Ik wilde in de stille straat mijn claxon niet onnodig gebruiken. Uiteindelijk reed de man enkele meters achteruit en kon ik mijn Niva voor de garage kwijt. Ik stapte uit, pakte mijn drie tassen en sloeg het portier dicht. Ik herinner me nog goed dat ik mijn schouders ophaalde en mijn armen zijwaarts bewoog om de buurjongen aan te geven dat ik er ook niks aan kon doen dat hij opzij had gemoeten. Hij knikte. Ik draaide me om, schakelde het autoalarm in en liep naar de donkere gesloten voordeur. Op dat moment zag ik Misja tussen de jeep van onze Duitse buren en een andere auto staan, hij was net midden op de weg uit de Chevrolet gestapt, ik kon slechts aan zijn postuur zien dat hij het was. Ik zei: 'Ben je er al?' Op dat moment kwam er een jonge man van ongeveer één meter vijfenzeventig op hem af met de woorden: '*Erti tsoeti*' ('Wacht even'). Misja wachtte, ik kon de man zien dankzij de koplampen van de witte Lada waar hij uit was gestapt. Hij had een lange groenige regenjas aan. Ik dacht dat het gewoon een klas- of studiegenoot van Misja was die een verzoek aan hem had zoals zo vaak gebeurde. Misja zou hem vast snel even antwoorden dat hij morgen met de secretaresse moest bellen om een afspraak te maken en ik wachtte dus even. De man kwam dichterbij en begon ineens met beide armen op Misja's hoofd in te hakken. Misja had een prima reactie en stoof achteruit, van de ene op de andere voet springend om de man te ontwijken. Ik prentte eerst en vooral het kentekennummer van de auto in mijn hoofd. Toen draaide ik me naar de vechters toe om en probeerde om ze uit elkaar te krijgen. Dat lukte gedeeltelijk. Later bleek dat de man Misja's blazer bij de hals kapot had getrokken. Die lag voor de gesloten voordeur op het trottoir. Er stond nog zeker één en misschien zelfs wel twee mannen bij de auto die het gevecht volgden, maar niet tussenbeiden kwamen. Misja rukte zich uiteindelijk los, het was allemaal een kwestie van een paar seconden en tussen de auto's door rende hij naar zijn Chevrolet die nog met draaiende motor midden op straat stond. De chauffeur, ook een Misja, had de deur aan de passagierskant al opengedaan en trok al op terwijl Misja in de auto sprong die vervolgens wegstoof. Toen de tweede auto moest wachten tot de agressor weer ingestapt was bukte ik me en prentte ik me het nummer een tweede keer in terwijl ik het hardop riep. Ook de Lada stoof weg met in zijn kielzog een tweede wagen waarvan ik het nummer van de achterkant gezien helaas niet kon ontcijferen. Toen de weg vrij was stoof de donkerblauwe Mercedes de andere kant op. Ik weet nog hoe verbouwereerd ik daarover was. Ik voelde me angstig, hulpeloos, boos, onzeker en begon te roepen. Dat had ik ook tijdens het gevecht al gedaan. Eindelijk kwamen Nasiko en buurman Zaza met kalasjnikov de deur opendoen en rende ik naar binnen om Misja mobiel te bellen en het kenteken door te geven. Hij stelde me gerust door te zeggen dat hij niet gewond was. De hele nacht kwamen er buren, politie en ministers bij ons aanlopen. Protocollen opstellen, alle details en persoonsbeschrijvingen ondertekenen. Ik presteerde het nota bene om Eduard nog, hetzij met geforceerd rustige stem, een verhaaltje uit *Pudding Tarzan* van Ole Lund Kirkegaard voor te lezen voordat hij opgewonden in slaap viel. De zenuwen kwamen pas de erop volgende dagen, in het weekend. Ik realiseerde me dat het veel erger had kunnen aflopen. Misja had blijkbaar zijn pistool willen trekken, dat nog in de auto lag en de agressor had, reagerend op Misja's tastende hand, het zijne getrokken.

De medewerking van de buren, die alles vanuit hun ramen hadden kunnen volgen en op mijn geroep afgekomen waren bleek miniem. Zij, en die ene buurjongen die er duidelijk bij betrokken was, zwegen allen als het graf. Wie bang voor wie was weet ik niet, maar voor mij stond als een paal boven water dat als het erop aan kwam Misja en ik er alleen voorstonden en we daar te allen tijde op voorbereid moesten zijn. De auto werd gelokaliseerd, de motor was nog warm maar de bestuurder die inderdaad lid was van de partij die wij verdachten was gevlogen. Ik hield Eduard uit pure angst drie dagen thuis. De kinderen van de bewuste politieke leidster zaten immers op dezelfde kleuterschool als hij. Ik liep een hele week verdoofd rond, achterdochtig en wantrouwend ten opzichte van alles en iedereen en dacht voortdurend terug aan het voorval. Op zulke dagen zou je willen dat je een doorsnee burger was en gewoon kon gaan en staan waar je wilde, maar die tijd was voorbij.

Door zulke gebeurtenissen werd ik wijzer, maar minder leuk was dat ik een stuk spontaneïteit en zorgeloosheid verloren was geraakt. Na een week voelde ik mijn krachten pas weer terugkomen en keerde mijn zelfvertrouwen zelfs in versterkte mate terug: ik had voor mezelf bewezen dat ik op zulke beslissende momenten de juiste reflexen heb en op mezelf kan rekenen. Ik had geen druppel valeriaan meer nodig en de koude douche liet ik ook achterwege.

De buitenwacht werd in ere hersteld: twee mannen, deze keer gewapend en vierentwintig uur per dag aanwezig. Dat betekende dus twee kostgangers erbij want het is wel zo netjes om ze eten te brengen, hun salaris is laag en hun baan is monotoon!

School en werk hernamen hun gewone gangetje. Met het aanbreken van de winter en de stroomstoringen kregen we op het consulaat een stroomgenerator van vierduizend kilowatt, waar heel wat op aangesloten kon worden. Zo konden we ondanks de energiecrisis redelijk normaal doorwerken, vier dagen per week. Toen ik de generator op een avond wel had uitgezet maar het apparaat zelf in het stopcontact had laten zitten gebeurde er toen de stroom 's avonds terugkwam iets gevaarlijks: er kwam via het net stroom in de machine die vreemd begon te zoemen. Een van de buurvrouwen hoorde het en belde een vriendin van mijn schoonmoeder, die mijn schoonmoeder belde, die mij weer belde en zo kwam het dat ik dankzij het Georgische roddelcircuit het consulaat van een heuse brand heb kunnen redden. Hoewel ik aanvankelijk dacht dat ik de UPS had laten aanstaan die zou zijn gaan piepen als de opgeslagen stroom verbruikt zou zijn.

Een ander akkefietje had een diplomatieke gast op ons kantoor. 's Avonds was de brandstof van het stookoliekacheltje op en vroeg hij aan de chauffeur welke jerrycan uit de hal stookolie bevatte (de andere was namelijk benzine voor de generator). De man pakte de verkeerde jerrycan en de arme Hollander goot benzine in de uitneembare vier-litertank en stak de kachel opnieuw aan. Het begon te stinken en te roken in de kamer en hij begreep wat er gebeurd was. In plaats van op zoek te gaan naar een deken (wat ikzelf gedaan zou hebben) pakte hij een stoel waarachter hij zich verschool en zo naderde hij voorzichtig de kachel, nam de tank eruit en wachtte geduldig tot het vuur gedoofd was. Ik was er nooit opgekomen.

Op mijn eenendertigste verjaardag had ik een twintigtal vrienden uitgenodigd in een bruin café. Ik had mijn lievelingsmuziek op cassettes opgenomen en draaide die tijdens de maaltijd. Voor de allereerste keer in mijn leven had ik me in een schoonheidssalon laten opmaken om dat ter gelegenheid van mijn verjaardagsfeest eens uit te proberen en ik kreeg veel complimentjes. Toch zou het nog twee jaar duren voordat ik mezelf dagelijks minimaal zou opmaken. Dat was enerzijds schroom om plotseling heel anders voor de dag te komen en mijn natuurlijke 'look' te laten varen en anderzijds onervarenheid en angst om met make-up en verandering van stijl te experimenteren en commentaar te krijgen, ik stond immers behoorlijk in de kijker. Georgië had me veel bewuster met mijn uiterlijk doen laten omgaan: ik raakte overtollige kilo's kwijt (hoewel een vrouw nooit tevreden is en altijd op haar hoede is voor overgewicht), ik liet mijn haar wel eens door de kapper opsteken en liet mijn zware wenkbrauwen epileren wat me erg beviel. Ook lette ik meer op modieuze kleding, schoeisel met iets hogere hak en accessoires. In 2002 ben ik in Den Haag naar een professionele kleurenconsulente gestapt die me ontzettend heeft geholpen met een bewuste kledingstijl en bescheiden manier van opmaken. Dat heeft me in mijn zelfvertrouwen gesterkt. Ik begreep dat ik er met minimale make-up veel verzorgder uit kon zien. Maar ik ben er trots op dat ik pas op drieëndertigjarige leeftijd ben begonnen met toner, lijntjes, oogschaduw, mascara, rouge en lippenstift en daarvoor amper wist wat waarvoor diende!

Ik koos in die tijd duidelijk voor sport. Ik realiseerde me dat ik tussen mijn twintigste en dertigste bitter weinig aan sport had gedaan, behalve dan een beetje skiën in de wintermaanden. Waarschijnlijk overkwam dat veel jongeren maar ik besloot dat dat nu voorbij was. Zwemmen is de beste manier om alle spieren op spanning te krijgen en aan je conditie te werken en je valt er nog van af ook. In het hoofdstedelijke zwembad van de Russische strijdkrachten trok ik tweemaal per week fanatiek baantjes. De borstcrawl die ik in New York had aangeleerd zat er nog goed in. Ook Eduard nam er zwemles en zo zwommen we naast elkaar. Er ontbrak wel een klok aan de muur en omdat ik die zo miste tijdens het zwemmen besloot ik er één te kopen en aan het zwembad cadeau te doen. Met batterijtjes erbij kostte me dat maar zo'n vijf dollar. En iedereen had er plezier van! De befaamde middeleeuwse Georgische dichter Sjota Roestaveli (hofdichter van koningin Tamara) heeft over dat gegeven een mooie uitspraak over gedaan: 'Wat je voor jezelf houdt is voor altijd verloren, wat je weggeeft blijft voor altijd van jou.' Een doordenkertje maar inderdaad is deze klok altijd 'Sandra's klok' gebleven en hangt hij er nu, jaren later, nog steeds de minuten weg te tikken.

Toen was daar de eeuwwisseling. Wat doet dat met een mens? Ik had op 31 december 1999 een vreselijke baaldag, alles zat tegen. Misschien toch een zekere psychologische spanning die iemand die met beide benen in het leven staat, voelt als hij zoiets unieks als een eeuwwisseling meemaakt. Het begon al 's morgens vroeg met de bewakers die voor ons huis allerlei auto's hadden laten parkeren zodat ik de garage niet uit kon rijden, mijn collega's op het soco-kantoor die me verkeerd begrepen en liever lui dan moe waren, mijn collega's op het consulaat die tegen mij over elkaars gedrag klaagden en zo de werksfeer verpestten. Eduard was na de kleuterschool naar Giuli gegaan en zij had hem – tegen onze afspraak in – niet naar muziekles gebracht. Toen ik daar achterkwam zei ze gelukkig net op tijd dat er die dag geen les was en zo bleef haar een vreselijke vulkaanuitbarsting bespaard. Om het allemaal wat te laten bezinken besloot ik te gaan zwemmen en natuurlijk was het zwembad dicht vanwege de feestdag. 's Avonds wilde ik een lekker potje huilen, maar ook dat lukte niet en dus hield ik het maar voor me. Het geknetter van vuurwerk deed me alles vergeten en zo begon onze familie met een schone lei aan het nieuwe millennium.

Voor Misja begon het millennium in die zin goed dat hij verkozen werd tot vice-voorzitter van de parlementaire vergadering van de Raad van Europa. Deze *Assemblée parlementaire* heeft in totaal zeshonderd leden. Het toeval wilde dat hij precies op de tweeënzeventigste verjaardag van president Sjevardnadze verkozen werd.

Men stelde mij vaak de vraag of Georgië nu deel uitmaakt van Europa of niet. Het feit dat het land mee mag dingen om een Europese Kampioenschapsbeker maakt het niet per definitie Europees. Daarvoor moeten we historische en geografische factoren in beschouwing nemen.

In 1999 werden in Zuid-Oost-Georgië nabij de middeleeuwse vestiging Dmanisi bij archeologische opgravingen twee schedels gevonden die de wereld op zijn kop zetten: zij werden namelijk gedateerd op 1,7 miljoen jaar terug. In de buurt van de schedels werden ook unieke flora en faunaresten van slagtanden en giraffebeenderen aangetroffen. Ook in de *National Geographic* werd er in 2001 onder het kopje 'De eerste Europeanen in Georgië' aandacht besteed aan deze unieke vondst. Dit zou namelijk betekenen dat de eerste mensen die vanuit Kenia naar het Europese continent trokken zich in het Georgische Dmanisi hadden gevestigd. Dit paste in het straatje van de Georgiërs die zich vaak met de Europese volksidentiteit identificeerden. Sociaal-economisch en cultureel-historisch gezien is Georgië duidelijk een deel van Europa: het had ten tijde van de Sovjetunie binnen de Transkaukasische economische regio (met Armenië en Azerbeidzjan) vergelijkbare productiemethoden als in het Europese gedeelte van de USSR. Turkije en Iran lagen volgens dit criterium aan de Aziatische kant van de grens van Europa. Al in de Middeleeuwen deden verhoudingen tussen sociale groepen, landeigendom en landbouwmethoden op het grondgebied van het huidige Georgië zeer Europees aan en verschilden deze sterk van de systemen in de omringende landen. Ook politiek gezien heeft Georgië altijd geprobeerd coalities met Europese naties te vormen tegen islamitische overheersing van buurlanden en machtige rijken. Cultureel en religieus gezien behoort Georgië tot de Byzantijnse wereld en vormt het met de Slavische volkeren en de Grieken de christelijk-orthodoxe kerk. Literatuurwetenschappers beschouwen Georgische literatuur als deel van de Europese beschaving. Als het echter om geografische plaatsbepaling gaat zijn er minstens vijf theorieën die Georgië dan weer in Europa, dan weer in Azië plaatsen of Georgië opdelen in een Europees en een Aziatisch deel.

Georgië is een originele synthese van Europa en Azië, door Aziatische landen beschouwd als een westerse staat en voor Europeanen een verrassend Europees gezicht met sterke oosterse trekken.

Toen Georgië in januari 1999 lid werd van de Raad van Europa sprak men begrijpelijkerwijs van de terugkeer in het Europese Huis en ook nu Georgië ambities heeft om tot de Europese Unie toe te treden bestempelen de Georgiërs zichzelf graag als 'de oudste Europeanen' van het continent. Toch zal er nog hard gewerkt moeten worden voordat er volledig sprake kan zijn van Europese integratie. Niet alleen aan macro-economische cijfers, maar ook aan veiligheid, onderwijssysteem, medische zorg, mensenrechten en milieu- en dierenbescherming.

Het was hartje skiseizoen en het lukte ons per winter wel om twee of drie weekenden in Goedauri in de Noord-Kaukasus op de latten door te brengen. Ik ski al sinds mijn zesde bijna elk jaar een paar weken (meestal in Oostenrijk) en kan dus in de sneeuw goed uit de voeten (ook mijn broer is een goede skiër, hij durft meer dan ik en kan de moeilijkste hellingen aan). Misja vindt skiën heerlijk maar heeft nog niet zo'n goede techniek. Toch is het fijn om met hem te skiën, omdat hij het zo geweldig vindt en erg zijn best doet. Het moest natuurlijk net hem overkomen zijn beide skischoenen te breken, midden op de piste, iets wat ik in al die jaren nog nooit bij iemand had zien gebeuren. Hij stond letterlijk op zijn sokken en stokken op een van de steilste stukken van de piste en omdat de 'banaan' (brancard) bezet was en de *pistenbullie* ook twee gebroken benen te verwerken had die middag kon niemand hem uit de nood helpen. Ook ik niet want ik skiede met Eduard tussen mijn benen en had mijn handen (en benen) daar vol aan.

Naast ski-les kreeg Eduard ook spelenderwijs Nederlandse les van mij. Toen ik daarmee begon was Eduard vijf en een half jaar. We trokken ons dan één of twee keer per week terug in een apart kamertje voor een leuke afwisselende les met Loco-oefeningetjes, oude schoolboekjes van mezelf en van een bevriende onderwijzeres en trokken Latijnse schrijfletters over op overtrekpapier. Bij de Nederlandse Stichting IVIO had ik informatie aangevraagd over lesgeven aan je eigen kind. De lespakketten waren onbetaalbaar maar het boekje met de tips over lesgeven heb ik als zeer nuttig ervaren.

Toen een bezoekende Nederlander bij ons thuis Pippi Langkous en Calimero in de videokast zag staan kreeg ik de opmerking dat ik een kleuter aan het opvoeden was op basis van mijn jaren zeventig-herinneringen en ik realiseerde me dat hij gelijk had! Nederlandse kinderen keken eind jaren negentig vooral *Teletubbies* en *Abeltje* en dus nam onze gast de keer erop een video van *Abeltje* mee waar ik hem erg dankbaar voor was.

Opvoeden is niet alleen meegaan met je tijd, maar ook een kwestie van consequent blijven met je regels. Aan de drie 'r'-en in het leven van een kind volgens dr. Spock (rust, regelmaat en reinheid) zou ik dus nog een vierde willen toevoegen, namelijk 'redelijkheid'. Als je in contact met je kind ook maar even je aandacht verslapt, neemt hij of zij je zo te grazen: 'Ja maar, vorige keer zei je...', of 'Ja, maar oma zei toch dat...' Soms ben ik voor een gevat antwoord even te moe, of ben ik met mijn gedachten elders, luister ik maar met een half oor en antwoord ik automatisch op zijn vele vragen of opmerkingen. Ik voel me dan schuldig dat hij geen eerlijk of doordacht antwoord krijgt waar hij wel alle recht van de wereld op heeft. Mijn geweten knaagt dan en meestal lukt het me om mezelf te herpakken.

– Goeiemorgen zonder zorgen (zei ik tegen Eduardje op een mooie ochtend)... Weet je wat zorgen zijn?
– Dat is als je iemand thee en medicijnen brengt als hij ziek is...

Spelend met een paaskuikentje in mijn hand:
– Wat is McDonalds eigenlijk precies?
– Dat is een soort restaurant waar je frietjes kunt eten en zo.
– En wat nog meer?
– O, nog meer, hamburgers en ijs en zo.
– Toch geen kuikentjes, hè.
(fluisterend overleg tussen de acteurs)
– Nee, geen kuikens, maar wel kip.
– O, mijn moeder!
– Ja maar ma, als het een speelgoedkuiken is moet-ie toch niet bang zijn, ze eten toch alleen maar echte!
– (net of ik niets gehoord heb) O, mijn moeder is een kip en die ging laatst naar McDonalds en die is nog steeds niet teruggekomen!!
– (Eduard, geërgerd:) Ooooooo, ma, nee hoor, ma, niet steeds maar over die moeder, hoor, nou iets anders hoor...

Hij zat toen ook op zangles in een klein groepje en leerde zo vele Georgische kinderliedjes van de beroemde zangeres en pedagoge Lisiko Tsjokhonelidze. Wat ik erg wennen vond in Georgië was de aanpak van pedagogen en trainers. Of je nu pianoles, zwemles of tennistraining neemt, de leraar gaat er zonder uitzondering vanuit dat jouw kind een professional moet worden en dus fanatiek moet trainen of oefenen. Het is dan ook niet ongewoon als een leraar of trainer eist dat het kind vier keer per week één à twee uur komt. Het is onbegrijpelijk als je uitlegt dat je het amateuristisch en leuk wilt houden voor je kind en dat één of hooguit twee keer per week ook goed is. Dat wordt als erg dilettant en onserieus beschouwd.

Nu hij negen is, zingt en danst hij niet meer (behalve op school) maar speelt al twee jaar piano, tennist graag, zwemt twee keer per week en spreekt, schrijft en leest vlot Nederlands. Ik ben er trots op dat hij *Harry Potter*-boeken zelf kan lezen in het Nederlands. Ik houd het niet tegen als hij uit zichzelf oude *Donald Duck*s pakt, het is tenslotte een goede leesoefening. Natuurlijk mist hij heel wat taalvaardigheid hoewel dat nu nog niet zo goed te merken is. Hij gebruikt de woordenschat die ik gebruik en kent niet zoveel synoniemen als kinderen die in Nederland opgroeien. Op het woordenlijstje dat ik bijhield met nieuwe woorden die Eduard niet (her)kende als hij ze tegenkwam stonden woorden als keurig, lenig, verrukkelijk, toegestaan, ruimte, lastig, poets bakken, in het ootje nemen. Ook met Vlaams dat in Zeeuws-Vlaanderen toch vaak te horen is had hij aanvankelijk moeite, maar na een zomer aan de Zeeuws-Vlaamse kust met een Antwerps vriendje gespeeld te hebben is dat al aardig bijgetrokken. Hij begrijpt nu wat Arthur wil zeggen als hij tijdens het spelen met playmobilmannetjes uitroept: 'Den pompier is gekwetst'* of wat hij bedoelt als hij even later 'Hebde gij goesting achter ne crème?'** vraagt.

Verder ben ik ervan overtuigd dat het beheersen van twee talen – en niet te vergeten twee heel verschillende culturen – voor een opgroeiend kind een ongelooflijke verrijking is. Vergelijkingsmateriaal is, zeker voor een kind, heel belangrijk bij het vatten van begrippen, situaties, acties-reacties in het menselijk handelen. Hij heeft wel de pech, dat zijn twee basistalen net twee kleine talen zijn: Nederlands met twintig miljoen en Georgische met ruim vijf miljoen sprekers.

*De brandweerman is gewond.
**Heb je zin in een ijsje?

Op Eduards kleuterschool werden danslessen voor de moeders georganiseerd. Dat leek me nu leuk: Georgisch leren dansen in een mooie jurk en met van die sierlijke polsbewegingen over de planken glijden alsof je op rolletjes staat. Toch bedacht ik me: niet alleen uit tijdgebrek maar ook vanwege het feit dat het voor de andere moeders wel heel verleidelijk zou zijn om zich aan mij vast te klampen en hun problemen voor te leggen die ze ongetwijfeld hadden. Strafrechterlijke processen, zieke familieleden, vrienden die Engels spreken en een baan zoeken, ik zag de bui al hangen en bedankte ervoor. Jammer dat ik me geremd voelde en mijn spontaneïteit niet kon uiten. Dat is een duidelijk minpunt van echtgenote zijn van een invloedrijk man.

Stichting SOCO kreeg een website in maar liefst drie talen: Georgisch, Engels en Nederlands. We gingen op zoek naar sponsors voor nieuwe projecten en dachten dat we het ook wel eens bij een fonds in Georgië konden proberen. Het leek ons nuttig om aan de Universiteit en in de Openbare Bibliotheek van Tbilisi een efficiënte Eerste-Hulppost in te richten met de mogelijkheid tot het volgen van Eerste-Hulpcursussen. We kregen aanbevelingsbrieven van de rector van de universiteit en de directeur van de bibliotheek en dienden het project vol goede hoop in. Enkele weken later kwamen we er via een roterend bestuurslid van het fonds achter dat mijn project weliswaar door de eerste selectie heen was gekomen maar dat er tijdens de bespreking ervan door enkele bestuursleden was geopperd dat het voor de echtgenote van Saakasvjili net iets te gemakkelijk was om zulke aanbevelingsbrieven te krijgen en dat ik waarschijnlijk via een humanitaire achterdeur politiek wilde scoren en dus niet in aanmerking kwam voor een *grant* van dit fonds. Ik was ontzettend beledigd en besloot op stel en sprong geen verzoeken meer in te dienen bij organisaties in Georgië. Toch had ik nog een verzoek lopen bij een Wereldbankproject, ALPE genaamd, dat zich bezighield met het begeleiden en promoten van juridische hervormingen in Georgië. Ik was met een mooi idee gekomen om in de metro een anti-corruptiecampagne via posters te starten. We hadden vijf ludieke tekeningen laten maken waaruit duidelijk werd dat het meedoen aan corruptie (ook als gedupeerde) een kwestie van persoonlijke keuze en verantwoordelijkheid is. Zo hadden we bijvoorbeeld de tekening van een agent die bij een autobotsing waarbij een zwaar gewonde was gevallen, een oogje dichtkneep toen hij van de veroorzaker van het ongeluk geld toegestopt kreeg. De tekst luidde: 'Volgende keer ben jij het!' doelend op de zwaar gewonde.

Het voorstel werd gehonoreerd en Stichting SOCO mocht het project uitvoeren, maar toen puntje bij paaltje kwam en er een bedrag van vijfduizend dollar op de bankrekening van SOCO zou worden gestort realiseerde ik me dat dit door opponenten van mijn man wel eens helemaal verkeerd geïnterpreteerd zou kunnen worden of zelfs tegen ons gebruikt zou kunnen worden: de vrouw van Saakasjvili die van de Wereldbank een flink bedrag krijgt om in de metro anti-corruptieposters op te hangen. Ik kon niet anders dan weigeren en was opgelucht dat ALPE het project toen toch in eigen beheer heeft uitgevoerd.

Ik rekende als vanouds op sponsors in Nederland en omstreken die het me gunden een goed project op touw te zetten en die erop vertrouwden dat ik geen politiek spel speelde of die verdachtmaking opwekte! Tot in 2003 heb ik nooit meer een beroep gedaan op lokale middelen. Daarna was het particuliere bedrijfsleven in die mate ontwikkeld en geïnteresseerd geraakt in liefdadigheid dat ik ze zelf benaderde of inging op hun voorstellen tot samenwerking of sponsoring (vaak door producten of medicijnen). Maar om geloofwaardig en objectief te opereren als lokale non-gouvernementele organisatie is het inderdaad zaak om je bij elke actie tienmaal af te vragen of het juist is wat je doet, of je het voor je sponsor en voor je besturen in Georgië en Nederland (waar een steunstichting zetelt) kunt verantwoorden. Juist omdat we zo in de kijker staan als stichting en er bepaalde vragen zouden kunnen rijzen naar aanleiding van mijn dubbele functie ligt onze lat buitengewoon hoog. Wij hebben derhalve een zeer transparante manier van werken en van projectidentificatie en -begeleiding.

In *Het Parool* schreef correspondent en goede bekende Wierd Duk ten tijde van de crisis in de Pankisivallei dat een selecte groep jonge Georgische politici, waaronder mijn man, langzaam maar zeker het heft in handen aan het nemen was met Sjevardnadze als hun mentor. Dat was toen inderdaad zo. In april 2000 had deze groep hervormers nog steeds enige sympathie voor de president en hoopte ze dat hij de ingezette hervormingen zou voortzetten en tegen corruptie zou optreden. Het werd echter hoe langer hoe duidelijker dat de man meer een symbolische functie vervulde dan dat hij bij machte was om het tij te keren. Want wanbeheer en corruptie zorgde ervoor dat er op hoog niveau toegezegde gelden en kredieten misbruikt werden, er oneerlijke praktijken in het privatiseringsproces voorkwamen, dat ambtenaren omkoopbaar waren voor het doen van bepaalde gunsten, voordelen of benoemingen die vaak in schril contrast stonden met de verdiensten of ronduit illegaal waren. Door al deze euvels was er een gebrek aan veiligheid, infrastructuur, communicatie en bleef de Georgische schuldenlast toenemen. Om corrupte politici aan te pakken, om transparantie in zijn beleid ten opzichte van de noorderburen in te voeren, om grensbewaking te verscherpen en om de orde op straat te handhaven was namelijk moed nodig én een georganiseerde groep mondige burgers die het niet langer zou pikken dat een beperkte groep oligarchen de koek aan het verdelen was. Dat alles was begin 2000 nog niet aan de oppervlakte zichtbaar maar er broeide ondertussen al heel wat. De onafhankelijke televisiezender was volop bezig maffiosi en corrupte praktijken aan de kaak te stellen via het programma *60 minutes*, overgewaaid uit de Verenigde Staten; er werden spottende liedjes gecomponeerd en satirische programma's durfden steeds verder te gaan. Ook de niet-gouvernementele organisaties hadden de afgelopen jaren ruim de kans gekregen om met steun van buitenaf hun personeel te scholen, in het buitenland bij collega's te gaan kijken, literatuur te laten vertalen, aan conferenties deel te nemen, samen te werken en acties te coördineren. De hamvraag was nu alleen: hoe zetten we deze onvrede en afzonderlijke proteststemmen om in een macht die zich sterk kan en durft te maken tegen de criminele, verrijkte en indien nodig gewapende clans en hun families die door het staatshoofd als 'untouchables' worden beschouwd? Misja zei in datzelfde interview met *Het Parool*: 'Het is logisch dat veel Georgiërs moe zijn van de politiek en weinig meer verwachten van Sjevardnadze, omdat het te lang duurt voordat de modale burger zijn persoonlijke welvaart ziet toenemen. Maar voordat wij een doorbraak kunnen forceren, zoals in Estland is gelukt, moeten wij afrekenen met de schimmen uit het verleden. Die generatie van corrupte politici, die elkaar bevoordelen en de bal toespelen, moet eerst het veld ruimen.'

Die modale burger moest inderdaad rond zien te komen van een karig maandsalaris van zo'n zestien euro. De meeste mensen deden weleens een extra klusje, verkochten soms iets, of kregen af en toe van familie of bekenden uit Amerika, Duitsland of Israël dollars toegestopt anders zouden ze echt alleen brood (20 eurocent) en bruine bonen kunnen hebben kopen. Medicijnen, schoolboeken of kleding was voor vele gezinnen een luxeproduct. Georgië importeerde rond de eeuwwisseling viermaal zoveel dan dat het exporteerde. Daar de meeste inkomsten (naar schatting zeventig procent) uit de schaduweconomie afkomstig waren, kon men slechts theoretisch van een re-distribuerende rol van de staat spreken, maar in de praktijk speelde de staat vrijwel geen rol meer.

En toen was het moment van de presidentsverkiezingen daar, op 9 april 2000, een beladen datum, want in 1989 waren op de Roestaveliboulevard tijdens demonstraties voor de onafhankelijkheid van Georgië op 9 april zeker twintig mensen om het leven gekomen en zeer velen gewond geraakt of bedwelmd door giftige gassen die toen door het Sovjetleger ingezet werden om de roep om onafhankelijkheid voor Georgië de kop in te drukken. Op de kop af twee jaar later, 9 april, 1991 werd – na een referendum – de onafhankelijkheid van Georgië uitgeroepen.

Het was voor iedereen van tevoren duidelijk wie de verkiezingen zou winnen. Er was in geen velden of wegen een serieuze tegenstander voor president Sjevardnadze te bekennen. De mediacampagne werd door de OVSE (Organisatie voor Veiligheid en Samenwerking in Europa) als onevenredig bestempeld; de staatstelevisie koos duidelijk partij en het bleef gissen of er nu Georgische staatszaken werden belicht door de media of dat het om een verkapte verkiezingscampagne voor de huidige president ging. Twee kandidaten trokken zich een dag voor de verkiezingsdatum terug, te weten Aslan Abasjidze, leider van de autonome republiek

Adzjarië en de in Batoemi in detentie verkerende Tengiz Asanidze. Dit en enkele administratieve wijzigingen in de Kieswet zorgden voor veel verwarring bij de kiezers. De opkomst was ongeveer vijftig procent maar officiële bronnen beweerden vierenzeventig. Rond de zestig procent van de uitgebrachte stemmen zou op Sjevardnadze uitgebracht zijn, officiële cijfers spraken maar liefst van tachtig procent. Waarnemers namen de zinsnede 'sjoemelen op hoog niveau' in de mond en de OVSE merkte ook op dat er lokale overheidsbekleders, politiemensen en anderen in de stembureaus van de kiesdistricten rondliepen om de kiezer psychologisch te beinvloeden om hun stem op de regeringskandidaat uit te brengen.

Misja had weliswaar campagne gevoerd voor de regerende Burgerunie waarvan hij fractieleider was, maar zoals zijn onvrede met de half doorgevoerde hervormingen al had aangetoond, deed hij dit niet langer met wat je noemt overtuiging. Politiek begon voor hem aan inhoud te verliezen. In de zo hopeloze toestand waarin het land zich sociaal-economisch bevond was het voor hem pijnlijk te moeten concluderen dat woorden niet in daden werden omgezet. Toch bewonderde ik het dat hij de hoop niet opgaf en de regerende elite nog tijd gunde om te bewijzen dat ze wel hervormingsgezind was en corruptie wilde aanpakken. Hij zou bedrogen uitkomen...

– 'Hé!' riep Eduard mij eens.
– Ik heb ook een naam.
– Opa zegt ook 'Hé!' als-ie jou roept of als je heel lang aan de telefoon zit...

Ik wenste mijn ouders per e-mail een mooi paasfeest toe en beschreef de paasfeestherinneringen uit mijn jeugd. Tijdens de nachtmis in de Sionikathedraal had ik zo staan wegdromen met een waskaarsje in mijn hand dat er tranen over mijn wangen waren gelopen en dat wilde ik toch even kwijt. Ik dacht aan Pasen 1975 waar we zulke prachtige zwartwitfoto's van hadden en ook het paasfeest van enkele jaren later, ik in mijn matrozenjurkje, samen met mijn broer op zoek naar paaseieren in de achtertuin van de Herman Heijermansstraat in Terneuzen. Maar het meest gingen mijn gedachten terug naar de traditionale witte chocoladepaaseieren uit België van oma Roelofs. Dat kwam ook omdat we thuis bijna nooit snoep kregen en die paar snoepjes en volkoren koekjes die ons werden toebedeeld moesten we tijdens de vastenperiode vóór Pasen ook nog eens in een trommeltje stoppen onder in de kast in de huiskamer.

Graag wilde ik de eierentraditie ook aan Eduard meegeven, beseffende wat een blijvende indruk dit alles teweeg kon brengen en hoe lang je daarvan kon nagenieten. Een glimlach door mijn tranen heen.

Op 2 mei is het stadsfeest van Koetaisi. Daar was ik ook in 2000 weer bij aanwezig. Op 3 mei hield ik op het gymnasium aldaar een diapresentatie over Nederland met aansluitend een loterij met leuke prijzen. Het was koud en regenachtig. Mei is een verraderlijke maand. Het kan soms nog guur zijn en de valse indruk wekken dat het voorjaar in al zijn hevigheid is losgebarsten. Georgiërs zeggen over de maand maart dat ze onbesuisd (gek) is als een vrouw. 'Aprilletje zoet' geeft ook in Georgië nog wel eens een witte hoed. Over de maand mei hoorde ik afgelopen jaar dat ze ons voor de gek houdt, net als de regering! In de pers verscheen trouwens een wat misplaatste 1-aprilgrap, namelijk dat Misja van zijn schoonvader een Jaguar van 48.000 dollar cadeau had gekregen. Er stond een foto van een Jaguar bij. Mijn commentaar zou geweest zijn dat Misja zo'n auto verdiende omdat er niet zoveel slimme, intelligente mannen rondliepen in Georgië! Gelukkig stond in een hoekje van de krant vermeld dat het om een 1-aprilgrap ging en dat Misja hopelijk niet beledigd was.

Na een moeizame winter kwam Misja uiteindelijk bovendrijven en peddelde zo hard dat hij een golf veroorzaakte waardoor hij werd meegetrokken in een hectisch politiek spel. Ik merkte dat hij meer en meer gefocust was op de media, op communicatie, hij kon ook niet meer zonder zijn mobiele telefoon, een luxe die ik zelf nog niet had maar waar ik bij voorbaat een hekel aan had. Toen ik een keer met hem naar een concert ging merkte hij mijn nieuwe schoenen niet eens op en had slechts oog voor de camera's, de journalisten en de fotografen. Ik voelde me een buitenstaander en besefte maar weer eens dat Misja politiek boven gezin verkiest. Dat was naar mijn inzicht zijn zwakte en dat moest dus mijn sterke kant zijn. Ik moest daartegen kunnen, opstaan, het stof van mijn kleren schudden en doorgaan. Het thuis gezellig maken, maar ook zelf veel activiteiten buitenshuis hebben en zelfstandig functioneren. Toen het er in Georgië beter aan toe ging, economisch en politiek, ongeveer anderhalf jaar eerder, had ik het makkelijker gevonden om op Misja te wachten en van alles op de koop toe te nemen omdat ik wist dat wat hij als vader van de hervormingen deed er echt toe deed en het land er echt beter op werd. Nu het sinds medio 1998 zo bergafwaarts was gegaan en Georgië recht op een crisis afstevende was ik minder gemakkelijk bereid om offers te brengen en dacht ik: laat hem nu maar vroeg thuis komen, want wat hij ook doet, het gaat toch steeds slechter, dus dan graag wat meer aandacht voor het gezin. Giuli's man Zoeriko vond dit een slechte instelling van mij en schrok ontzettend toen ik zei dat ik een maand naar Nederland op vakantie ging. Hij dacht dat ik daar op me in zou laten praten, mijn eigen veilige jeugd zou idealiseren, in comfort zou willen overwinteren en hij waarschuwde me dat het niet goed voor mijn huwelijk was om zo lang afwezig te zijn. Ik heb toen bij Giuli en Zoeriko zitten uithuilen en ze trokken zich dat heel erg aan. Na de huilbui rechtte ik mijn rug en had ik weer moed gevat. Man en vrouw lijken op elkaar. Misja is een sterke persoonlijkheid, ik ook. Soort zoekt soort.

In juni van dat jaar trouwde de oudste zoon van Giuli's broer Teimur, Giorgi, met een Nederlandse, Judith uit Arnhem. Overgrootmoeder Tamara maakt steeds maar grapjes dat ze al haar kleinkinderen aan Nederlandse schonen kwijtspeelde en dat Eduard ook wel die kant op zou gaan... Ze was gelukkig beter gemutst de laatste tijd in plaats van steeds maar te herhalen dat het zo lang duurde voordat ze dood mocht gaan.

Toen ik eens niet helemaal in orde was en enkele dagen bij Giuli op bed lag sprak ik uitgebreid met overgrootmoeder Tamara over haar jonge jaren. Bijvoorbeeld hoe ze haar man Nikoesja Tsereteli had leren kennen. Die bleek gymleraar geweest te zijn en prachtig te hebben kunnen zingen en dansen! Tamara vond het fijn om over vroeger te vertellen en ze liet me zelfs haar ogen druppelen, iets wat ze normaal slechts aan haar kleindochter Giuli of dochter Mzia toevertrouwde.

Maar ze ging ook met de regelmaat van de klok tegen mij in als ik aankondigde dat ik naar West-Georgië afreisde voor projectbezoek. Dan waarschuwde ze me dat ik bij man en kind moest blijven en niet steeds maar weg moest gaan en wat ik zover en zo vaak te zoeken had in dat West-Georgië (waar ze nota bene zelf vandaan kwam). Zelfs nu hoor ik het haar nog zeggen en vraag ik me altijd af of ik inderdaad per se weg moet, of het niet korter kan of Eduard niet mee kan reizen. Eind juni moest ik haar vertellen dat ik nog verder westwaarts zou reizen, namelijk naar Kiev in de Oekraine, omdat de Nederlandse ambassade me had uitgenodigd enkele dagen over te komen ter kennismaking met de collega's en om één ervan, die ik reeds kende, uit te zwaaien. Irakli Baidasjvili kon niet mee, hij had net die week een conferentie van honoraire consuls in Nederland en ontmoette Hare Majesteit koningin Beatrix.

Tot overmaat van ramp werd het bijna honderd jaar geleden in gebruik genomen kabelbaantje op de Heilige Berg van Tbilisi buiten gebruik gesteld omdat er twaalf Japanse toeristen door een 'kink in de kabel' met verwondingen in het ziekenhuis waren opgenomen. Deze kabelbaan was nog door Belgische ingenieurs gebouwd begin vorige eeuw. Zulke incidenten zijn natuurlijk schadelijk voor de ontwikkeling van de toeristische industrie.

Algauw deed het grapje de ronde dat er voor buitenlanders sadomasochistische reizen naar Georgië georganiseerd werden inclusief roofoverval in Svanetië, ontvoering voor de mannen en schaking voor de vrouwen, een bezoek aan de Heilige Berg per kabelbaan en een gevecht met houten kruizen (doelend op de confrontaties die helaas regelmatig plaatsvonden tussen leden van kleinere religieuze groeperingen in Georgië (Jehova's, evangelisten) en de fundamentalistische vleugel van de Georgisch-orthodoxe kerk gesteund of aangemoedigd door politie en enkele politici).

De tiendaagse kunstvakantie van de schildergroep waar mijn moeder deel van uitmaakt vond gelukkig wel doorgang. Dit bracht ons in najaar 2000 naar de oostelijke wijnstreek Kakhetie, rijk aan kerken, kloosters en schilderachtige valleien en berggezichten. Mijn moeder zag zo haar enige kleinzoon die ze toen 'meneertje' of 'dikke vriend' noemde ook weer eens. De uitbundige, in felle kleuren uitgedoste, groep vrouwen die zich met een minibusje verplaatste en de bijnaam 'zoopark' had trok veel bekijks. Ze werd al helemaal *talk of the town* door een bezoek aan een tweedehands-kledingszaak in Telavi. De leidster van de groep kocht voor een paar lari een blazer en een kamerjas en de verkoper kon het niet laten op te merken dat het niet uitgesloten was dat ze nu de kamerjas en blazer van haar eigen buurvrouw in Nederland gekocht had wat de nodige hilariteit veroorzaakte.

Misja werd de held van de maand in september 2000: dankzij zijn inspanningen werd het tarief voor de technische autokeuring in prijs verlaagd van honderdtien naar vijftig lari. Jammer dat Giuli dit moest missen want zij was net naar Boedapest vertrokken om er aan de Central European University een researchproject uit te voeren.

De hele oppositie was tegen de tariefverlaging geweest en had zelfs de zaal verlaten om geen stem uit te hoeven brengen. Waarschijnlijk vanwege de belangen die enkele parlementsleden zelf hadden in de verzekeringsbranche; de anderen waren solidair met hun partijgenoten. Als gevolg daarvan stemde de regerende Burgerunie met honderddrieëntwintig stemmen tegen nul en was daarmee het leven van Giorgi Modaal weer wat draaglijker geworden. Aan de andere kant werd er echter beknibbeld: de stroomtarieven werden door het geprivatiseerde distributiebedrijf (het Amerikaanse AES Telasi) opgetrokken van negen tetri naar tien en een half tetri per kilowatt-uur. Dat tarief begon al sterk op het Nederlandse nachttarief te lijken, absurd hoog dus in verhouding tot de inkomsten van een gemiddeld gezin.

De Georgiërs kregen nog een klap te verwerken: de Russische Federatie deed afstand van de voorwaarden van het Bisjkekverdrag waardoor een visumplicht tussen Rusland en Georgië ingevoerd werd. Rusland pakte het origineel aan: Georgische burgers mochten slechts de grens over op vertoon van een visum, maar voor inwoners van Zuid-Ossetië en Abchazië gold dat niet, iets wat voor de Georgische overheid logischerwijs onaanvaardbaar was. Aan de andere kant schiep het invoeren van een visumregime wellicht meer mogelijkheden voor een geleidelijke terugtrekking van GOS-troepen uit de Russische militaire bases op Georgisch grondgebied. Momenteel zijn er nog twee militaire bases functioneel, één nabij Batoemi in Adzjarië en één in Akhalkalaki in het Zuid-Georgische Samtse-Djavachetië.

In oktober 2000 werd mijn man naar voren geschoven als minister van Justitie van Georgië. Hij nam de uitdagende taak op zich maar we realiseerden ons ook zeker dat de positie erg kwetsbaar was en dat er maar een groepje gevangenen een tunnel hoefde te graven of Misja zou op straat staan, net als zijn voorganger. Op de dag dat zijn benoeming als minister van Justitie in het parlement bekrachtigd zou worden ging ik onder een stralende hemel naar het graf van Tamara's man, Nikoesja Tsereteli, de gymleraar die professor in de rechten werd en die zo trots zou zijn geweest op zijn achterkleinzoon Misja. Ik had gedacht dat ik het graf niet meteen zou vinden maar liep er recht op af. Zwart marmer, groots, eeuwig groene heide erop, twee lege stenen ernaast: Tamara en Mzia... Nog niet, hoor, dacht ik. Ik stak drie kaarsjes uit de Sionikathedraal aan en heb een halfuur op het muurtje gezeten. Eerst las ik een gebed voor de aartsbeschermengel Mikheil hardop voor en toen praatte ik zachtjes, in het Georgisch. Ik deed er zo mijn best op dat ik zelf verbaasd was over de zinnen die ik bouwde en ik had het idee dat er iemand naar me luisterde. Traantjes natuurlijk, pure emotie, geen verdriet. Ik heb om bescherming gevraagd en om sterke familiebanden. Toen ik het aan Tamara vertelde nam ze het heel licht op. Ze vond het prettig en zei: 'Ah, heb je het hem verteld? En waarom heb je hem niet verweten dat hij mij nog altijd hier achterlaat?' Misja vond het gelukkig ook niet gek. Hij was zelf net na de benoeming eerst en vooral naar Tamara gegaan. Ook hij had gevoeld wat een bijzondere dag dit voor haar moest zijn. Het is immers voor een jurist een droom om eens minister van Justitie van zijn eigen land te zijn. Er werd opnieuw bewaking bij ons huis ingesteld.

Die winter gleed Misja's overgrootmoeder Tamara op drieënnegentig jarige leeftijd in de gang uit en bleef helaas het laatste jaar van haar leven aan bed gekluisterd. Ze had vaak pijn en zei dan tegen me: 'Moet ik nu sterven, nu we helemaal geen geld hebben voor mijn begrafenis?' Ik zei: 'Hé, wat zeg je nu, niks ervan, je moet bij ons blijven!'

Giuli kreeg er een baan bij als vice-rectrice aan de Black Sea University, een Turkse Universiteit in Tbilisi en kreeg een eigen kantoor met computer, secretaresse en een redelijk salaris.

Misja kreeg van een vriend oordopjes toegeschoven. 'Voor de ministeriële vergaderingen' was het commentaar. Misja nam ze mee, liet ze aan de pers zien en aan zijn tegenstander Targamadze, minister van Binnenlandse Zaken die erom moest lachen als een boer die kiespijn heeft. Eduard en ik brachten 's avonds schilderijen naar Misja's nieuwe kantoor. Een daarvan was een oude groepsfoto in bruine kleuren van begin twintigste eeuw met de vader van Tamara als trotse aandeelhouder van de mangaanertsmijnen van Tsjiatoera. Ik had deze foto eens in de kast bij Tamara gevonden en had hem zo tot de verbeelding vinden spreken, al die besnorde en bebaarde mannen in nationale kledij en met hoofddeksel, zittend of liggend op Oosterse tapijten. Misja noemde deze groep de eerste kapitalisten van Georgië.

Eerlijk gezegd had mijn man het parlement op dit tijdstip liever niet verlaten; hij maakte zich zorgen over het wetsontwerp omtrent illegaal verkregen eigendommen, over het dossier 'illegale kap' en over de stokkende wetshervormingen die door het parlement moesten worden aangezwengeld.

Als minister van Justitie kreeg hij echter de kans om te laten zien dat kleinschalige hervormingen met het juiste management doeltreffend konden zijn. Misja concentreerde zich op het hervormen van ten minste één onderdeel van de bevoegdheden van het Ministerie van Justitie: het gevangeniswezen. Hij noemde dit zelf een eiland zonder corruptie. Hij ontsloeg zijn vice-ministers en stelde er twee anderen voor in de plaats aan. Hij voelde zich goed, als een vis in het water: nieuwe uitdaging, nieuw bloed, nieuwe mensen, nieuwe omgeving, nieuwe kijk op de zaak en nieuwe verantwoordelijkheden.

De negen maanden dat hij minister was was hij overdag maar vaak ook 's nachts te vinden in een of andere strafkolonie of gevangenis waar hij cipiers controleerde, met gevangenen sprak, met hen in de kantine at en op stretchers sliep. Hij haalde de bezem door het hele systeem: van de bezorging van pakjes voor gedetineerden tot het instellen van een klachtenlijn: transparantie en duidelijkheid. Wie heeft waar recht op en wie is waar verantwoordelijk voor. Gevangenisdirecteuren werden bij bosjes ontslagen vanwege handel in verdovende middelen of wapens die bij nachtelijke controles in beslag genomen werden, hun vakantiehuizen en bezittingen werden aan de pers getoond. Als een volgende directeur er niet in slaagde de euvels te verhelpen mocht hij ook opstappen. In de periode dat mijn man minister was zijn er maar enkele gevangenen ontsnapt, terwijl onder het bewind van zijn voorganger juist massale ontsnappingsacties van tientallen gevangenen plaatsvonden. De gevangenen kregen boeken, betere sanitaire omstandigheden. Het oud ijzer dat op het grondgebied van strafinrichtingen rondslingerde werd bijeengezocht en opgehaald en per ton aan Turkije verkocht waardoor miljoenen Georgische lari's in de kas van het Ministerie van Justitie vloeiden. Mijn man bouwde er een nieuwe strafkolonie voor in Roestavi die net voor hij ontslag nam in gebruik werd genomen.

Toen Nederlandse verslaggevers van KRO's *Netwerk* in Tbilisi waren voor een documentaire was het erg onrustig: het was half november en de energiecrisis laaide in alle hevigheid op. De mensen sloten de hoofdwegen af door massaal midden op straat te gaan staan en niet te wijken. De Nederlanders volgden Misja een halve dag van baantjes trekken in het zwembad tot een bezoek aan een vrouwengevangenis en gesprekken met demonstranten. Ook hadden ze een interview met een andere jonge minister, David Kirvalide van Landbouwzaken. Aan Misja vroegen ze of hij nooit bang was. Hij zei wat ik ook altijd voel: 'Ik vertrouw op mijn engelbewaarder die nog niet van mijn zijde geweken is.'

De laatste week van het jaar, in de nacht van mijn verjaardag, waren Misja, Eduardje en ik in Abastoemani te vinden, een sterrenwacht in de heuvels van Centraal-Georgië. Een prachtige plek, een heus kuuroord met houten huizen, toeristische parken en enkele indrukwekkende observatoria met maar liefst elf telescopen. Misja moest 's avonds terug naar Tbilisi en Eduard en ik dineerden bij de vice-directeur van de sterrenwacht en staken met zijn gezin zelfs enkele vuurpijlen af vanaf het balkon. We sliepen in een van een houtkachel voorziene kamer in het ondertussen al flink verwaarloosde en afgebladderde appartementencomplex. Het was de bedoeling dat we door de opzichter tegen de ochtend gewekt zouden worden als de kans om planeten en sterren te zien het grootst was. Hij maakte ons wakker om te zeggen dat er te veel bewolking was en het feest helaas niet kon doorgaan. Hij gooide nog wat hout in de kachel en we konden nog enkele uren doorslapen. Zo begon mijn tweeëndertigste verjaardag helaas met een teleurstelling.

Die zomer was er een zonsverduistering geweest, de laatste van de eeuw en vanaf de aarde goed te zien. In Turkije was er zelfs een verduistering van honderd procent waar te nemen geweest. Dankzij de zeer precieze berekeningen van Georgische wetenschappers werden er zeventien delegatieleden van de sterrenwacht Abastoemani in Turkije uitgenodigd.

Ook Eduard wist al precies wat er stond te gebeuren. Hij liet het ons zien door Giuli in het midden te zetten (de zon), zelf rondjes te rennen om Giuli heen (hij was de aarde) met een ballon in zijn hand die hij rond zijn buik cirkels liet trekken (de maan)! Volgens Zoeriko is Eduard voor de wetenschap in de wieg gelegd en wordt hij 'door de vrouwen om hem heen "verpest" met dans- en muzieklessen'!

Op de terugweg uit Abastoemani hadden Eduard en ik het over het vieren van zijn verjaardag (Eduard en ik proberen het altijd zo uit te kienen dat we zijn verjaardag – 21 juli – het ene jaar in Georgië en het andere jaar in Nederland vieren. Er speelde een ondeugend lachje om zijn mondhoeken en de vijfjarige Eduard vroeg heel uitdagend:

– En mijn zesde verjaardag, waar was die ook weer?
– O, dat was in Parijs weet je nog, met alle kinderen op de Eiffeltoren...

– En mijn zevende verjaardag? En achtste, negende, tiende... dertiende?

Ik maar vertellen over Australië, Afrika, Amerika en ik stelde hem – omdat mijn fantasie te wensen overliet – een wedervraag: hoe oud ben je nu eigenlijk?

– Twintig!

– En waar was je verjaardag vorig jaar?

– In Cambodja, en oompje kwam ook, want die was daar toen ook...

Terug thuis stookten we flink om het huis weer warm te krijgen. Er werden door de drie gezinnen die aan Akhalsjenistraat 34 woonden honderden liters diesel per maand verstookt tijdens de wintermaanden. Met een peilstok maten we regelmatig tot hoever het reservoir nog vol zat en lieten als het nodig was de tankwagen komen waarvoor we de kosten beurtelings betaalden. Dat was telkens weer een rib uit ons lijf maar de verwarmingsbuizen moesten toch blijven stralen!

Totdat ik op een dag merkte dat de brandstof er toch wel heel snel doorheenging. Ik zei er iets van tegen de buren en enkele dagen later was het raak: de zeer alerte Duitse bovenbuurvrouw betrapte op een namiddag vanaf haar achterbalkon een van de bewakers op het aftappen van brandstof via een kraantje – er stond een jerrycan van twinitg liter onder. Zij was woedend en ik ook, ik barstte ongeveer uit mijn vel! Ik kreeg het nieuws van Nasiko te horen tijdens mijn lunchpauze, waarin ik Eduard altijd naar huis bracht. Ziedend sloeg ik later de zware ijzeren deur van het consulaat achter me dicht en bonkte er hard roepend en huilend met mijn vuisten tegen. 'Hoe durven ze! Wat hebben wij misdaan? Voor ons is die brandstof ook duur! Waar gaat het met dit land naartoe? Ik weet dat ze weinig salaris hebben maar krijgen ze potverdorie ook nog niet eens drie maaltijden per dag waartoe we niet eens verplicht zijn! Stank voor dank! Wie had de deur voor ze opengedaan? Hoe lang is dit al gaande? Die bewakers dienen óns te beschermen en nu worden we door hen regelrecht bestolen, kun je nagaan! Weg met die mannen! We kunnen beter op onszelf passen!'

Mijn collega's probeerden me tot bedaren te brengen, maar

mijn bloed kookte de hele middag. We lieten een ander slot op de hoofdingang en op het reservoir plaatsen en stookten voort. Ook bleef ik de bewakers maaltijden voorschotelen, omdat ik immers niet kon bewijzen wie van de acht personen in vier ploegen bij deze diefstal betrokken was geweest. Na een tijdje keek ik er al anders tegenaan: ik begreep dat, zoals zo vaak, de gelegenheid de dief had gemaakt en dit niet tegen ons persoonlijk was gericht maar meer als een geforceerde herverdeling van middelen geïnterpreteerd moest worden waarbij overigens een van onze oudere buurmannen een louche rol had gespeeld. Toch kreeg ik mijn man zover een brief te schrijven om, zonder in details te treden, voor huisbewaking te bedanken. De kiosk die als wachtershuisje dienst had gedaan werd opnieuw verwijderd. Hadden de overburen weer wat om over te roddelen!

5 Voorzichtig protest en bewustwording (2001)

Op de eerste bladzijde van mijn agenda van 2001 is een *Elsevier*-knipseltje geplakt waarin staat wat je wel en niet moet doen als er geweld dreigt:

Niet doen: geduld verliezen, kortaf zijn, onverstaanbaar zijn, lang laten wachten, gemaakt glimlachen, onderuit zakken, schouders ophalen, desinteresse tonen, verwijten maken en voor schut zetten

Wel doen: beleefd blijven, respect tonen, vragen stellen, discussie mijden, neutraal blijven, oogcontact houden, hulp vragen, fouten toegeven, duidelijk blijven en probleem erkennen.

De televisiezender Roestavi-2 die sinds midden jaren negentig een jong en wat rebels imago probeerde neer te zetten bracht elke zondagavond het programma *60 minuten* op de buis: een serie van vijftien uitzendingen over corruptie in verschillende sectoren: energie, het hoger onderwijs, de vakbonden, het rechtssysteem, maar het deed ook een boekje open over alle familieleden van de Sjevardnadze-familie. Dat deed nogal wat stof opwaaien in de Kanselarij maar tot een verbod van dit programma kwam het evenwel niet. President Sjevardnadze onderstreepte, in de bewoordingen van de buiten de Kanselarij protesterende studenten en niet-gouvernementele organisaties, het belang van de vrijheid van meningsuiting en het waarborgen van het leven van Akaki Gogithsjaisjvili, de man achter de *60 minuten*, die al enkele malen met de dood bedreigd was door de heersende clans.

Ook het satirische programma *Dardoebala* op dezelfde zender oogstte veel succes, vooral met het introliedje van Goga Khathsjidze. Ik leerde het melodietje op de piano spelen en vertaalde het in een creatieve bui samen met mijn muzikale vrienden van het zangensemble Kereoni die vaak in Nederland optraden en wat Nederlands spreken:

Als je eigen buurman
al elf maanden geen pensioen heeft gekregen
En als smeergeld al is geworden
tot een gewone alledaagse regel
Kijk dan niet op,
dat is een heel gewoon gebeuren
Wees toch niet boos,
alles wat je om je heen ziet
is van jou
je bloedeigen vaderland
Georgië.

–Ma, wat is corrupt?
–Eh... dat is als iemand iets doet wat volgens de wet niet mag en waar hij zelf beter van wordt of rijker maar het land niet.
(...)
– Ik zal een voorbeeld proberen te geven. Stel je een parlementslid voor (je weet wat een parlement is en wat parlementsleden doen) wiens oom, buurman of vriend een fabriek heeft die slechts rode auto's maakt. Die man wil natuurlijk dat er zoveel mogelijk rode auto's verkocht worden, dan verdient hij lekker veel en op een goede dag stelt hij het parlement voor om een wet in te voeren waarin staat dat je alleen nog maar met rode auto's mag rijden, daar zou zijn oom immers blij mee zijn... Dat zou een wet zijn waar de oom wel beter van wordt omdat hij plotseling heel veel auto's zal kunnen verkopen maar waar het land helemaal niet beter van wordt omdat het toch niet uitmaakt wat voor kleur de auto's op straat hebben. Dat is een voorbeeld van corruptie: iemand die zijn macht of invloed gebruikt om er zelf beter van te worden en er niet aan denkt of het goed is voor het land of niet. Snap je?
–Hm, hm!

Ook via mijn humanitaire activiteiten kwam ik in aanraking met corrupte praktijken. Aan een bejaardentehuis in Koetaisi had de staat achtenvijftigduizend lari schuld. De directeur was ermee naar de rechtbank gestapt en was in het gelijk gesteld. De uitspraak ging naar de uitvoerende macht, dat wil zeggen het Ministerie van Justitie waar de ambtenaren de zaak vervolgens ophielden om slechts één reden: een deel van de koek toebedeeld krijgen, de helft ongeveer. In de trant van: 'Oké, we sturen het door aan de budgetafdeling als we er een deel van krijgen. Zo niet, dan ontbreekt er ergens een punt of een komma, of is er plots een document kwijt.' Ongelooflijk!

Thuis in onze duplex-woning aan de Achalsjenistraat in de wijk Saboertalo wilden we wat veranderingen aanbrengen. Het was erg onpraktisch heen en weer te moeten rennen van beneden naar boven en ik besloot de logeerkamer op de tweede verdieping om te bouwen tot keuken zodat we boven een volledige woonverdieping zouden hebben. Om het 's winters wat warmer te hebben leek het me ook verstandig de wenteltrap weg te halen en beide verdiepingen te scheiden. Op de gewonnen plaats konden we een extra kamertje maken, zowel boven als beneden. Boven hadden we dan wel een nieuwe ingang nodig. Zo gezegd zo gedaan. Van nu af aan hadden we beneden een heus gastenverblijf en verbleef er 's nachts altijd een van Misja's lijfwachten.

Zolang de verbouwing duurde logeerden we bij schoonmoeder Giuli.

Overgrootmoeder Tamara werd hoe langer hoe zwakker. Ze kreeg ook last van doorliggen en haar stoelgang kon ze allang niet meer onder controle houden. Ze leed echt en vroeg zichzelf voortdurend af waarom het toch zo lang duurde voor ze 'mocht gaan'. Tamara was vierennegentig jaar oud. Ook ik moest er 's nachts wel eens uit om haar bij te staan, meestal met kaarslicht of een zaklamp want die winter was er slechts stroom van acht tot twaalf uur 's avonds. We hadden de hulp van onze kinderjuf Nasiko ingeroepen omdat Tamara overdag niet meer alleen gelaten kon worden. Op 16 februari 2001 belde Nasiko me rond de middag op om te zeggen dat het heel slecht ging met Tamara en ik liet het consulaat voor wat het was en keerde huiswaarts. Ze was net overleden. Dat was een zware slag. Ik nam de taak op me om allereerst Tamara's zus Ketino in te lichten die tien jaar jonger is en erg op haar lijkt. Ze kwam glimlachend op me af, maar al gauw kwamen de tranen, dikke tranen. Ze kleedde zich in een kwartiertje om, in het zwart, en reed met me mee. Toen was het tijd om Eduard van de kleuterschool te halen en ik nam hem mee naar een rustig hoekje in het Kirovpark waar we vaak wandelden en waar men een prachtig uitzicht op de rivier de Mtkvari en de stad heeft. Ik vertelde hem wat er met Tamara gebeurd was. Ik huilde Hij vroeg honderduit. Hij wilde weten hoe ze nu toch naar de hemel kon gaan als ze niet meer kon ademen. Het antwoord dat ik gaf over daarin geloven was voor hem niet bevredigend. Voor hem stond het vast dat Tamara zonder te ademen niet naar de hemel kon en hij werd opstandig. In de namiddag ging ik met een mooie foto van de jonge Tamara in mijn hand naar de fotograaf om er een ingelijste vergroting van te maken. Een ander ging het overlijden aangeven bij de burgerlijke stand, de priester waarschuwen, een doodskist bestellen en het kerkhof inlichten dat het familiegraf geopend moest worden.

De condoleancebezoeken en de begrafenis verliepen vredig. Tamara had een lang, actief maar heel zwaar leven geleid. Ik was zo dankbaar dat ze de laatste jaren nog zo van haar achterachterkleinzoon had kunnen genieten en dat ze nu was waar ze wilde zijn, bij haar man Nikoesja. Hoewel het voor aangetrouwde familieleden niet gebruikelijk is om persoonlijk afscheid te nemen van het stoffelijk overschot net voordat de kist aan touwen in het graf wordt neergelaten nam ik zelf het initiatief en kuste haar vaarwel, ook uit naam van Eduardje die er niet bij was. Ik sprak Georgisch met haar.

Het graf werd voor mij een bezinningsplaats. Als ik ergens mee zat ging ik erheen en kreeg daar rust en hernieuwde kracht door. Ook vandaag nog.

Misja groeide in zijn rol als minister. In februari 2001 gingen er stemmen op die zeiden dat hij de vrijgekomen post van Openbaar

Aanklager zou moeten invullen vanaf de maand april, maar Misja gaf er de voorkeur aan de hervormingen die hij in het gevangeniswezen ingezet had naar behoren ten uitvoer te brengen. President Sjevardnadze stelde als Openbaar Aanklager iemand aan die hij gemakkelijk naar zijn hand kon zetten en die zowat begon te blozen als hij de naam Sjevardnadze hoorde. We raakten er meer en meer van overtuigd dat de president Misja tot minister van Justitie had benoemd als een soort zelfmoordcommando, in de overtuiging dat hij zijn nek wel zou breken op die positie. Maar dan had hij mijn man flink onderschat. Misja is een maximalist, haalt het onderste uit de kan, is een geboren politicus, anticipeert uitstekend en weet alle aandacht naar zich toe te halen ten behoeve van de zaak waar hij zich sterk voor wil maken. Hij laat niet met zich sollen en komt altijd verrassender en professioneler uit de hoek dan wordt verwacht.

Bij persconferenties over hervormingen binnen het Ministerie stond Misja voor een groot bord met 'Ministerie van Justitie' erop met daaronder heel trendsettend het website-adres. Hij kondigde bijvoorbeeld aan dat er voor jongens uit de hoogste schoolklassen excursies naar gevangenissen georganiseerd zouden worden. De eerste groep van vijfentwintig jongens van de school waar hij zelf op gezeten had nam hij na zo'n bezoek mee naar het net geopende Museum van de doodstraf (die recentelijk afgeschaft was). Een andere keer kondigde het Ministerie een grote boekenactie aan die op touw werd gezet om de gevangenisbibliotheken te bevoorraden. Toen hij enkele weken later voor stapels en stapels boeken stond waarvan hij er eentje opnam, *Graaf van Monte Christo*, gaf hij daarop commentaar: 'We plegen geen censuur, deze mag er ook bij, want tegenwoordig is men alweer zoveel verder met de techniek van het tunnelsgraven...'

Soms dook Misja als minister van Justitie spontaan de metro in, met enkele lijfwachten. Hij haalde er zelfs een keer de krant mee. De journalist beschreef de verbazing die op de gezichten van de metroreizigers te lezen stond. Een oud vrouwtje zei zelfs: 'Dat ik dat nog mag meemaken, dat onze ministers met het openbaar vervoer reizen.' Een ander vond dat men zijn voeten zou moeten kussen.

Door zijn optreden wist Misja zich continu gesterkt door de steun van de bevolking.

Ondertussen was er een ware psychologische oorlogvoering gaande tussen de energiebonzen en de Georgische bevolking. De inwoners van Tbilisi pikten het niet dat ze gemiddeld maar vier uur per etmaal stroom kregen terwijl ze wel hun elektriciteitsrekeningen betaalden. Het volk kwam de straat op en legde het verkeer lam. De Amerikaanse distributiemaatschappij AES Telasi beschuldigde de stroomleveranciers en de minister gooide het op technische mankementen of de gasschuld aan de Russische Federatie.

De president werd hoe langer hoe scherper bekritiseerd, de roep om vervanging werd luider en luider. De bevolking wist niet wat ze dan wel wilde maar wist voor de volle honderd procent dat het op deze manier niet langer verder kon en dat de nummer één van het toneel diende te verdwijnen. Hij had het per slot van rekening bijna tien jaar geprobeerd en zou toch moeten begrijpen dat het beter was om tijdig op te stappen en democratische verkiezingen uit te schrijven. Jeltsin had ook op tijd het stokje overgedragen en had zo zijn imago gered. Als er op een andere manier een eind aan Sjevardnadzes bewind zou zijn gekomen (vanwege terrorisme of om gezondheidsredenen) dan zou mijns inziens de strijd om de macht zijn losgebarsten en er een spiraal van geweld zijn ontstaan, waar uiteindelijk de clan met de meeste geldmiddelen aan het langste eind zou hebben getrokken.

Roestavi-2 deed een duit in het zakje door in het avondnieuws slechts te berichten over straatblokkades, demonstraties en handtekeninginzamelingsacties tegen het bewind. Sjevardnadze, zijn minister van Binnenlandse Zaken, Economie en enkele andere kopstukken probeerden echter steeds tijd te winnen door het instellen van commissies en raden die situatieanalyses moesten maken en ondertussen probeerden ze andere ontsnappingsroutes te vinden.

Sjevardnadzes populariteit in het buitenland was echter nog aanzienlijk, hij had een schijnbaar onverspeelbaar krediet opgebouwd door zijn rol bij het neerhalen van het IJzeren Gordijn en de hereniging van de beide Duitslanden.

Ondanks al deze negatieve ontwikkelingen gaf ik mezelf het recht niet om op te geven en de hoop te laten varen. Ik dacht aan Anne Frank en wat ze schreef na meer dan een jaar ondergedoken te zijn: 'Ik ben neerslachtig maar niet wanhopig.' Om mezelf moed in te spreken stond ik elke dag met een sprongetje op en maakte Eduard wakker met 'Goeiemorgen zonder zorgen!' waarna ik steevast griesmeel, havermout of boekweit op het vuur zette. Ik had wel eens vlagen van Georgische nostalgie wat ik ook in enkele interviews in de Georgische pers naar voren bracht. Ik zei dan dat ik er mijn salaris voor zou willen geven om een dag in het Georgië van pakweg twintig jaar geleden te mogen vertoeven en te mogen meemaken en voelen hoe dat was. Hoe vrolijk, optimistisch en van het leven genietend de Georgiërs zouden rondwandelen in hun mooi verzorgde parken, hoe ze al zingend in auto, trein of vliegtuig naar de parelwitte stranden van Abchazië op vakantie gingen, hoe ze studeerden, werkten, musiceerden, ik had het allemaal zo graag willen zien om me moed te geven en erin te geloven dat het ooit terug zou komen, dat de potentie er was! Maar ik had geen tijdmachine.

Ik zal nooit de enige officiële ontmoeting met de first lady Nanoeli Sjevardnadze vergeten, het was maart 2001 en ik meldde me aan bij de bewaking van het pand waarin ze kantoor hield. Van haar organisatie 'Vrouwen voor vrede' had ik natuurlijk wel gehoord en graag wilde ik weten of we misschien samen projecten zouden kunnen opzetten. Ik kreeg tijdens het gesprek met de first lady en een aantal andere dames van haar leeftijd sterk de indruk dat ze mij aan het uithoren waren om later flink te kunnen roddelen. Allerlei details over culturele verschillen, het leren van de Georgische taal, het opvoeden van kinderen. Over humanitaire projecten werd met geen woord gerept. Wel werd me gevraagd om contacten te leggen met Nederlandse bloementelers om grote hoeveelheden bloembollen voor de stad Tbilisi te regelen. Ik herinner me nog goed hoe mevrouw Sjevardnadze op een bepaald moment een laatje opentrok van het bureau waarachter ze zat, er een kam en een spiegel uithaalde en haar haar fatsoeneerde! Bij mijn vertrek kreeg ik een grote witte knuffelbeer in mijn handen gedrukt 'voor de kleine

Eduard' en moest ik toch vooral maar contact opnemen tegen de eerste juni als het Internationale Kinderdag was, dan konden we misschien samen geschenkjes bedenken voor de kinderen. Daar is nooit iets van gekomen. Op haar verjaardag heb ik als teken van goede wil een grote doos bloembollen gestuurd maar verder is ons contact nooit gegaan. Mevrouw Sjevardnadze is in het najaar van 2004 gestorven.

Eduard jr. had er trouwens een gloeiende hekel aan dat men hem met Eduard Sjevardnadze associeerde. Hij had er een hekel aan om zijn naam te moeten zeggen, en werd er kribbig van als de dames in de winkels of mensen op straat hem naar de bekende weg vroegen. Als kleuters op school of op verjaardagen grapjes over zijn voornaam maakten in de trant van: 'Ah, ben jij Eduard Sjevardnadze?' werd hij regelrecht boos en liep hij rood aan. Eduard was in die tijd heel gevoelig en ik probeerde hem zo min mogelijk in nieuwe situaties terecht te laten komen. Hij worstelde met zijn 'zoontje-van'-zijn en wilde, net als zijn moeder, het liefst gewoon door het leven gaan. Ik presteerde het zelf een keer om in een winkel rechtsomkeert te maken toen de dames achter de toonbanken begonnen te smoezelen bij mijn binnenkomst en ik de naam Saakasjvili een paar maal hoorde vallen. Eduard en ik kweekten een soort allergie voor extra aandacht.

In mei werd de nieuwe regering gevormd. De Amerikaanse president Bush die via zijn adviseurs en regeringsleden goed op de hoogte was van de problemen die Georgië had, liet in een brief aan Sjevardnadze weten dat er een soort ultimatum gesteld werd: in het nieuw te vormen kabinet moesten hervormingsgezinde ministers plaatsnemen om geloofwaardig te blijven en efficiënt tegen corruptie te kunnen optreden.

Wellicht om via de parlementsvoorzitter Zoerab Zjvania druk op de kabinetsformatie uit te oefenen werd een jong parlementslid samen met zijn vriendin ontvoerd. De auto van dit stel werd in de Pankisivallei leeg aangetroffen. Ze werden enkele dagen vastgehouden, met de ruggen tegen elkaar gebonden maar werden daarna vrijgelaten. Misja begon zich opnieuw zorgen te maken om de veiligheid van zijn vrouw en kind en we hadden het daar vaak over 's nachts. Ik opperde dat je juist moest laten zien dat je onbevreesd was en gewoon moest blijven doen wat je deed, maar hij had het over realistisch zijn en omgaan met 'tijdelijke politieke spanningen'. Eduard ging nog niet naar de lagere school, hij was vijf, en dus waren we aan het overwegen om hem in ieder geval voor een aantal weken naar mijn ouders in Nederland te sturen. Ik had met twee bezoekende journalisten van de Humanistische Omroep half afgesproken dat ze Eduard op de vlucht naar Amsterdam zouden begeleiden. Innerlijk voerde ik strijd want ik kon me er niet toe zetten om het voorgenomen besluit aan Eduard te vertellen. Hij nam immers alleen iets van me aan als hij overtuigd was van de redelijkheid ervan en ik was in dit geval bang dat hij de argumenten niet zou begrijpen. Dreiging is moeilijk aan een kind uit te leggen. Op het laatste moment, met iedereen in de startblokken, en ik me psychologisch voorbereidend op een emotioneel afscheid met Eduard, besloot Misja af te zien van deze drastische maatregel. We slaakten allen een zucht van verlichting maar beseften dat we te allen tijde voorbereid moesten zijn om offers te brengen tijdens deze pelgrimstocht met hindernissen en beproevingen.

's Avonds luisterde ik vaak naar langspeelplaten met klassieke muziek en bij Liszts 'pelgrimstocht', die ik vaak als tiener had gedraaid, dwaalden mijn gedachten af naar mijn veilige kamertje met donkerbruine rieten stoelen met hoge leuning waar ik deze muziek vaak draaide. Ik wist ook precies wanneer de krassen op de plaat hoorbaar zouden worden. Wat was dat een zorgeloze tijd geweest... Ik zag me in de zomer van 1984 nog naar mijn moeder onder de wasmolen in de tuin rennen met mijn eerste echte liefdesbrief in mijn hand, een meisje van vijftien. Mijn moeder las hem en zei heel rustig dat ik er koeltjes en afstandelijk op moest reageren, wat ik deed.

De honorair consul van Georgië in Nederland, de heer Lagrand, voormalig vice-commissaris van de Koningin in Noord-Holland, kwam voor een officieel bezoek naar Tbilisi. Hij wilde ook een tweedaags bezoek aan Adjarië brengen om zakelijke contacten te leggen en eventueel havens in Nederland te interesseren voor deze autonome regio aan de Zwarte-Zeekust. Hij vroeg of ik hem wilde begeleiden. 'Ja,' was mijn half schertsende antwoord 'als ik Aslan Abasjidze maar niet hoef te tolken!' Abasjidze was de leider (lees dictator) van de autonome republiek Adjarië, bekend om zijn autoritaire optreden in de regio waar illegale handel de leidende clans verrijkte en ondemocratisch optreden de burgers het zwijgen oplegde. Nou, was het antwoord, daar hoefde ik niet bang voor te zijn, want die zat in Moskou voor een folkloristisch festival waar Adjarische dans- en zanggroepen de ene na de andere prijs binnensleepten.

In Batoemi was een bezoekersprogramma voor ons in elkaar gezet. De dochter van mijn mans collega, de minister van Justitie van de autonome republiek, reed ons rond en onze gastheer was Tsotne Bakuria, directeur van het Europese Regionale Centrum in Batoemi, die later als leider van de Heroplevingspartij van Aslan Abasjidze een mikpunt van spot zou worden tijdens de Rozenrevolutie. Wij kregen stralend witte net opgeleverde gebouwen te zien als een kraamkliniek, kleuterschool, universiteit en fabrieken en vielen eerlijk gezegd van de ene verbazing in de andere, wat ook duidelijk de opzet was geweest.

Op de tweede dag van ons verblijf was Aslan Abasjidze echter op zijn post teruggekeerd en liet hij ons bij zich roepen voor een kennismaking in een van de ontvangstkamers van de tennisclub aan de boulevard. Het werd een kennismaking van vier en een half uur, met, ja hoor, mij als tolk Georgisch-Nederlands. Een marathonzitting waarbij we over politiek spraken maar ook een groot deel van de tijd over de Kaukasische herders, zijn lievelingshonden, die met allerlei oorkondes bekleed waren. Hij presteerde het zelfs om de honorair consul, zijn vrouw, een medewerker van de Georgische ambassade in Brussel en mij videomateriaal over deze honden in de maag te splitsen. De heer Lagrand voelde zich behoorlijk opgelaten en maakte me telkens bijna aan het lachen met zijn opmerkingen. Op een bepaald moment ging Jan Lagrand ostentatief zitten schrijven terwijl de videobeelden van de honden werden vertoond. Na enkele minuten zei meneer Abasjidze: 'Draai de band eens even terug, onze gast heeft iets gemist.' Mevrouw Lagrand werd het allemaal wat veel en zij ging, terwijl Abasjidze ondertussen in het keukenblok verdwenen was om voor ons spaghetti te koken, op zoek naar de toiletten. Toen ze terugkwam ging ze naast me zitten en vertelde me wat ze zojuist beneden in de tuin had gezien: de Kaukasische herders van Abasjidze werden, vanwege het regenachtige weer, op het gazon drooggeblazen met een föhn terwijl lijfwachten er in een kring omheen stonden. Ze wist niet hoe ze het had en kreeg geen hap pasta door haar keel. Ik deed mijn best om gewoon te eten maar moest het op de terugweg na een paar kilometer slechte wegen bekopen, het kwam er allemaal uit, wie weet wat erin had gezeten? Abasjidze had precies geweten wie hij voor zich had, noemde zelfs mijn naam voordat ik mezelf voorgesteld had.

Enkele weken later, één dag voor de Nationale Feestdag was er in het leger muiterij uitgebroken. Men sprak van een poging tot een militaire coup: zo'n vijfhonderd man waren aan het muiten geslagen in een van de kazernes en eisten uitbetaling van soldij en een verbetering van de barre werk- en leefomstandigheden. President Sjevardnadze ging er midden in de nacht heen, deed enkele beloftes en alles leek gesust, de muiters keerden allen terug naar hun barakken. Mijn man zei altijd dat Sjevardnadze doodsbang was voor zijn eigen leger en dat hij er daarom geen of weinig aandacht aan besteedde.

En alsof er niets gebeurd was stond de Georgische minister van Staatsveiligheid Kutateladze de volgende middag (op de nationale feestdag) doodleuk te voetballen in het nieuw in gebruik genomen stadion in Vake-park. Een heuse 'Klucht van de Coup (Koe)'.

Die zomer waren mijn ouders in Georgië. We zouden enkele dagen naar Imereti en Goeria gaan, de bergen van Ratsja in en dan naar Adjarië aan de Zwarte-Zeekust. Toen we op een ochtend door de heuvels van Goeria reden, mijn vader achter het stuur, mijn moeder ernaast met Georgisch kaasbrood op haar schoot en ik achterin, werden we aangehouden door een verkeersagent die het zweet van zijn voorhoofd veegde en zei dat het echt weer was voor een koel biertje. Hoogstwaarschijnlijk verwachtte hij nu een handdruk van mijn vader met daarin enkele lari's zodat hij ons verder zou laten rijden. Maar de koele kikkers uit het Noorden deden net of hun neus bloedde en lieten hem onze papieren controleren. In het Georgisch suggereerde hij dat er nieuwe twee- en vijflaricouponnen waren uitgekomen en of wij er niet een paar hadden. Ik verstond alles maar veinsde onbegrip en verzocht uiteindelijk mijn moeder om de warme khatsjapoeri dan maar op te offeren, wat ze deed.

We haalden onze vrienden in Koetaisi op en reden rond in een vrachtwagentje met open laadbak waar we met zijn twaalven een hele dag in hobbelden. Eind juli reden we op een ochtend door Ratsja waar we kerkjes bezochten (een van de hoogtepunten was Nikortsminda) en waar ik een kaarsje ontstak en er – geheel tegen mijn gewoonte in – geen bijzondere intentie bij had. Enkele uren later hoorden we het verscheurende nieuws dat er in Tbilisi een moord was gepleegd op de populaire jonge journalist Giorgi Sanaia, één van de kopstukken van de generatie jonge journalisten van de zender Roestavi-2 die twee jaar lang het late-avond *Koerieri* (een soort *Achter het nieuws)* gepresenteerd had. Die middag zwommen we in het meer van Sjauri maar van de Georgiërs uit de groep was niemand er met zijn hoofd bij. Iedereen maakte zich ongerust over de ontwikkelingen in Tbilisi. Wat had het motief kunnen zijn? Wilde men de vrije media de mond snoeren, angst aanjagen? Men legde verband met de moord op een van oorsprong Georgische journalist in de Oekraïne, Gongadze. Er werd erg veel gespeculeerd. De versie waar de meeste waarde aan gehecht werd was dat Giorgi over informatie beschikte die de betrokkenen liever niet op televisie prijsgegeven zagen. Men sprak over een cassette uit de Pankisivallei waaruit zou zijn gebleken dat hooggeplaatste ambtenaren bij criminele activiteiten betrokken waren. De president en ministers van Staatsveiligheid en Binnenlandse Zaken ontkenden dat het om een politieke moord ging. De bevolking geloofde er niets van en ging de straat op. De rouwenden vormden een lange mensenketen door de straten van Tbilisi met kaarsjes en zwarte linten. De rouw werd door iedereen in het land gevoeld en beleden. Op een balkonnetje in Adjarië huilde en schreef ik een halve nacht aan een lange brief in het Georgisch aan collega's en familieleden van Giorgi. Ik had hem voor het laatst gezien op 1 juli bij een barbecue voor de pers georganiseerd door het Ministerie van Justitie. 's Morgens deed ik de brief in Batoemi op de post.

Voor mij persoonlijk staat het vast dat de spontaan gevormde keten van duizenden rouwenden het begin was van een aanzwellende protestgolf tegen de onmacht en het uitblijven van antwoorden en adequaat optreden van de overheid. De feiten spreken voor zich: mijn man nam als minister van Justitie enkele maanden later, oktober 2001, ontslag. Hij merkte dat hij, ondanks het feit dat hij toch een eilandje van hervorming en hoop had weten te creëren binnen het gevangeniswezen, tegenwerking bleef krijgen van bovenaf. Bij zijn voor de bevolking onverwachte manoeuvre dacht hij zorgvuldig na over de manier waarop hij zijn ontslag wereldkundig zou maken. Hij koos Roestavi-2 als spreekbuis en sprak het volk toe, gezeten tussen de middeleeuwse Georgische vlag (wit met vijf rode kruizen) en de Europese vlag. Ik zeg wel: hij sprak *het volk* toe en niet president Sjevardnadze, hij richtte zich heel duidelijk tot de mensen en vroeg hun om begrip voor zijn beslissing en het inzetten van een 'nationale beweging'. Een term die later als naam voor zijn eigen partij gebruikt zou worden. Het was zover, vanuit onofficiële oppositie binnen de regering had hij nu de onomkeerbare stap gezet naar open oppositie, de andere kant. Natuurlijk kwam deze beslissing voor mij niet als een donderslag bij heldere hemel. Die hemel was al een paar maanden bewolkt geweest. Zeker sinds die dag in augustus waarop hij als minister van Justitie tijdens het wekelijkse regeringsberaad een wetsvoorstel had toegelicht dat door ambtenaren onwetmatig verkregen eigendom aan de staat zou retourneren. Daarbij had hij met foto's van villa's en paleisjes in en om de stad gezwaaid en daarbij duidelijk namen genoemd en met de beschuldigende vinger gewezen naar enkele aanwezigen in de vergaderzaal. Maar we waren er al zo aan gewend dat Misja beschuldigingen uitte en daarmee risico's nam dat we er ons niet eens meer of minder veilig door voelden.

Eind augustus mocht ik naar Kiev voor het afscheidsfeest van een diplomate en ik besloot Eduard ook mee te nemen en er enkele dagen aan vast te plakken. We vlogen via Moskou en hadden net tijd genoeg om even een kijkje op het Rode Plein te nemen. Ons uitstapje naar de Oekraïne was een heerlijk verzetje: zes dagen in deze heel groene stad aan de Dnjepr waar op 24 augustus de tienjarige onafhankelijkheid met een heel indrukwekkende parade werd gevierd. Het was prachtig weer en we genoten! We kochten een fiets voor Eduard en nette zwarte schoenen voor zijn eerste schooldag in september. We hadden een als goed bekend staande school uitgekozen, nummer 53, waar Eduard de komende elf jaar heen zou gaan. In Georgië is er namelijk een elfklassensysteem van zes tot zeventien jaar waarbij basisschool en middelbare school gecombineerd is. Wat vonden Giuli, Mzia en ik het jammer dat Eduards betovergrootmoeder Tamara deze eerste schooldag niet meer had mogen meemaken.

Misja had in Kiev gestudeerd en noemde het altijd zijn tweede geboortestad. We besloten Kiev-taarten voor hem mee te nemen, lichtgroen van kleur. Hij was er blij verrast door.

Tussen de moord op de jonge journalist en Misja's ontslag als minister van Justitie lag die gruwelijke 11 september 2001, die ook in Georgië een schokgolf teweeg bracht. 's Avonds zaten Eduardje en ik geheel ontspannen tussen de hoogwaardigheidsbekleders in de opera naar een zogenoemde 'kinderopera' uit Batoemi te luisteren toen ineens het nieuws rondgonsde dat er in de Verenigde Staten vliegtuigen gekaapt waren die op gebouwen invlogen. Ik besloot het einde van het concert niet af te wachten. In de entracte staken Eduard en ik de Roestaveliboulevard over naar Misja's Ministerie van Justitie waar we de pijnlijke televisiebeelden van de terreuraanslagen met tientallen anderen ongelovig in ontelbare herhalingen aanschouwden: *US under attack*. Iedereen gruwde en vroeg zich af of zoiets in Georgië ook zou kunnen gebeuren.

Ons gezinnetje was ook even under attack: toen ik half september vroeger thuis kwam dan verwacht van een begrafenis in Koetaisi trof ik de deur van ons appartement van binnenuit vergrendeld aan en bonsde erop. Ik was alleen en belde de lijfwachten van Misja op om te komen helpen. Zij kwamen uiteindelijk via het intikken van een raampje binnen en ontgrendelden de deur. De

UPS* van de computer stond nog aan en piepte luid. De balkondeur van onze slaapkamer stond open en er waren een paar takken gebroken van de kweeperenboom in onze achtertuin. Het was duidelijk dat er iemand binnen was geweest die blijkbaar op zoek geweest was naar informatie en niet naar geld want enkele Georgische biljetten lagen open en bloot op de salontafel, onaangeroerd. Ik bleef er kalm onder. Misja was in Griekenland voor een conferentie en ik moest de pers te woord staan. Ik was nuchter genoeg om aan de journalisten te vertellen dat men in mijn computer vast niet op zoek geweest was naar mijn doctoraalscriptie Frans. De hele avond en nacht liepen er politieagenten rond, werden er foto's en afdrukken genomen. Ik hoorde er twee op het balkon praten over hoe sober wij woonden en hoe anders dat was bij hun eigen minister, die wel een paleisje of tien had. Zouden ze ooit tot inkeer komen? De volgende dag liep men met meetinstrumenten en drugshonden het huis door op zoek naar eventuele microfoons, objecten of (radioactieve) stoffen die iemand met kwade opzet in huis achtergelaten zou kunnen hebben.

Kort daarop ging ik op een ochtend naar het kerkhof om eens uit te huilen bij de graven van Tamara en van de jonge journalist. Ik voelde dat het me allemaal erg hoog zat: de situatie in het land, de terreuraanslagen, de inbraak maar ook het feit dat het niet duidelijk was wat voor een rol ik binnen de Nederlandse vertegenwoordiging in Georgië zou spelen vanaf 2002 en wat voor salaris daar bij zou horen. Ik was immers hoofdkostwinner, Misja verdiende als minister niet meer dan tweehonderd dollar per maand. De zojuist gearriveerde ambassadeur had me laten weten dat het consulaat nog drie maanden vanaf de oude locatie zou functioneren waarna het op zou gaan in een consulaire afdeling binnen de Nederlandse ambassade op een geheel andere locatie. Het was duidelijk dat de nieuwe *chef de poste* en zijn medewerkers me nodig hadden, ik had namelijk drie jaar lang de Nederlandse vertegenwoordiging in Georgië praktisch in mijn eentje gerund van

* Universal Power Supply, beschermt computers tegen te hoge of te lage voltage en fungeert tevens als accumulator om bij stroomuitval gegevens op te kunnen slaan.

cultuur tot consulair en alles daartussen. Ik had als geen ander een overzicht van de Nederlandse aanwezigheid en belangen in Georgië en was tegelijkertijd uitstekend geïntegreerd in de Georgische maatschappij en kon mijn kennis over land, volk en tradities goed overbrengen. Het leek me derhalve het verstandigste mijn beste beentje voor te zetten tijdens die overgangsperiode van drie maanden en na een lange kerstvakantie in Nederland (die ik zou verlengen tot 2 februari 2002 om het koninklijk huwelijk mee te maken van prins Willem-Alexander en Máxima) verder te zien. Natuurlijk was ik me ervan bewust dat het feit dat mijn man net uit de regering gestapt was en de sterkste oppositieleider werd vragen kon oproepen en was dan ook niet verbaasd noch beledigd toen de nieuwe ambassadeur opmerkte dat hij ervan uitging dat ik er geen dubbele agenda op na hield. Hij kende mij duidelijk nog niet. Waar had ik een dubbele agenda voor nodig, ik was altijd mezelf met mijn Nederlandse normen en waarden, mijn Europese instelling, een hart voor Georgië en een sterk verantwoordelijkheidsgevoel. Een jaar eerder had er zich op het consulaat iets voorgedaan waardoor ik behoorlijk op de proef gesteld was en ik was trots op de manier waarop ik me van mijn taak had gekwijt. Via de Nuffic, een instelling die onder andere aan buitenlanders beurzen beschikbaar stelt voor het hoger onderwijs maar hun ook stages en studiereizen op maat biedt, had een twaalftal Georgiërs uit de publieke financiële sector de kans gekregen een studiebezoek aan Nederland te brengen rondom het thema '*Taxation and Investment*'. Het sprak voor zich dat de instellings- en bedrijfsbezoeken in Nederland in de Engelse taal zouden plaatsvinden. Op het consulaat kreeg ik het verzoek binnen om medische keuringsformulieren over te dragen aan de twaalf. Toen een dame van het Ministerie van Financiën en Inkomstenwerving de formulieren ingevuld indiende en ik ze vluchtig doorkeek merkte ik tot mijn stomme verbazing dat ze blijkbaar ingevuld waren door niet-Engelssprekenden omdat er bij enkele van de mannelijke kandidaten op de vraag: 'Are you pregnant?' bevestigend geantwoord was! De jongedame liet zich ontvallen dat de meesten van hen de Engelse taal niet machtig waren. Wat stond me nu te doen? Ik wist dat zulke studiereizen zeer kostbaar waren en er van Nederlandse kant veel tijd en energie in werd gestoken om hoge kwaliteit te leveren. Ook wist ik dat als zou blijken dat het gros van de Georgiërs geen Engels sprak Nuffic nooit meer zijn best zou doen om Georgiërs dergelijke kansen te bieden. Ik belde Nuffic op en vroeg of de kennis van de Engelse taal van deze groep getest was. Het antwoord was dat de oorspronkelijke lijst flink gewijzigd was en dat men het dus niet precies wist. Toen ik vertelde wat er voorgevallen was verzocht men het consulaat om het niveau Engels van de twaalf Georgiërs te testen. Ik voelde me absoluut niet in een neutrale positie om dat te doen en overlegde met de honorair consul. Samen besloten we een lerares van de Quality School International te vragen de twaalf Georgiërs een test af te nemen.

Dit bericht werd logischerwijs niet met open armen ontvangen op het Ministerie van Financiën. Ik kreeg zelfs een telefoontje van de Georgische ambassade in Brussel die zich afvroeg waar dit voor nodig was want zij had de afgelopen twee jaar zo haar best gedaan om de Nuffic zo ver te krijgen... Ik stelde aan de hand van Engelstalig materiaal in het vakgebied de test op: inhoudelijke vragen aan de hand van een stuk theoretische tekst over belastingheffing en een korte toelichting in het Engels over de functie die de persoon binnen het Ministerie of andere instelling bekleedde en zijn of haar motivering om in Nederland aan het studiebezoek mee te doen. Van de twaalf personen die we opriepen kwamen er acht opdagen. Van deze acht waren er vijf die geen of nauwelijks Engels spraken. Toen de dame die we ingehuurd hadden aan een jongeman uit Batoemi (autonome republiek Adjarië) vroeg hoe hij uit Batoemi naar Tbilisi gereisd was antwoordde hij: '*Yes, yes*, Batumi' en toen ze aan een ander vroeg of hij Engels sprak kreeg ze als antwoord: '*Ein bisschen Deutsch*.' Deze testresultaten faxten we aan Den Haag door. Die avond kreeg ik een telefoontje van de Georgische minister van Financiën en Inkomstenwerving in eigen persoon die mij er bij hoog en laag van beschuldigde de relaties met het Ministerie van Financiën in Adjarië te hebben verpest (dat belastinginkomsten uit Adjarië in de meeste gevallen weigerde af te staan aan het centrale budget) omdat de kandidaat voor het studiebezoek aan Nederland een protegé van die minister was en toevallig geen Engels sprak!

Uiteindelijk zijn de vijf kandidaten die de test min of meer hadden doorstaan aangevuld met vijf nieuwe medewerkers die wel Engels spraken en is de studiereis, zoals ik later van de Nuffic mocht vernemen dankzij mijn inmenging een succes geworden.

Misja stelde zich in oktober 2001 (tussentijdse parlementsverkiezingen voor de stadswijk Vake) als partij-onafhankelijke kandidaat opnieuw verkiesbaar en behaalde zesenzestig procent van de stemmen. Hij was weer parlementslid! Eduard maakte terecht de opmerking dat zijn vader altijd aan alle verkiezingen deelnam.

Roestavi-2, waar Giorgi voor had gewerkt, kwam eind oktober opnieuw onder vuur te liggen omdat er een staatscommissie voor een zogenoemde *audit* binnen wilde vallen en de boeken wilde controleren. Dit werd algemeen als een provocatie gezien, een manier om een stok te vinden en de hond te slaan die naar Sjevardnadzes zin te hard blafte. Honderden burgers vormden een menselijke haag rondom het gebouw zodat er niemand in of uit kon. Dit schandaal leidde tot het ontslag van enkele ministers, waaronder die van Binnenlandse Zaken en Staatsveiligheid. Het was kabinetscrisis, Misja zat in Kiev en ik in Armenië! De Nederlandse minister van Financiën Gerrit Zalm bracht namelijk juist in die week een bezoek aan Georgië en Armenië. Ik was met een diplomaat van de net geopende Nederlandse ambassade in Tbilisi alvast vooruitgereisd naar Jerevan om Zalms bezoek mee te helpen voorbereiden. Omdat de tolk van de Armeense minister van Financiën te laat op het vliegveld van Jerevan verscheen was ik de aangewezen persoon om voor beide ministers te tolken: Nederlands-Russisch. Na tien minuten kwam de tolk opdagen en ging het gesprek verder in het Armeens-Engels. De heer Zalm zei me dat het gerucht de ronde deed dat ik wel eens 'first lady' van Georgië zou kunnen worden. Ik antwoordde hem dat ik het leven in Georgië zo wel al spannend en opwindend genoeg vond. In mijn stoutste dromen had ik niet kunnen vermoeden dat het drie jaar en drie maanden later zo ver zou zijn. Hoewel de heer Zalm in 2004 voor de installering uitgenodigd was kon hij er helaas niet bij zijn.

Via de mobiele telefoon vernamen de eerste secretaris van de Nederlandse ambassade en ik op de vijf uur durende terugreis dat de ene na de andere ministerkop rolde. We grapten dat er niemand meer over zou zijn tegen de tijd dat we in Tbilisi zouden arriveren (zeker gezien de slechte wegen die voor veel oponthoud zorgden) en we begonnen voor onszelf een nieuw kabinet samen te stellen waarin we mijn man bombardeerden tot minister van Buitenlandse Zaken, naar onze mening interessanter dan de zetel van minister van Justitie waarvan hij net afstand had gedaan. Maar op het moment dat wij in de ambassadejeep terughobbelden naar Tbilisi werd Misja die halsoverkop uit Kiev teruggekeerd was door een menigte aanhangers voor het parlementsgebouw onthaald en ze scandeerden met duizenden zijn naam: 'Mi-sja, Mi-sja!!' Net een generale repetitie voor de Rozenrevolutie...

De toekomst zag er niet rooskleurig uit: het land in crisis, mijn man onder zwaardere druk dan ooit en mijn baan die op de tocht stond. Ook merkte ik dagelijks hoe verrot het staatssysteem was, dat alles en iedereen in Georgië te koop was. Het Georgisch heeft daar een passende uitdrukking voor: *Phoeli anathebs djodjokhets*, wat letterlijk 'Geld verlicht de hel' betekent. De grenzen van Georgië waren zo lek als een zeefje, het land lag open en uitnodigend te wachten op allerlei soorten landlopers, boeven, smokkelaars, huurmoordenaars en noem maar op. Georgië was failliet. De beloning die Bush had uitgeschreven voor de kop van Bin Laden was dubbel zo hoog als wat er in de Georgische staatskas in een jaar binnenkwam. President Sjevardnadze had na de zomervakantie 2001 zijn lidmaatschap en daarmee het voorzitterschap van de Burgerunie opgezegd. Als hij nu zijn baan ook op zou zeggen en Bin Laden zou gaan vangen dan zou hij misschien nog iets goed kunnen maken van het kwaad dat hij Georgië tijdens zijn presidentstermijn had aangedaan of eufemistischer uitgedrukt van de kansen die hij had laten liggen om zijn vaderland te ontwikkelen sinds zijn terugkeer naar Georgië in 1992. Na deze politieke manoeuvre van de president zeiden overigens velen het lidmaatschap van de Burgerunie op en richtten zij nieuwe splinterfracties op binnen het parlement.

Ik las het rapport over Georgië van *The Economist*, dat ook niet wat je noemt opbeurend was: import stijgt, we blijven in grote mate van Rusland afhankelijk voor energie en het Internationaal

Monetair Fonds heeft kredieten opgeschort tot Georgië meer in de staatskas krijgt. Georgië is trouwens lid van de Nederlandse kiesgroep binnen de Wereldbank en het Internationaal Monetair Fonds wat inhoudt dat Nederland de belangen van Georgië binnen deze financiële instellingen kan behartigen en Georgië jaarlijks op macro-economische steun kan rekenen.

In 2002 zou de verkiezingskoorts weer toeslaan. Niks leuk. Kortetermijndenken is dodelijk, beloven en vervolgens willen maar vanwege politieke onwil niet kunnen nakomen is erg pijnlijk. Adjarië bleef dwarszitten, de hoofdclown had zijn zoon nu tot burgemeester van de stad Batoemi benoemd en was zelf van plan een tweekamerstelsel in te voeren waardoor hij nog meer macht zou krijgen. Abchazië-onderhandelingen zaten muurvast, de waarnemersmissie zou zeker nog anderhalf jaar blijven. Stuk voor stuk negatieve berichten. Voor de Nederlandse bedrijfslevenmissie die met minister Zalm meegereisd was, hadden we dan ook niet veel positiefs te melden waardoor we ons eerder op de toekomst en niet op het heden richtten.

Komt tijd, komt raad, dacht ik en probeerde moed te houden. Ik voelde dat ik aan het veranderen was. Ik pakte weer eens een boek, zette een klassieke plaat op, keek veel minder televisie, speelde piano, zong met Eduard en soms alleen en kocht wekelijks rozen voor in huis omdat ik andere bloemen niet veel aan vond. Ik werd huiselijker, bakte elke week een cake en was een stuk rustiger geworden. Ook 's nachts sliep ik uitstekend. Ik liet de boel meer de boel. Ik begon meer te accepteren, werd gelatener, snauwde Eduard niet meer af zoals in de maanden ervoor en liet Misja zuchtend thuiskomen als hij dat zo wilde. Ik wist dat het niet aan mij lag, dat er zo ontzettend veel van hem geëist werd en hij vooral ook zoveel van zichzelf eiste, wat eigen is aan een maximalist. Hij kwam 's avonds vaak laat terug, niet zelden in een slecht humeur. Ik liet me door Misja's gezucht niet van mijn stuk brengen, werd er niet opstandig van en begreep dat het op zulke momenten geen zin had om om de aandacht te lopen strijden. Ik zag onszelf als twee sterke individuen die elkaar door en door kenden en vonden dat we bij elkaar pasten en hoorden. Politiek zag ik daarbij als een spelbreker maar ik besefte en accepteerde eindelijk dat het voor Misja onontbeerlijk was om zijn carrière invulling te geven en elke keer een stap verder te zetten. In die tijd droeg hij soms een dik kogelvrij vest. Maar ik wist als geen ander dat daar binnenin een heel gevoelig hart lag en dat deze moeilijke periode voorbij zou gaan. Ik mocht de hoop niet opgeven, moest door de zure appel heen bijten en elke dag weer de moed vinden om met een sprongetje op te staan. Heerlijk om dan te merken dat je eigen kind je energie en moed geeft, dat zijn simpele kijk en vrolijke rondrennen je doen inzien dat er betere dagen zullen komen.

Een Italiaan die bij ons op bezoek was, Leo-Luca Orlando die burgemeester van Palermo op Sicilië geweest was en die stad zo goed als maffiavrij had gemaakt, was met mij aan de praat geraakt voordat Misja de huiskamer in liep en hij sprak heel wijs: 'Ja, jullie leven dit leven samen, ik weet het' en in die woorden vond ik zoveel begrip en sympathie... Misja had trouwens in zijn jeugdjaren samen met een vriend een heuse film gemaakt over de Italiaanse maffia, geïnspireerd door de regisseur Damiano Damiani wiens films in de Sovjetunie getoond werden. Misja was regisseur en nam de rol van een belangrijk stadsbestuurslid in Napels op zich die vermoord werd door de maffia in de strijd tussen twee clans om de controle over de stadsriolering. Misja en zijn vriend hadden hun baarden laten staan en rookten sigaren al bladerend door de enige *Corriera della Sera* die ze hadden kunnen bemachtigen. Toen ze naar aanleiding van verhalen van Misja's overgrootouders een tweede film wilden maken over de goelag in de jaren dertig werden ze in het stadspark waar ze met prikkeldraad en het nabouwen van een hut en wachttoren in de weer waren door een geschokte *militsia* ingerekend voor het verstoren van de publieke orde.

Die Orlando had het door, hij had vijf medestrijders tegen de maffia verloren, was er bijna nooit voor zijn gezin, had moeten onderduiken maar zei dat hij dit niet had gekund zonder de steun van zijn vrouw. Ook toen ik enkele maanden later de Columbiaanse politica Ingrid Betancourt na het lezen van haar *La rage au coeur* een spontane brief schreef over alle parallellen die ik zag tussen haar strijd in Colombia met haar partij 'Oxygen' en Misja's strijd met de 'Nationale Beweging' in Georgië antwoordde ze me in een mail (in februari 2002, de maand dat ze ontvoerd werd; ze is tot op heden niet teruggekeerd) dat steun van de echtgeno(o)t(e) onmisbaar en onschatbaar is en dat ik vooral mijn man overal in moest blijven steunen. Ook al deelde Misja niet alle momenten van de dag met mij, toch deden we alles samen: ik wist wat hij dacht, wat hij voelde, wat er door hem heen ging, welke associaties hij had. Als ik naar het nieuws keek las ik tussen de regels en beelden door hoe zijn gedachten liepen omdat je nu eenmaal na lang samenwonen elkaars gedachten zo ongeveer kunt lezen. En dat brengt je alleen nog maar dichter bij elkaar. 'Liefde is tijd' en 'Tijd is liefde', twee van mijn lijfspreuken: als je veel tijd met elkaar doorbrengt raak je aan elkaar gewend en kun je moeilijk zonder elkaar. En anderzijds als je iets graag doet en er dus liefde in het spel is maak je er tijd voor. Trouwens, als je elkaar pas kent streef je, uitgaande van impulsieve spontane reacties, naar regelmaat: samen eten, samen zijn, regelmatig samen dingen doen. Als je dan uiteindelijk samen bent en in de 'sleur' zit, streef je, precies omgekeerd, naar die spontane onverwachte momenten: een wandeling, een verrassing, een opwelling: dat maakt je relatie juist zo spannend.

Die winter toen Eduard en ik in Nederland op vakantie waren, ging ik Misja die in de buurt moest zijn op de Brusselse luchthaven Zaventem ophalen. Ik mocht mijn broers auto gebruiken, een oude blauwe Renault die geen verwarming had en waarvan Misja het rechterportier tijdens de hele rit naar Terneuzen moest blijven vasthouden omdat die slecht sloot. Ondanks de kou moesten we er erg om lachen. We hadden honger en stopten in het Belgische Zelzate bij een Chinees restaurant om er tot de conclusie te komen dat ze niet veel anders hadden dan gebakken kikker die ons toch best smaakte. In Terneuzen schaatsten we op de Markt op kunstijs wat we niet gedaan hadden sinds Central Park in New York toen ik zwanger was.

6 Beslissende strijd (2002-2003)

Eduard en ik genoten van een uitgebreide wintervakantie in Nederland om onze batterijen na een jaar vol spanning en avontuur weer op te laden. Het was altijd fijn om bij mijn ouders thuis te komen. We waren het ritme en de gewoontes zo weer gewend en smulden van lekkernijen die we in Georgië niet konden krijgen.

Wat mijn werk betrof was de overgang van consulaat naar ambassade zo goed als achter de rug en na mijn terugkomst zou wel blijken welke kant het op zou gaan met mijn carrière binnen de nieuwe ambassade die Georgië, Armenië en binnenkort ook Azerbeidzjan als ambtsgebied zou hebben. Het leek me verstandig Eduard een aantal weken intensief zwemles te laten nemen om over zijn watervrees heen te komen. Omdat ik meer vrije tijd had dan anders als ik in Nederland was, wilde ik enkele klassiekers lezen en koos voor *De Opstanding* en *Anna Karenina* van Tolstoj in Nederlandse vertaling.

Op 2 februari 2002 reisden mijn moeder, Eduard en ik af naar Amsterdam om het koninklijk huwelijk bij te wonen. Niet alleen omdat het zo'n bijzondere gebeurtenis was, zeker ook voor Eduard, maar ook omdat ik een sterke lotsverbondenheid met prinses Máxima voelde die net als ik met een buitenlander trouwde, de taal aanleerde en erg geliefd was in haar nieuwe vaderland. We maakten de kerkelijke inzeging via grote schermen in de hoofdstad mee en stonden langs de stoet waar de gouden koets langsreed met Máxima aan onze kant!

Met zijn tweetjes maakten Eduard en ik een treintoer door Nederland: Miniatuur Walcheren, de Efteling in Kaatsheuvel, Museum van Oudheden en Naturalis in Leiden, Ruimtevaartmuseum in Noordwijk en in Amsterdam het Kattenkabinet, Allard Pierson

Museum voor Oudheden met als tentoonstelling 'Jong zijn in de Oudheid' en het Tropenmuseum met een heus Ashanti-paleis waar ik na het lezen van Japins *De zwarte met het witte hart* dubbel van genoot. In Groningen ten slotte, waar we bij mijn neef logeerden, bewonderden we de Repintentoonstelling *Het geheim van Rusland* en beklommen we de Martinitoren waarna we naar het politiepettenmuseum in Slochteren reden en onderweg niet alleen de jaknikkers aan de horizon zagen verschijnen maar toevallig ook een baggerschip met de naam *Niko Nikoladze*, een beroemde Georgiër die ongeveer een eeuw geleden de Zwarte-Zeehaven van Poti had gebouwd en die als burgemeester van die stad veel had betekend voor het ontsluiten van de Georgische havens en van Georgië in zijn geheel. Hij was een *all-rounder* die op wetenschappelijk, literair en bestuurlijk gebied hoogstandjes had geleverd. Dit baggerschip was in de Damen shipyards in Delfzijl gebouwd en zou binnenkort overgevaren worden naar de haven van Poti. Het schip zou binnen vier jaar zijn prijs opbrengen omdat het jaarlijks huren van een Oekraïens baggerschip ook een peperdure aangelegenheid is.

Tijdens onze afwezigheid werd in Georgië na twaalf jaar weer een volkstelling gehouden. Wat velen al die jaren al vermoed hadden werd bewaarheid: 4,4 miljoen inwoners wat gelijk stond aan 20% uitloop in het afgelopen decennium! Hieraan was een aantal oorzaken debet: begin jaren negentig namen groepen Grieken en Russen de wijk vanwege het toenemende nationalisme onder president Zviad Gamsachoerdia. In diezelfde periode zijn er niet alleen duizenden slachtoffers gevallen tijdens de burgeroorlogen in Abchazië en Ossetië maar zijn ook vele etnische Georgiërs uit vooral Abchazië naar het buitenland gevlucht. De grootste groep (tijdelijke) emigranten was echter die van economische migranten die bij gebrek aan toekomstperspectief hun heil elders gingen zoeken. Om datzelfde gebrek aan een positief toekomstbeeld en economische stabiliteit is het geboortecijfer sterk gedaald. Net als in de rest van Europa is Georgië flink aan het vergrijzen. Maar de vergrijzing heeft dus alles met emigratie en een daling van het aantal geboorten te maken en niets met een toegenomen welvaart.

Na onze terugkeer in Georgië begin februari 2002 was het duidelijk dat er op professioneel vlak een en ander voor mij zou veranderen. Op de nieuwe Nederlandse ambassade was nog steeds niet met zoveel woorden gezegd of ik voor hen kon blijven werken, we waren ons beiden nog volop aan het oriënteren om een takenpakket en een status te vinden die zou passen bij de nieuwe vorm van samenwerking. Wel had de ambassadeur voorzichtig geopperd om me eventueel – ook gezien mijn kennis van het Russisch – voor hun ambtsgebied Armenië in te zetten maar dat trok me niet. Toen werd er in de residentie van de ambassadeur een 'Keep in touch with the Dutch' gehouden voor Nederlanders en aan Nederland gerelateerde Georgiërs. Ik maakte zoals gebruikelijk met ieder een praatje en antwoordde met een ongemakkelijk schouderophalen op de vraag of ik op de ambassade zou blijven werken of niet. Ik groette net mijn vrienden van de zanggroep Kereoni toen ik geheel onverwacht formeel naar voren werd geroepen en ik plotseling een cadeau in mijn handen gedrukt kreeg onder de toevoeging 'Bedankt voor alles, hè'. Alsof dit nog niet bot genoeg was moest ik met tranen in mijn ogen aanhoren hoe een van de nieuwe diplomaten met een glas bier in zijn hand de genodigden aanspoorde op mijn gezondheid te drinken. Ik stamelde een dankjewel en kon het niet laten erbij te zeggen 'In Georgië wordt nooit, maar dan ook nooit, met bier geproost', waarna ik mij zo kalm als ik kon omdraaide en in een vergeefse poging om mijn afscheidscadeau te laten liggen op zoek ging naar mijn jas. Kereoni zong ondertussen een *mraval zjamie* (een uitbundig feestlied) omdat ze niet beter wisten. Ik stapte in mijn Lada Niva en reed huilend weg. 'Keep in touch with the Dutch'!

Ik probeerde bij mijn oude werkgever ICRC, het Rode-Kruiscomité waar ik jaren gewerkt had of ik terug kon keren maar men vroeg me plots of ik wel een werkvergunning had. Toen ik die enkele weken later ophoestte kwam ICRC nog niet over de brug en werd het me duidelijk uit welke hoek de wind waaide: als vrouw van een oppositieleider was ik niet langer welkom omdat internationale organisaties nu eenmaal afhankelijk zijn van de nationale overheid. Van hetzelfde laken een pak bij de Europese Unie waar ik solliciteerde op een baan die me op het lijf geschreven was maar toch aan mijn neus voorbij ging. Ook bij de International Organisation for Migration kon men me niets bieden. Mijn man werd er opstandig van en zelfs bezorgd omdat ik immers al jaren de hoofdkostwinner was. Zonder een vaste werkgever en een regelmatig inkomen werd onze toekomst onzeker. Zoveel verdiende Misja immers niet.

Ik speelde wel al een tijdje met de gedachte om een eigen *business consultancy*-bureau op te zetten maar het zou zeker de nodige tijd kosten om mijn bedrijf winstgevend te maken. In Kiev had ik op de Nederlandse ambassade trouwens een Nederlandse headhunter ontmoet en speelde met het idee om eventueel een headhunterbureau in Tbilisi op te zetten (naast bedrijfsconsultancy).

Wat ik ook nog vrij serieus heb overwogen was om me beschikbaar te stellen voor het voorzitterschap van het Georgische Rode Kruis maar ik besefte op tijd dat het voor Misja's tegenstanders eenvoudig zou zijn om hem via mij in diskrediet te brengen. In zo'n functie zou ik immers verantwoordelijk zijn voor alle lopende activiteiten van de Nationale Rode Kruisvereniging in Georgië, of dat nu het distribueren van een voedselpakket in de Adjarische bergen of medicijnen aan een polikliniek in Zoegdidi was. Het zou immers de nodige tijd en geduld gevergd hebben om goed gemotiveerde medewerkers en vrijwilligers te selecteren en de lijsten van begunstigden te controleren want zoals ik uit eigen ervaring wist, schortte daar nogal wat aan en zou het niet een kwestie van bij nul beginnen zijn geweest maar van ver onder het nulpunt en langzaam opkrabbelen en vertrouwen winnen. Ik heb het de leiding van een organisatie als het Georgische Rode Kruis dan ook altijd kwalijk genomen dat het zijn functie niet heeft gebruikt om op zoek te gaan naar de meest kwetsbaren, om ze uit het moeras te trekken en ze hoop te geven. Zo'n organisatie heeft zoveel potentie en het is doodzonde dat het in de afgelopen tien jaar zoveel kansen heeft laten liggen om tot ontwikkeling te komen en het eigen imago te verbeteren waardoor er alleen maar een positieve kettingreactie van donoren gevolgd zou zijn.

Gelukkig was ik snel over mijn bitterheid heen en werd de relatie met de ambassade juist een bijzonder goede. Ik kreeg de computer en de printer waar ik altijd op gewerkt had voor op mijn humanitaire stichting evenals wat meubilair en spullen die ik met mijn ex-collega's deelde. Ik had nog wat spaarcentjes en zou ook incidentele inkomsten tegemoet kunnen zien van het Nederlandse Programma Uitzending Managers (PUM) dat het coördinatorschap voor Georgië voorjaar 2002 aan mij overdroeg. In het PUM-kader ging ik binnen het Georgische midden- en kleinbedrijf (MKB) op zoek naar bedrijven en instellingen die bij een korte missie van een (vaak gepensioneerde) Nederlandse expert in managementkwesties baat zouden kunnen hebben. In de anderhalf jaar die volgden kreeg ik van het Nederlands bedrijfsleven, de Nederlandse ambassade in Georgië en ook van particulieren interessante opdrachten. Ik organiseerde zakenlunches voor groepen, trok een aantal verzekeringsclaims na, deed marktstudies in de vleeswarensector, diepvriesgroenten en contactlijmen en maakte voor velen Georgische wet- en regelgeving toegankelijk of diende van advies bij aan- en verkoop van onroerend goed.

Naast mijn consultancywerk voor 'Dutch Initiative for the Development of Georgia', een naam die Misja had aangedragen, was mijn andere bezigheid liefdadigheid via Stichting SOCO. We verhuisden ons kantoor naar een centraler gelegen punt in Saboertalo waaraan we net zoveel huur kwijt waren en bovendien wat opslagruimte hadden en een heus badkamertje met koud stromend water. In plaats van de eerste maand huur te voldoen stelden we de eigenaar voor de ruimte een likje verf te geven en er tapijt in te leggen en traliewerk aan de balkonkant te plaatsen. Stichting SOCO begon zich wat breder te oriënteren en liet in haar statuten een extra doelstelling opnemen, namelijk 'algemene bewustwording van de bevolking door middel van informatiecampagnes'. Ik dacht daarbij aan een soort Postbus 51-functie die de burger bewust zou maken van een gezonde, verantwoordelijke levensstijl en gedrag. Hierbinnen paste bijvoorbeeld promotie van sport, preventie van borstkanker en AIDS (HIV-besmetting vindt in Georgië in drie van de vier gevallen via de drugsnaald plaats), maar ook strijd tegen discriminatie en stigmatisering van bijvoorbeeld psychisch gestoorden of epilepsie- en tuberculosepatiënten.

We liepen al een tijd rond met serieuze verhuisplannen, waren het leven aan de Achalsjenistraat eigenlijk al een tijd beu ondanks de verbouwing die we hadden uitgevoerd, we zagen het gebouw achter ons maar hoger en hoger worden en ons daglicht wegnemen en we waren ontevreden met de buurt, toch zeker na die vechtpartij voor ons huis van ruim een jaar geleden waaraan we een heel wrange nasmaak hadden overgehouden. We hakten de knoop door en namen een makelaar in de hand die flink haar best deed en ons tientallen opties bood en ondertussen voor onze duplex een koper zocht.

Half maart stonden er al narcissen in huis, zo was ik aan het voorjaar toe en voor de prijs hoefde ik het ook niet te laten: dertig stuks voor twee Georgische lari, ongeveer een dollar. En voordat ik de kriebels kon krijgen om eens aan de voorjaarsschoonmaak te beginnen kregen we een serieuze koper voor ons huis!

Wij op onze beurt hadden ons oog laten vallen op een prachtig appartement aan de rivier. Helaas bleek de eigenares niet in prijs te willen zakken omdat ze zoveel geld nodig had om haar zoon uit de gevangenis vrij te kopen. Daar trapten we niet in, dank je de koekoek! Voor je het wist zou je in een smerig zaakje verwikkeld raken! En de pers zou dat breed uitmeten!

Mijn vader diende ons trouwens tijdens onze zoektocht naar enerzijds een koper en anderzijds een beter appartement vaak van advies, hij was immers zelf makelaar in onroerend goed. Mijn ouders liepen ook al een tijdje met het idee rond om in Georgië een vakantiehuisje te kopen niet te ver van de hoofdstad – in papa's woorden 'op fietsafstand' – liefst boomrijk om de schaduw te kunnen opzoeken en liefst met een bron in de buurt omdat er in de meeste buitenhuiswijken en – dorpen geen stromend water voorhanden is.

Toen ze tijdens een bezoek iets op het oog hadden en vol trots tijdens een etentje bij Misja's grootouders aan hun schoonzoon meldden dat ze al een optie hadden genomen en waarschijnlijk de volgende dag over zouden gaan tot aankoop van een half-afgebouwd zomerhuis van drie verdiepingen in Zemo-Bethania stak hij daar een stokje voor. Hij kon het zich niet veroorloven om het risico te lopen dat de pers erover zou schrijven. 'Ja maar,' opperde mijn vader 'het is toch mijn geld en ik zet het huis op mijn naam.' Maar Misja wilde er niets van weten, hij zat juist midden in de politieke debatten over het misbruiken van overheidsgelden voor de aankoop van onroerend goed en was van mening dat zijn tegenstanders juist op zulke berichten zaten te wachten om hem in diskrediet te brengen. Mijn ouders waren bijzonder teleurgesteld. Mijn vader zei zelfs dat hij een huis zou bouwen van een enkele verdieping met twee verdiepingen onder de grond maar Misja riep ook daarop half lachend uit: 'No way!'

Uiteindelijk zouden we pas in het najaar de koopsom voor onze woning ontvangen en tijdelijk bij Giuli intrek nemen. Het was november 2002 toen we een duplex in het centrum van de stad kochten en betrokken, aan de voet van de Heilige Berg en met prachtig uitzicht op de 'zonovergoten rozenstad' Tbilisi.

Lokale verkiezingen werden uitgeschreven voor begin juni 2002. Misja wilde in de stadsraad van Tbilisi en andere steden zoveel mogelijk zetels behalen en begon in april campagne te voeren voor zijn Nationale Beweging. Zo kwam hij in het West-Georgische Zoegdidi voor een bijeenkomst waar een dertigtal gewapende in de lucht schietende mannen, hoogstwaarschijnlijk gestuurd door de regeringspartij, hem de toegang tot de zaal beletten. Hij keerde onverrichterzake terug en mocht het op alle kanalen in geuren en kleuren komen navertellen. Ik schreef naar huis dat Misja meer bodyguards nodig had en dat ik hem het geld daarvoor zou geven dat ik gelukkig net voor consultancy overgemaakt had gekregen. Hij zag van een geplande reis naar Moskou af omdat daar bij een persconferentie blijkbaar iets geraamd zou zijn. Vanuit Adjarië zou er een vliegtuig met meer dan honderd man overgevlogen zijn die niet de beste intenties hadden. We waren ons bewust van de gevaren maar waren ondertussen gewend geraakt aan dit leven vol risico's. De sfeer in de Georgische politiek was immers per definitie gespannen: Gelukkig was ik zo langzamerhand in dit mini-oorlogje een heuse veteraan geworden. Misja was ervan overtuigd dat hij de enige hoop was voor dit land en ik was daar evenzo zeker van. Hij zou tot het einde toe vechten, dat stond buiten kijf. Zo zei hij in die periode een keer dat hij een mooi vijfendertig jaar lang leven had gehad en klaar was om te sterven. Hij was zo lief en aandachtig en ik moest ervan huilen. Ik herpakte me weer en merkte dat het leven zoveel meer diepte en betekenis kreeg, ik genoot van elk moment, elke handeling werd er zowat één van levensbelang, dat was een heel existentieel en puur gevoel. De toekomst van een land stond op het spel en wij stonden in de vuurlinie met opgeheven hoofd en de borst vooruit, klaar voor de aanval.

Voor het eerst in mijn leven maakte ik op 25 april 2002 's avonds laat een heuse aardbeving mee in Tbilisi, met een niet geringe kracht van 6,8 op de schaal van Richter. Misja was met de auto onderweg en voelde behalve een stuurzwenking van de chauffeur niets bijzonders. Pas toen de mensen uit hun huizen de straat op renden stopte hij en bevatte wat er gebeurd was. Eduard en ik waren bij Giuli thuis. Eduard was in de badkamer zijn tanden aan het poetsen en ik was bij Giuli potten en blikken in de keukenkastjes aan het inruimen toen alles plots begon te trillen en rommelen. Dat duurde enkele seconden. De balans was zeven slachtoffers, enkele tientallen gezinnen dakloos en meer dan zevenhonderd woningen zwaar beschadigd. De materiële schade werd op enkele tientallen miljoenen dollars geraamd. Er was ook een aantal naschokken waar we telkens vreselijk van schrokken en paniekerig op reageerden door naar de deurpost van een kapitale muur te rennen, dat gedeelte van een huis dat meestal blijft staan. Mensen werden geëvacueerd, elders ondergebracht en huizen met instortingsgevaar werden met netten en stutten tijdelijk vastgezet. De stad inventariseerde de beschadigde huizen en deelde ze in verschillende categorieën in: I, II, III. De derde categorie zou voorrang krijgen zodra er fondsen beschikbaar kwamen. Maar de reconstructie kwam erg langzaam op gang. Wantrouwen ten opzichte van de noorderburen was in de laatste tijd zo toegenomen vanwege de bombardementen aan de Georgische zijde van de noordergrens, dat boze tongen beweerden dat het ging om een door de Russen kunstmatig opgewekte aardbeving die vanuit het geheime ondergronds laboratorium Esjeri opgewekt zou zijn. Dat ging mij te ver.

Het twee dagen durende gijzelingsdrama in het Dubrovkatheater in Moskou in oktober 2002 onderstreepte nogmaals de behoorlijk gespannen situatie tussen de Russische Federatie en Georgië. Tussen de met explosieven bekleedde Tsjetjeense kamikazes die eisten dat de Russische troepen zich terugtrokken uit de deelrepubliek Tsjetsjenië, dook ergens een Georgische vlag op die naar Russische interpretatie wilde zeggen: 'Georgië! Bedankt voor de onderduiking, bevoorrading en training van gewonde en onderdrukte Tsjetjeense strijders!' Het leek ons en vele andere Georgiërs meer een duidelijk opgezette provocatie op basis waarvan de honderduizenden Georgiërs in Moskou nog harder aangepakt werden en aan voortdurende controle onderhevig werden gesteld. Ook in Georgië zouden Tsjetjeense rebellen huizen die moesten en zouden worden uitgeleverd aan Rusland. Een lijst met officieel geregistreerde Tsjetjenen werd door Sjevardnadzes regering aan de Russische Federatie overgedragen.

Geen wonder dus dat de gemoederen extra verhit waren tijdens de Russisch-Georgische voetbal- en rugbywedstrijden die vlak na het gijzelingsdrama gespeeld werden. Met Eduards klasgenootje Tornike en zijn ouders trokken we naar het stadion in het Vakepark waar tijdens de voetbalwedstrijd na veertig minuten zonder enig doelpunt het licht spontaan uitviel. Was er opzet in het spel? Dat zat erin. De sfeer in het stadion was behoorlijk grimmig en na een uur werd pas duidelijk dat er niet meer verder gespeeld zou worden en dropen we af. Georgië heeft een flinke schadevergoeding aan de UEFA moeten betalen voor deze stroomstoring. Bij rugby versloeg Georgië de Russen met 17-3! Tbilisi stond op stelten: vlaggen uit de auto's, getoeter, mensen op straat, het was een volksfeest en de Georgische ploeg mocht naar de kampioenschappen in Australië!! Dit was een onmiskenbare *booster* voor wat je noemt het nationale gevoel van bij elkaar horen en daar trots op zijn, waar het aan ontbreekt in dit land. Gaan Nederlanders ook niet helemaal door het lint met hun oranjegekte?! Sport en cultuur zijn manieren om het saamhorigheidsgevoel te uiten en te onderstrepen. Georgië had overwinningen nodig en zo voelde ik het ook toen ik Irina, Miss Georgia 2003, ontmoette en haar veel succes wenste voor de Miss World-verkiezingen van december in

China. Ik gaf zelfs toe dat ik haar meer zou steunen dan Miss Holland!

Mensen gingen in de dagen die op de aardbeving volgden massaal naar de kerk, uit angst maar tegelijkertijd dankbaar voor het feit dat hen niets overkomen was. Met de traditie dat pasgeborenen pas na veertig levensdagen kunnen worden gedoopt werd iets minder streng omgesprongen en velen doopten hun kinderen meteen na de aardbeving.

Na een paar dagen was het gevaar voor naschokken weggeebd en vroeg eenieder aan elkaar waar hij was op het tijdstip van de aardbeving zoiets als in de jaren zestig ontstond rondom JFK (Waar was je toen je vernam dat JFK vermoord was?). Ook SMS-jes met de tekst '*gadavrchit*' (we hebben het overleefd) werden veelvuldig over en weer verstuurd.

Vanwege schade aan talrijke schoolgebouwen kondigde de minister van onderwijs het einde van het schooljaar aan. Eduards school kwam met een originele en welkome oplossing: er zou nog zes weken les worden gegeven in een van de huizen van het Etnografisch openluchtmuseum.

Wij hadden zelf wat schade aan de muren maar het waren geen diepe barsten en het was eenvoudig te repareren. Onze open haard lag wel in stukken.

Hoewel Tbilisi nauwelijks bekomen was van de schrik vonden de festiviteiten van de ambassade rondom Koninginnedag gewoon doorgang. Er werd dit jaar een filmretrospectief van Johan van der Keuken geboden en schrijver Arnon Grunberg kwam op bezoek, wiens werk ook in Georgische vertaling werd voorgelezen. Docente Nederlands Ingrid Degraeve en haar man Vato Tsereteli hadden dit alles geïnitieerd en georganiseerd in samenwerking met de Nederlandse ambassade en enkele fondsen. Het was niet de eerste keer dat ze het organiseren van literaire ontmoetingen op zich namen, eerder sprak ik hier al over. In Tbilisi werd trouwens de laatste jaren best hard gewerkt aan promotie van het boek en algemene interesse voor literatuur: er werden veel nieuwe Georgische (kinder)boeken uitgegeven, interessante naslagwerken voor kinderen werden uit het Engels vertaald en mooi uitgegeven, een aantal literaire cafés in de hoofdstad opende zijn deuren, dagbladen kregen jeugdbijlagen of speciale literaire bijlagen. Arnon Grunberg raakte erg in de ban van Georgië en de Georgiërs en schreef er in zijn columns vol lof over. Ik heb hem tijdens zijn bezoek ontmoet maar kon niet mee op excursie naar het grottencomplex David Garedji omdat ik aan het blokken was voor mijn examen Georgisch aan de universiteit. In het kader van mijn doctoraalthesis moest ik immers een aantal examens afleggen in het vakgebied van de thesis en omdat de verdediging in het Georgisch zou plaatsvinden was een van de examens Georgische taal. Ik moest voor een commissie van vier man verschijnen, waarvan er één een beroemd linguïst-academicus en parlementslid was, Tamaz Gamqrelidze, momenteel president van de Georgische Academie der Wetenschappen. Zij staken hun bewondering voor mijn beheersing van de Georgische taal niet onder stoelen of banken en ik mocht naar huis met drie vijven (maximum aantal punten) en een vier voor de uitspraak. Enkele maanden later zou ik Algemene Taalkunde (in het Engels) moeten afleggen, ook daar was ik al volop mee bezig.

Ook ik stortte me vanaf de maand mei volop in de verkiezingscampagne. Ik stond 's morgens vroeg om zeven uur op om vóór acht uur op de metrostations foldertjes uit te delen van de Nationale Beweging. Ik zei daarbij dat men op mijn man moest stemmen of toch in ieder geval naar de stembus moest gaan. Elke stem die niet zou worden uitgebracht was immers een kans voor de heersende elite om te sjoemelen met stembiljetten. Omdat ik dankzij televisie en radio nu een stuk bekender was dan drie jaar ervoor toen ik ook al actief was geweest tijdens de verkiezingen, was gezichtsherkenning nu meer regel dan uitzondering. Men uitte zijn waardering dat ik als buitenlandse echtgenote zo achter mijn man stond en zo dicht mogelijk bij de mensen wilde zijn. Ik kreeg kusjes, bloemen, ijsjes en een enkeling vroeg zelfs om mijn handtekening op de brochure te plaatsen. De reacties waren positief. Een enkeling raakte geïrriteerd. Ik herinner me een jongeman die naar me toe kwam en op gedempte toon vroeg: 'Hoeveel betalen ze je hiervoor?' Ik riep uit: 'Niks, het gaat toch om mijn man!' Zijn ogen rolden zowat uit zijn kassen en hij schoot als een speer richting roltrappen. 'Zo,' dacht ik bij mezelf, 'dat is er weer één die nummertje 34 zal omcirkelen!'

Misja rekende op meer dan de helft van de 49 zetels in de stadsraad waarop hij zichzelf kandidaat zou stellen als voorzitter. Vanwege deze opnieuw onverwachte zet plaatsten heel wat kopstukken zich ook op de kandidatenlijst voor het stadsbestuur van Tbilisi om zo tegenwicht te bieden aan de 'tomeloze' Misja. Of de stemmen echter eerlijk geteld zouden worden was zeer de vraag.

Het leek ons verstandig om rondom de verkiezingen uit de stad te blijven. Eduard en ik logeerden daarom bij kennissen op het platteland niet ver buiten de hoofdstad en volgden de verkiezingsperikelen via het televisiescherm. Hoewel de opiniepeilingen uitwezen dat Misja's partij als sterkste uit de bus zou komen, haalde de Nationale Beweging slechts veertien van de negenenveertig zetels, bijna een derde. Dus niet de benodigde comfortabele meerderheid. Na verloop van tijd werd duidelijk dat de laboristen (Arbeiderspartij onder leiding van Sjalva Natelasjvili) die vijftien zetels hadden binnengehaald bereid waren samen te werken met de Nationale Beweging en met een gemeenschappelijk programma te komen. Samen droegen zij één voorzitter voor, Mikheil Saakasjvili.

In een opzienbarend televisiedebat gaf Misja ongezouten kritiek op de manier waarop tijdens de verkiezingen naar zijn mening gesjoemeld was. Er werd door een van de kijkers gebeld. Het bleek president Sjevardnadze in hoogst eigen persoon te zijn die Misja van leugens beschuldigde. Op de achtergrond hoorde men een vrouw hysterisch roepen! Door zichzelf tot dit niveau te verlagen maakte de president zich uiterst belachelijk en Misja, die zijn eigen oren niet kon geloven, deed er zijn voordeel mee.

Voordat Misja echter tot voorzitter verkozen kon worden moest de stadsraad bijeengeroepen worden wat op een kunstmatige manier werd tegengehouden. De centrale Kiescommissie greep uiteindelijk in om de raad bijeen te roepen. Vervolgens was er dwang nodig om de officiële oproep hiertoe in de pers te laten verschijnen. En toen de stadsraad uiteindelijk in de banken had plaatsgenomen stond er plotseling een deurwaarder voor het raadhuis met een gerechterlijk bevel tot opschorting van de zitting. De activisten van de Nationale Beweging werkten hem naar buiten en verhinderden hem ook om het document met een touw naar de derde verdieping te hijsen. Misja werd verkozen. Hij was weer een stap verder en pakte de uitdaging met beide handen aan.

Ik bleef door het land reizen, verkiezingstijd of niet. Ik had mijn projecten in de regio's en ging ook vaak in West-Georgië bij vrienden op bezoek. Zo kwam ik in de geboortestreek van twee zangers van het Georgische ensemble Kereoni terecht, Tsjiatoera in Centraal-Georgië, waarvan de naam op een bijzondere wijze is ontstaan. Als je vanaf een van de bergtoppen het dal in kijkt zie je een wirwar van kronkels van bergpaadjes en stroompjes waardoor je spontaan uitroept: 'Is het een worm ofzo?' (in het Georgisch: '*Tsjiaa, toe ra*?'). In deze streek wordt hoge kwaliteit mangaanerts gedolven waardoor Tsjiatoera in de Sovjettijd een bloeiende industriestad was met tienduizenden Georgische en Russische arbeiders, een treinverbinding en tientallen kabelbaantjes voor het vervoer van al die arbeiders. Nu is het aantal inwoners in deze streek bijna gehalveerd en is er veel ellende veroorzaakt door werkloosheid, de geïsoleerde ligging van Tsjiatoera en de aardbeving van 1989. Toen we er later in de winter een voedselpakkettenactie hielden voor vierhonderd alleenstaanden, gehandicapten en kroostrijke gezinnen kwamen we met een vrouwtje van vijfenzeventig in contact dat niets maar dan ook niets in haar éénkamerflat had staan en in het keukentje in de rook bij haar kacheltje stond. Ze stond niet op onze begunstigdenlijst maar we konden het niet over ons hart verkregen haar met lege handen achter te laten. Ze was erg vuil en haar grijze haar dat lang water noch shampoo had gezien stond in stijve plukjes op haar hoofd. Ze had geen schoenen aan maar lapjes warme stof met touwtjes rond haar voeten gebonden. Haar buurvrouwen merkten op dat we wellicht meel, suiker en olie hadden gebracht maar dat ze niet eens zelf iets zou kunnen klaarmaken. Ze smeekten me iets voor deze vrouw te doen, er waren al zo vaak brieven geschreven aan politici over haar toestand maar niemand had ooit een vinger naar haar uitgestoken. Ze zou een neef hebben die soms wat brandhout of een paar lari stuurde maar iemand die er onverzorgder en verwilderder uitzag dan deze

Natela had ik nog nooit gezien. Ik belde die avond een pensionaat voor alleenstaanden in Koetaisi en sprak met de directeur af dat we haar de volgende dag zouden brengen. De gemeente zou haar papieren en dossier bijeen zoeken en de taak op zich nemen om haar te fatsoeneren waarop ze naar het stadion van Tsjiatoera werd gereden waar warm water voorhanden was. De volgende dag was ze gewassen, gekamd en had ze kleren, plastic schoenen en een muts op maar het vuil van haar handen was er met geen borstel af te schrobben. Een van onze collega's grapte dat we nu voor Natela op zoek moesten naar een man. Toen ze na twee uur slechte weg in Koetaisi op een stoel werd gezet en de verpleegsters vroegen of ze geen tas bij zich had, zei ze: 'Nee, ik heb geen bagage, maar kunnen jullie me een teil warm water voor mijn voeten brengen?'

Met de mangaannijverheid in Tsjiatoera was pas tegen 1900 begonnen en niet alleen door Georgiërs. Ook drie ondernemingslustige Antwerpse gebroeders, die zoals vele andere Belgen hun vaderland tijdelijk ingeruild hadden voor een industrieel avontuur in een ander deel van de wereld, werden aangetrokken om hun steentje bij te dragen aan de mijnbouw. De Ruslandgangers zoals men ze noemde kwamen terecht in de streek Tsjiatoera en hielden er een dagboek bij over hun belevenissen. Het toeval wil dat Misja's overgrootmoeder Tamara in die streek haar jonge jaren heeft doorgebracht, namelijk in het dorp Zedargani vanwaar ze Stalin nog eens via een binnenpad in veiligheid had gebracht. Zedargani ligt op een steenworp van het dorp Darkveti waar de Belgen August, Henri en Pieter Muls van pakweg 1912-1918 hadden verbleven temidden van de *Georgianen*. Het dagboek van August* las ik dus met meer dan gewone belangstelling. Ik droomde weg bij passages als deze:

17 april 1918:
Nog een vijftigtal wijngaarden geplant langs de inkomweg aan de

* *In de Kaukasus*, Dagboek van August Muls, een Antwerps mijnexploitant 1917-1918, red. Johan Braet en Eddy Stols, Berchem (België) 1990.

zuidkant van het huis en langs het schutsel in de moeshof. Onze wasvrouw die zich in Tiflis verhuurd had, is teruggekomen en vandaag met onze was begonnen. Er was een ontzaglijke hoop vuil goed want we hadden sinds Kerstmis niet meer gewassen.

Of deze van 10 september 1918:

Ik verzorg de tomaten die nu in volle opbrengst zijn. Zend door tussenkomst van R. een brief naar moeder. Zal hij ditmaal aankomen? Zamel nog bomen in en ga in de namiddag nog naar beneden om een telegram te halen dat voor ons aangekomen is. Het is van B. die me vraagt naar Tiflis te komen. 't Is wel juist geen aanlokkelijke reis, want er rijdt slechts één trein per dag en dan nog zo traag tengevolge van de slechte kolen van Kviboeli die bij gebrek aan mazout nu gestookt worden, zodat er wel veertig uren nodig zijn om in Tiflis te geraken.

Een van de gebroeders had een liefdesaffaire met de *gebuurvrouw*, Tamara Tsjkheidze, een hele jonge Georgiaanse die met een dubbel zo oude zuurpruim in de echt was verbonden, wiens neef vervolgens als wraak op het station van Sjorapani met een getrokken sabel op de verkeerde Muls insloeg die het geluk had dat zijn pijp de ergste klap opving. Prachtig gewoon, ik smolt helemaal weg. Misschien kon ik nog wel afstammelingen traceren in België en ze interesseren voor het Georgische verleden van hun familieleden en ze warm maken voor een humanitair project in Darkveti. Het is fijn om te lezen in hun dagboek, in sappig Vlaams gesteld, hoe zij mijn Georgië van een eeuw geleden hebben leren kennen en dezelfde verschillen en karaktertrekken opmerkten als ik in de beginjaren.

Die stationsscène deed me zo denken aan het vier uur durende toneelstuk *Anna Karenina* dat ik in het Mikheil Toemanisjvilitheater in Tbilisi had aanschouwd. Een hoogtepunt! Ik had al zo van het boek genoten en verplaatste me met zoveel genoegen in die periode van lange treinreizen, paarden, post en telegraaf.

Mijn handen begonnen te jeuken: ik wilde iets doen met dit zo ongewone gegeven van Vlaamse gebroeders die in de Georgische provincie terechtgekomen waren en de taal hadden leren spreken, de gerechten hadden leren eten en de paden met hun paarden hadden bereden die ik met mijn Niva beklom om de dorpsschool van boeken en lesmateriaal te voorzien. Ik wilde graag op zoek naar het huis waarin ze gewoond hadden, naar het graf van hun vader Theophilus die zich met vrouw en dochter bij zijn zonen had gevoegd tijdens de Eerste Wereldoorlog en er helaas was komen te overlijden. Ik wilde dat klooster Dzjroeti bezoeken waar ze in de weekeinden soms te paard heentrokken, gewapend met bajonet en revolver tegen struikrovers, om een koe of enkele kilo's kaas in te slaan en wilde proberen het eikenbos, het hoenderhof en de moestuin te lokaliseren waar ze zurkel, pastinaken, pronkappels, chicorei en rabarber kweekten en die rabarber met lokale kweeperen mengden tot een zelfgemaakte gelei. Henri kookte zelf zeep (zeepzieden), maakte likeuren met kruiden en bakte zelfs wafels met een uit Antwerpen meegebracht wafelijzer. Ook werd hij als veearts vaak ingeroepen en had hij zich zo geliefd weten te maken dat hij zelfs als peetoom van Georgiaanse kinderen gevraagd werd.

Na de bolsjevistische oktoberrevolutie veranderde de situatie voor de Belgen in den vreemde en werd de druk opgevoerd om de zogenoemde 'concessies' te verkopen aan derden. In juni 1925 was het zover: men verkocht door aan Harriman en Henri liet begin 1926 als laatste voorgoed Darkveti achter zich.

Toen ik anno 2002 in Darkveti op zoek ging naar informatie over de gebroeders bracht men mij in contact met een tachtigjarige dame, Keto, die in het huis van Tamara Tsjkheidze woonde en die mijn vrienden en mij op een zonnige herfstelijke namiddag nog slechts de enkele steenresten van het huis van de Mulsen kon laten zien. We maakten er foto's, ook van het graf van Tamara die volgens Keto blijkbaar nog lang had 'nagepraat' over de Vlaamse gebroeders en zelfs nog contact had gezocht, jaren later. Bij een volgend bezoek aan Darkveti mocht ik de samovar, een naaimachine, een tafeltje, een spiegel, een telraam en een stoel komen bewonderen bij een van de dorpelingen thuis, allemaal huisraad achtergelaten door de Mulsen. Op het kerkhof van Darkveti lokaliseerden we uiteindelijk dankzij gegevens uit het dagboek het graf van Theophilus Muls die in maart 1916 gestorven was en wiens graf zijn zonen elke zondag daarop trouw bezochten, waar *te midden van de schismatieken een katholiek voor eeuwig rustte...*

Eduard zat in zijn spookfase. Op de noodschool in het openluchtmuseum waren nogal wat donkere hoekjes, kasten en kelders te vinden die zo typisch zijn voor de huizen uit de verschillende regio's van Georgië. Hij zei soms zulke rare dingen dat ik weleens dacht hem gerust te moeten stellen of hem uit de droom te moeten helpen. Hij had op school een hand uit de kast zien komen en hij voelde hoe hij als hij liep achteruit werd getrokken tot bij de ingang van de kelder. Ook had hij bij een vriendje thuis een kruis aan de muur zien bewegen. Hij tekende het, ging er op een bankje buiten met zijn klasgenoten over zitten praten en maakte er de andere kinderen bang mee. Ik heb hem maar niet verteld dat de Mulsen in Darkveti ook een spook in huis dachten te hebben.

In de zomervakantie ging Eduard met zijn Georgische dansgroep van twintig kinderen tussen de zes en twaalf jaar mee op een drie weken durend danskamp in een vakantie-oord aan het Bazaletimeer ten zuidoosten van de hoofdstad. Dat was waarschijnlijk ooit mooi geweest maar nu waren de paar gymzalen, voetbalvelden en hoogst belabberde slaapzalen het aanzien bijna niet waard. De toiletten waren inderdaad vreselijk, een afvoer in de grond, lekkende stortbakken, donkere gangen en slechts koud water op de binnenplaats. Bovendien lagen alle kamers vol modder omdat het de eerste dagen koud was en had geregend. Toch deed iedereen vrolijk mee: de kinderen en enkele van hun ouders, de leraar en zijn vrouw. Ik bleef er ook enkele dagen, probeerde bij de meisjes wat danslessen op de achterste rij mee te doen, wat tegenviel en speelde 's avonds zelfs bingo met de kinderen en liet aan alle dansgroepen en sportteams die er verbleven mooie dia's zien van Vincent van Goghs schilderijen met mijn commentaar erbij in het Georgisch. Eduard vermaakte zich ondanks de primitieve omstandigheden prima. Hij had 's avonds als ze na uren dansen moe in bed lagen de grootste lol met de andere jongens. Ze klopten op de muren van de meisjeskamers, renden elkaar achterna, speelden overdag spetterspel met flessen water en gingen in het gras op zoek naar interessante insecten. Eduard vond een kippenpoot en was zo trots op zijn vondst dat hij hem in een potje stopte met een papiertje eroverheen en het aan iedereen liet zien en de meisjes aan het schrikken maakte. Ook kikkervisjes uit het meer kwamen in een potje terecht en de grotere brutalere jongens gingen er natuurlijk sectie op verrichten. De ouders kwamen zondags op bezoek en brachten vlees, khinkali's en bier mee voor de dansleraar. Eduard vond het prachtig dat alle meisjes op zondagavond in koor gingen staan huilen bij de avonddansles omdat hun moeders weer vertrokken, de meester soms zo streng was en er zo weinig comfort in het kamp was.

Toen we die zomer in Nederland waren en Eduards verjaardag vierden kwamen Georgische vrienden bij ons langs. Mijn vriendin Marika, moeder van Eduards klasgenootje Tornike, had gevraagd wat ze zoal mee kon nemen voor mijn familieleden als aardigheidjes of souvenirtjes. Ik zei dat ze geknoopte armbandjes, gewoven portemonneetjes en brillekokers mee kon nemen maar ook bijvoorbeeld Russische sigaretten van het merk Nostalgia met het portret van Stalin erop. Die doosjes met twintig sigaretten erin kostten toen nog geen tien eurocent op de markt in Georgië. De sigaretten zijn van een belabberde kwaliteit en op het zwart-rode platte doosje staat in het Russisch: *Ne shag nazad!* oftewel 'Geen stap terug!' Ze vertelde me dat ze twintig van die pakjes had meegebracht en dat haar hele koffer ernaar stonk alhoewel ze ze in een plastic zak gestopt had. Toen we naar de jaarlijkse grote rommelmarkt in Breskens gingen en Eduard ook wat van onze spulletjes wilde verkopen op een deken op straat, inclusief een oud surfpak, boeken, cd's en wat servies, stelde ik voor om de sigaretten ook mee te nemen. We installeerden ons op een mooie plek en op een omgekeerde kartonnen doos plaatsten we de sigarettenpakjes en zetten er een kartonnetje bij met daarop: 'Echte sigaretten uit de Kaukasus, twee euro'. Dat was een schot in de roos! Terwijl mijn vriendin met haar zoontje op de rommelmarkt rondslenterde en van alles op de kop tikte voor de paar euro's die ze te besteden had, verkochten Eduard en ik het ene pakje na het andere en hadden de grootste lol. Op aandringen van mijn vader vroegen we er na een tijdje drie euro per stuk voor en nog raakten we ze allemaal kwijt. Mijn Georgische vriendin kon haar geluk niet op toen ze bijna vijftig euro in handen kreeg voor de sigaretten die haar in totaal anderhalve dollar en die stinkende koffer hadden gekost. Hier moesten we een handeltje van maken! De reacties van de passanten waren zeer gevarieerd: ‘Zit er echte tabak in?’, ‘Ben je Russisch?’ vroegen ze aan mij en keken mij zeer wantrouwend aan. ‘Daar word je zéker ziek van,’ zei een ander. Vooral ook veel Oost-Europeanen kochten de sigaretten om aan hun Hollandse vrienden te tonen wat een troep er in de Sovjettijd toch gerookt werd.

Na de zomervakantie moesten we natuurlijk weer gewoon aan de slag ik hield via mijn Stichting SOCO en dankzij Nederlandse stichtingen en serviceclubs mijn traditionele schoolboekenacties voor dorpsscholen. Deze keer gingen we naar de Adjarische berggebieden. Ik besloot echter niet de voor de hand liggende route te nemen tot aan de kust en dan naar het zuiden af te buigen. Daarbij zou ik namelijk zeker zijn van volgauto’s van de in Adjarië heersende Abasjidze-clan en daar had ik weinig zin in. Het werd een avontuurlijke alternatieve tocht over slecht begaanbare binnenwegen met een tot de nok met schoolboeken, wereldbollen, landkaarten, basketballen en een paar rolstoelen afgeladen mini-busje. Het regende pijpestelen en mijn collega’s en ik kwamen in het donker op de Goderdzi-pas in het donker, juist waar de wegen erg slecht waren. Het viel ons op hoeveel met lange boomstammen afgeladen vrachtwagens we tegenkwamen, hoe donkerder het werd, hoe meer. Het ging hier om uitvoer van illegale kap, zoveel was ons allen duidelijk. Onze bossen in horizontale positie richting Turkije, iets was het daglicht niet kon verdragen... En de bergwegen waren niet voor niets in zo’n slechte staat: het zware verkeer eroverheen, stukken grond die gaan schuiven vanwege de van hun wortels ontrukte bomen... Toen we met zijn vieren aan de slagboom kwamen die de binnengrens met de autonome republiek Adjarië afbakende, vertelde men ons dat er geen weg verder was omdat er een brug was weggeslagen en dat ons lage busje niet door de rivierbedding zou kunnen rijden. We besloten even te wachten en te overleggen en mochten ons van de ‘douaniers’ binnen komen opwarmen. Dat was niet tegen dovemansoren gezegd. Al gauw mochten we aan de avonddis aanschuiven en besloten we de nacht daar te blijven, er waren bedden genoeg en aan het repareren van de weg zou pas na zonsopgang begonnen kunnen worden.

De gerechten die we zo spontaan opgediend kregen waren van heel bijzondere aard: met gesmolten kaas, pasta, zure room met klinkende namen als *sinori* en *kaimakhi*. Overheerlijk. Het schijnt dat deze keuken sterke gelijkenissen vertoont met die van de Turkse Zwarte-Zeekust. Dat kan goed want de grens tussen het Turkse Rijk en het Kolchische is vele malen verplaatst tot daar waar hij nu ligt. Na het eten legden de dames zich boven op de dekens in hun jassen met een houtkachel ernaast, de heren tafelden nog een tijdje door en sliepen later ook enkele uren. 's Morgens konden we onze reis voortzetten en maakten we drie dorpsscholen in de provincies Khoelo en Sjoeakhevi bijzonder blij met lesmateriaal en schoolboeken.

In het najaar ging ik zonder Eduard naar Nederland op acquisitietoer voor mijn business consultancy. Ik lichtte mijn studenten Frans in dat ik er enkele weken niet zou zijn. Het moest een zo goedkoop mogelijke reis worden, niet alleen uit financiële overwegingen maar ook een beetje om het avontuur: ik nam de trein naar Batoemi, werd door vrienden naar de grens gebracht en op een minibusje naar Hopa in Turkije gezet waar ik een twintig uur durende busreis naar Istanboel ondernam voor het luttele bedrag van achttien dollar. Onderweg las ik Franse boeken van Emmanuel Carrère, *Classe de neige* en *L'adversaire*, en maakte ik kennis met een handjevol Georgiërs, mannen en vrouwen die of in Turkije handelswaar kochten voor verkoop op de West-Georgische markt of net als ik doorreisden naar het vliegveld van Istanboel om een goedkope last-minutevlucht richting Nederland of Duitsland te boeken wat neerkwam op een enkele reis voor zo'n honderdtachtig dollar. Zij gingen op zoek naar tweedehandsauto's die ze dan in een dag of vijf, zes terugreden via Italië en met het schip naar Griekenland, Turkije en opnieuw de Georgische grens over.

In Nederland ging ik zeker tien bedrijven en consultancybureaus langs met mijn net gedrukte presentatiefoldertjes en visitekaartjes. Met de meeste bedrijven was ik in mijn consulaire tijd in Georgië in contact gekomen. Namen als Haskoning, Tebodin, DHV, RDP Livestock, HVA, Lenssen vul- en sluittechnieken, HAK & Partners, Ameco, Edburgh consultancy maar ook bijvoorbeeld enkele Kamers van Koophandel, de Economische Voorlichtingsdienst, Programma Uitzending Managers, Agentschap Senter van het Ministerie van Economische Zaken, Nederlands Centrum Handelsbevordering, het FMO, Centrum Bevordering Import maar ook het Koninklijk Instituut voor de Tropen waar ik een voorstel had ingediend om een deeltje 'Georgië' te schrijven voor hun landenreeks. Gelukkig had ik ook tijd ingelast om bij een stijl- en kledingadviesbureau in Den Haag langs te gaan dat ik via het internet gevonden had, een *must* voor iedereen die zichzelf professioneel wil presenteren en een eigen stijl zoekt.

Ook werd ik tijdens mijn verblijf in Nederland door Felix Meurders van de VARA uitgenodigd in het radioprogramma *Spijkers met koppen*. Ik mocht er vertellen over Georgië en over mijn leven als vrouw van een ambitieus politicus die naar de oppositie was overgestapt. Wie had toen kunnen dromen dat Eduard Sjevardnadze op de dag af een jaar later ontslag zou nemen en mijn man zijn opvolger zou worden?

De acquisitiereis wierp niet de vruchten af die ik ervan had verwacht.

Onze vriendin en huwelijksgetuige Tsatsa werkte parttime bij de Burgerlijke Stand. Ze had me een keer verteld dat het zulk interessant werk was en dat de vaders van kroostrijke gezinnen bij het aangeven van een nieuwe geboorte Tsatsa wel eens de naam lieten kiezen. 'Schrijf maar wat op!' zeiden de vaders dan, 'het maakt me niet uit!' Tsatsa koos dan meestal David of Tamara als die al niet in het gezin aanwezig waren. 'Als ze je het nog een keer vragen,' suggereerde ik Tsatsa, 'noem een meisje dan eens Sandra Elisabeth, dan ben ik niet meer zo alleen in Georgië, als het ze toch niets uitmaakt!' Jongens met de naam Sandro zijn er volop maar Sandra komt niet voor. Dat gesprek had in april plaatsgevonden tijdens de paasnacht toen we in en om het Bethlehemkerkje in Tbilisi enkele uren samen hadden doorgebracht. Eind oktober belde Tsatsa me opgewonden op: 'Sandra,' zei ze, 'er is in Doesjeti een Sandra Elisabeth Tsiklauri geboren!' Ik kon mijn oren niet geloven. Ze bezorgde me zelfs een kopietje van de geboorteakte en ik stuurde een telegram naar Doesjeti om vader en moeder Tsiklauri te feliciteren en het meisje een lang, gelukkig en gezond leven te wensen. Ik was zo blij, alsof ik zelf een dochter had gekregen! Dat was de eerste Sandra, ingefluisterd door Tsatsa, er zouden er spontaan nog veel meer volgen. In mijn agenda van 2004 hield ik zelfs een lijstje bij van de gevallen waar ik weet van had. Sandra's bij Georgische gezinnen in Moskou, maar ook in Svanetië, Tsjiatoera, Tbilisi, Batoemi en Sokhoemi! Wie weet kan ik nog wel eens een reünie organiseren van Sandra's als ik tegen de vijftig loop en het allemaal mooie meiden zijn geworden in alle regio's van Georgië. Van hieruit wil ik graag alle ouders bedanken die hun Georgische dochters Sandra genoemd hebben, dat is een hele eer voor mij!

In ons nieuwe appartement aan de Barnovstraat hadden we prachtig uitzicht op de Mtatsminda (Heilige Berg) en de televisietoren aan de ene kant en de Academie der Wetenschappen, het Filmhuis en een groot deel van het centrum aan de andere kant. We woonden er bijzonder graag, hadden twee balkonnetjes, een kelder, een heerlijke open haard, een waslijn aan katrollen tussen ons achterraam en dat van de overburen. Op de tweede, halfhoge verdieping onder het dak een logeerkamer voor mijn ouders, een werkkamer, een tweede badkamertje en vooral veel bergruimte. Een orthodoxe priester wijdde ons huis in onder het belangstellende oog van Eduard. We liepen gedrieën tot vier keer toe door alle kamers van het huis: één keer om kruisjes op de muur aan te brengen, één keer om ze met wijwater te zegenen, één keer om olie over de kruisjes heen te plaatsen en een laatste keer om ze met wierook te bedekken. We wisten toen nog niet dat we er maar een jaar zouden wonen. Mijn ouders kwamen al gauw kijken hoe ons nieuwe appartement eruit zag en natuurlijk ook of ze nog ergens bij van dienst konden zijn. Rond de kerstdagen vertelden ze me over Arjan Erkel, een Nederlandse ontwikkelingswerker die ruim zes maanden geleden in Dagestan ontvoerd was. Arjan is met Pasen 2004 uiteindelijk vrijgelaten maar het werd hem niet makkelijk gemaakt om de draad weer op te pakken. Zijn werkgever wilde het losgeld dat door de Nederlandse regering aan de ontvoerders was voorgeschoten niet terugbetalen terwijl daarover toch klaarblijkelijk afspraken waren gemaakt. Als organisatie die afhankelijk is van subsidies en gelden van particulieren is dat niet alleen een erg onverantwoord beleid, het is ook zelfvernietigend. Ik ontmoette Arjan in de zomer van 2004 in Amsterdam toen hij me vertelde dat hij veel voor politiek voelde en met lezingen en het schrijven van een boek bezig was. Tijdens het bezoek van mijn ouders organiseerden we een heus huisconcert met twintig genodigden: Ze kwamen onze steile straat die door de vorst en sneeuwval in een heuse ijsbaan omgetoverd was met hun taarten, flessen wijn en bloemen bijna niet op. We stookten de open haard lekker hoog op voor een maximaal gezelligheidsgehalte en schonken thee met taart. De solisten waren Eduard (piano), het dochtertje van zijn pianojuf (zang uit de opera *Carmen*), neef Thomas (piano), Sandra (Georgisch liefdeslied) en een duet van moeder en zoon Saakasjvili (dwarsfluit en piano). Mijn ouders kregen er beiden tranen van in hun ogen en dat kwam niet door de rook uit de open haard: Georgië bracht het beste in hun kind en kleinkind naar boven!

Ter gelegenheid van mijn verjaardag, Kerstmis en Nieuwjaar gaf Misja mij een witte (geiten)bontjas, die ik in Tbilisi in een etalage had zien hangen. Ik was ontzettend in mijn nopjes, wit stond me goed maar ik merkte wel hoe besmettelijk hij was, de mouwen, zakken en kraag waren binnen de kortste keren vuil. Ik nam de warme jas ook mee naar Bakoeriani in Zuid-Georgië, de familiewintersportplaats bij uitstek. Een pittoresque bosrijke omgeving met paardesleeën. Later kwamen daar helaas vervuilende en lawaaimakende sneeuwsscooters bij. Eduard zat er voor een week in een ski-klasje en mijn ouders vonden het erg fijn dat ze erbij waren toen hij zijn eerste meters over de sneeuw gleed. Het pension was te ver van de piste vandaan om te lopen en dus persten kinderen en skileraren zich elke ochtend (na gymnastiek buiten en ontbijt waarbij elke kind preventief een knoflookteentje naar binnen moest werken) in een oude okergele Sovjetbus die de heuvel oppufte. Als we in de namiddag allen moe en hongerig terugkwamen van de piste hadden de kinderen eerst een uitblaasuurtje vooraleer er een warme hap op tafel kwam. 's Avonds laat werden er gezelschapsspelletjes gedaan of naar muziek geluisterd waarna de kinderen één voor één in hun stapelbedden rolden en het licht uitgeknipt werd.

Thuis in Tbilisi zou er ondertussen aan de keuken en de badkamer van onze nieuwe flat gewerkt worden, de leidingen, tegels en kranen moesten vervangen worden. Maar de oma van de loodgieter die bijna de leeftijd van honderd jaar had bereikt, was overleden waardoor de loodgieter eerst dagenlang niet kon komen kijken wat de klus precies inhield en waardoor hij later het werk maar niet kon afmaken omdat het veertig-dagen-familiemaal voorbereid moest worden. Soms voelde ik me net een actrice in een soort *Fawlty Towers*. Ook toen ik nabij de stad Bordjomi een ronde houten tafel met vier stoelen en zes krukjes besteld had en maar bleef bellen wanneer de levering precies kon plaatsvinden. Toen we hem uiteindelijk hadden staan plaatste ik heel gewoontjes mijn elleboog op tafel die met glaswerk en al tegen de tegelvloer knalde! Ook ik tuimelde bijna om, maar dan van het lachen.

Mijn ouders keerden na de sneeuwvakantie naar Zeeuws-Vlaanderen terug, veilig achter de Westerscheldedijk en wij vochten weer verder want zo voelden we het allemaal aan: Misja politiek in het stadsbestuur en ik als zelfstandige consultant. Misja was volop bezig de inwoners van de hoofdstad te laten zien dat er wel degelijk met het beperkte stadsbudget dingen gebeurden waar de burger wat aan had: hij bouwde in korte tijd tientallen speeltuintjes in de binnenhoven van Tbilisi en liet honderden daken en liften repareren. Maar hij moest ook onpopulaire maatregelen treffen zoals het streng optreden tegen illegale handel op straat waardoor honderden mannen maar vooral ook vrouwen gedwongen werden elders hun kraampjes in te richten of naar een andere (legale) manier te zoeken om in hun dagelijkse onderhoud te voorzien. Voor benamingen als populist of demagoog aan het adres van mijn man was ik al vrij immuun geworden. Naar mijn mening is politiek het overtuigen van de bevolking en de kiezers dat jouw keuzes de juiste zijn. Het gaat om een voorbeeldstelling en daarom vind ik juist dat een politicus zo veel en zo vaak mogelijk op concrete wijze moet laten zien waar hij of zij voor staat. Als je het technische-autokeuringstarief verlaagt, daken en liften repareert en speeltuintjes bouwt ben je juist concreet, stap voor stap bezig om het alledaagse leven van de burger te verbeteren en lever je hem of haar het bewijs dat de stad of de staat om zijn burgers geeft en hoop dat dat in de toekomst op grotere schaal doorgezet zal worden. Je moet het volk aan je kant hebben om positieve onwikkelingen in gang te zetten en hervormingen door te voeren, want met onwillige honden is het kwaad hazen vangen. Als iemand dit als populistisch bestempelt stoort mij dat niet. Mensen die over mij zeggen dat ik om politieke redenen Mingreels ben gaan leren (een regionale taal uit West-Georgië met één miljoen sprekers) zijn ook bezig een positieve gedraging om te zetten in een negatief waardeoordeel. Wie zo spreekt of denkt kent me niet en kent waarschijnlijk ook zichzelf niet want alles wat een mens doet, de keuzes die hij maakt, de tijd die hij ergens aan besteed is pure liefde en bevrediging van de behoefte naar waardering van zijn omgeving. Als je zoals ik in een land komt te wonen waarvan de taal je vreemd is, is het minste wat je kunt doen die taal aanleren, uit respect en liefde voor je man, zijn familie en zijn vaderland. En als je dan ook nog eens linguïst bent en zoveel door het land reist als ik dan is het toch juist prachtig om je talent te gebruiken om een verwante taal erbij te nemen die je nog een stapje dichter bij een kwart van de bevolking brengt! Dat is sociaal. En als je om je heen kijkt en ziet dat de mensen kwetsbaar zijn en het stadium van noodhulp nog niet ontgroeid zijn dan doe je aan liefdadigheid, wat volgens sommigen politiek geïnspireerd zou zijn en dus verdacht. Nee, dat is menselijk, je kunt alles wel politiek noemen...

Eind januari 2003 werden Eduard en ik nabij de meubelmarkt aan het Dynamostadion bestolen. En wel op een smerige manier. Toen we na een rondje meubelmarkt met een draaistoel en een telefoondriepoot terug bij de auto kwamen, bleek dat een van de banden lek was. Ik had mijn witte lievelingsjas aan en dacht er niet aan om een band te gaan wisselen of op zoek te gaan naar een reserveband. Ik belde een van de bodyguards van Misja op om ons te komen halen en stopte de mobiele telefoon in mijn zak. Twee jongens die op straat op een bus stonden te wachten gaven aan dat ze wel wilden helpen en ik deed naïef en nietsvermoedend de achterbak van de koffer open om op zoek te gaan naar het reservewiel. Op dat moment zag ik dat het chauffeursportier geopend werd en iemand vliegensvlug naar binnen ging en weer weg was. Het bleek dat hij mijn handtas, die bij Eduards voeten voor de bijrijdersstoel lag had weggegrist. Eduard begon hard te roepen en toen ik bij hem kwam begreep ik wat er gebeurd was. Hij riep: 'Hij heeft je tas gepakt en is daarheen gerend maar ga er maar niet achteraan anders maakt-ie je dood!' De handy die ik nog in mijn jaszak had kwam opnieuw van pas. Binnen een mum van tijd stond er een andere auto die ons naar huis reed. Twee dagen later kreeg ik een telefoontje van de vertegenwoordiger van de Nationale Beweging in de marktwijk, Didoebe, die werk zou maken van dit 'beschamend' voorval in zijn wijk. Nog een dag later had ik mijn tas terug (zonder cash)! Het bleek dat er bepaalde plekken in de stad bestonden waar tussenpersonen ervoor konden zorgen dat je (tegen betaling) je handtas terug kreeg met vanzelfsprekend een lege portemonnee erin. Zo werd je dus eigenlijk twee keer slachtoffer. Toen ik dat verhaal aan Eduard vertelde vond hij het onbegrijpelijk dat de politie niet naar die plekken ging om al het geboefte in één keer te arresteren. Het is nog niet zo makkelijk om daar een voor een kind van zeven aanvaardbaar antwoord op te formuleren. Van dit voorval was ik behoorlijk overstuur. Ik realiseerde me dat de man mijn kind wel had kunnen meenemen met auto en al! Ook Eduard was zichzelf niet. Hij had nog zeker een halfuur zitten natrillen maar vertelde enkele uren later vol trots aan iedereen die het horen wilde dat hij een echte dief had gezien. Natuurlijk gebeurden zulke dingen dagelijks en was ik zelfs gewaarschuwd voor deze bandenlekstekerij. Op en in de buurt van markten moet je sowieso extra voorzichtig zijn. Zo hadden ze ook een chauffeur van SOCO tijdens inkoop van levensmiddelen eens van zijn leren jas beroofd en hem via een tussenpersoon laten weten dat hij zijn jas terug kon krijgen als hij veertig lari dokte (zeventien euro). De man had niet anders gekund dan betalen omdat al zijn sleutels en identificatiepapieren in die jas zaten. Ook was ik gewaarschuwd voor de beruchte marktwaarkarretjes die 'per ongeluk' tegen je auto opbotsten aan de berijderskant zodat je aandacht geheel afgeleid was en men je ondertussen via het rechterportier beroofde. We waren weer een beetje wijzer geworden en een tikkeltje minder naïef. Misja overwoog om voor Eduard en mij een bodyguard in te huren en zo kwam het dat wij daarna nooit meer zonder bodyguard de straat op zijn gegaan. Dat is nogal een aanpassing. Je wilt jezelf blijven maar houdt, vaak onbewust, toch steeds rekening met de ander. Je volgt minder snel je impulsen, plant meer vooraf en hoort jezelf constant rechtvaardigen waarom je doet wat je doet en daar heengaat waar je heengaat.

Ik richtte in onze nieuwe flat een aparte kamer in als kantoor, hing er ingelijste lidmaatschapbewijzen op van de Georgische en de Amerikaanse Kamers van Koophandel, rangschikte alle informatie die ik had in hangmappen: transport, landbouw en milieu, energie, industrie en toerisme. En tijdens het opruimen van al die paperassen kwam ik tot een conclusie die me erg rustig stemde: de *key to success* zit hem niet in het systematisch elke dag uren achter de computer doorbrengen, het zit hem veel meer in de contacten, netwerken tijdens lunches, conferenties, *round tables* en *social events* of zoals mijn leraar Nederlands Valentgoed op de middelbare school zei: 'Je wordt geen dichter door je met je geitenwollen sokken en een stapel papier en scherp geslepen potloden te gaan wegstoppen op een zolderkamer, je moet midden in het leven staan!' De kantoorbanen die ik altijd had gehad hadden me gewend doen raken aan verplichte presentie tijdens de werkuren en omdat ik dat nu veel minder deed was mijn geweten in de afgelopen maanden gaan knagen. Ik had wel wat opdrachten kunnen binnenhalen maar de cliënten waren niet als vliegen op de stroop op mijn *Dutch Initiative for Development of Georgia* afgekomen, dat had tijd nodig. Mijn gemiddelde inkomen was in 2002 dan ook ver onder het peil van dat van op het consulaat gebleven. Gelukkig kon ik nu gewapend met deze nieuwe instelling het schuldgevoel van me afzetten en met frisse moed en gerechte rug verder. Ik legde het accent op persoonlijke contacten en trakteerde mezelf steeds vaker op *business lunches.* Samen met de Nederlandse ambassade waren we aan het denken in de richting van een Europese Kamer van Koophandel in Georgië. Het leek me ter oriëntatie een goed idee om eens te kijken hoe een Nederlander dat in Jerevan had aangepakt en vloog eind mei in drie kwartier naar de Armeense hoofdstad waar ik in het zeer prettige hotel Congres aan de rand van het zwembad van de eerste voorjaarszonnestralen kon genieten zonder herkend te worden. Niemand keek op of om als ik me door het straatbeeld bewoog, wat een verademing! Het was er rustig en veilig en ik had het idee dat de Armenen hardwerkende lieden waren. Bovendien kon ik me in het Russisch prima verstaanbaar maken. Wat mijn ogen opende was het feit dat Armeniërs klaagden over het hoge niveau van corruptie op de Georgische wegen. Niet dat ik me daar niet van bewust was, maar vanuit regionaal oogpunt had ik het nooit bekeken: Armenië is een geïsoleerd land, voor in- en uitvoer grotendeels afhankelijk van Georgië (de relaties met buurlanden Azerbeidzjan en Turkije zijn ronduit slecht, er zijn zelfs geen diplomatieke betrekkingen tussen beiden). Het feit dat de Armeniërs op de Georgiërs scholden deed me echt pijn en ik besefte dat de effecten van misbruik van macht en corruptie in Georgië niet alleen desastreus voor de eigen bevolking waren maar ook grensoverschrijdend doorwerkten.

Ik deed in Jerevan ook een klein marktonderzoek voor een Nederlandse lijmfabrikant zodat ik wat van de reis- en verblijfkosten kon dekken. De Georgische tak van de Europese Kamer van Koophandel was nog niet eens opgezet, of ik begon – een heel Georgisch trekje – al te dromen over een gemeenschappelijke Europese Kamer van Koophandel in de drie Kaukasische landen. Daarin zag ik al een sleutelrol voor mezelf weggelegd. Ik nam me voor binnenkort naar Azerbeidzjan te reizen en mijn consultancy uit te breiden naar de drie landen: Georgië, Armenië en Azerbeidzjan.

Met de oorlog in Irak in alle hevigheid uitgebarsten was Georgië een bijna-buurland van een land in oorlog. De Georgische overheid had haar steun aan de *Alliance for the war on terror* officieel meegedeeld. Strategische objecten werden extra beveiligd, Amerikaanse staatsburgers hielden hun verplaatsingen tot het uiterste toe beperkt en voor de Amerikanen die zich voor het trainingsprogramma van het Georgische leger in het land bevonden ging de hoogste waakzaamheidsfase in. Er zouden nog steeds internationale terroristen in de Pankisivallei huizen waarvan een deel van plan was de hoofdstad onveilig te komen maken. De spanning steeg.

Begin februari ging er een korte maar krachtige handgeschreven snelle krabbel de deur uit naar het faxnummer van het makelaarskantoor in Terneuzen: 'Misschien komen we morgen, het is hier weer patat, DD' (druk dochtertje). Meer woorden waren niet nodig en in onze telefonische en andere communicatie waren we de laatste tijd extra voorzichtig en ronduit cryptisch geworden; Misja had veel vijanden die het wel interessant vonden om te weten wie zich hoe en wanneer waarheen verplaatste. We stonden als gezinnetje ontzettend onder druk en Misja achtte het niet ondenkbaar dat we enkele weken moesten 'onderduiken' vanwege de veiligheidssituatie hoewel hij er natuurlijk alles aan zou doen om dat te vermijden of een alternatief te bedenken. Gelukkig kwam het ook deze keer niet van onderduiken en bleef het rustig.

Op 14 april mocht ik op Roestavi-2 mijn kookkunsten vertonen in een ontbijtshow. Dat lag mooi in de lijn van mijn herontdekking van keuken en huishouden. Alles duidde erop dat ik thuis-zijn en thuis werken fijn vond. Ik kocht voor het eerst in mijn leven grote kamerplanten, maakte het huis naar moeders voorbeeld wat gezelliger en kookte steeds vaker: kip met champignons in zure room of Afghaanse rijst met kardamon en vond dat ik in mijn vijfendertigste levensjaar nog eens een heuse keukenprinses aan het worden was. Ik bakte vaak khatsjapoeri (kaasbrood) en had zoals het hoorde daar altijd een restje deeg voor in de koelkast staan. Ook durfde ik de tegelvloer (hup, alle krukjes op tafel!) in een schoonmaakbui zomaar in de ammoniak te zetten en vond dat nog leuk ook! Voor de uitzending had ik uit mijn receptenklapper macaronisalade en gembercake uitgekozen. Het woord voor gember in het Georgisch is het prachtige in onbruik geraakte *djandjaphili*, men gebruikt in de volksmond het meer in zwang zijnde Russische *imbir*. Ik begon de show met een gelukwens vanwege Moedertaaldag en leerde de kijkers meteen een oeroud Georgisch woord voor gember. De journalist vond het prachtig! De marktkoopvrouw Mzia naar wie ik iedereen stuurde om gemberpoeder in te slaan had het er maar druk mee, iedereen wilde de kruidencake gaan uitproberen. Ik kreeg ook vele telefoontjes om de ingrediënten van het recept nogmaals te herhalen. Ik heb me de gewoonte aangemeten om 's winters wekelijks een gembercake te bakken en die in een oud Peijnenburgpeperkoekblik te bewaren. In vijf minuten staat hij in de oven en een uur later ligt hij nog lichtelijk warm op je bordje bij een geurende kop thee. Ik had dit recept van een Nederlandse vriendin gekregen, Helma, die ook met een Georgische Misja getrouwd was, één zoon had en op 23 december jarig was, maar een jaar jonger was! Ik wist dat zij bezig was met een kruidenlijst in verschillende talen en vroeg haar naar gember. Ik had gelezen dat gember zeer bevorderend was voor de spijsvertering en Eduard had vaak buikpijn. Testen wezen niet op wormen maar op disbacteriose waarbij er – in eenvoudige taal – te weinig nuttige darmflora aanwezig was en de spijsvertering dus niet volledig plaatsvond. Ik gaf de antibiotica de schuld waar men zo gretig mee was geweest in zijn babyjaren. Het viel wel op dat hij vaak buikpijn kreeg nét voor zijn danslessen. In september 2003 heb ik hem dus maar laten kiezen tussen tennis en dans. De keuze was snel gemaakt in het voordeel van tennis waar hij tot nu toe met veel plezier naartoe gaat. Muziek kwam er dit jaar ook bij, dat betekende twee uur les per week, twee uur thuis oefenen met een andere juf (een zogenaamde *repetitori*) en op zaterdagochtend een uur solfeggio oftewel notenleer. Zo was Eduard na school elke dag met muziek of sport bezig, behalve op zondag, dan hadden we Nederlandse les: een stukje lezen, een dictee schrijven, een paar spreekwoorden leren en Nederlandse aardrijkskunde. Wat ik in Georgië best moeilijk te aanvaarden vond en waar ik eigenlijk nog vaak mee worstel is dat een leraar of trainer er altijd vanuit gaat dat een kind 'professional' wil en moet worden. De tennistrainer had het liefst dat Eduard drie keer per week in een groep en twee keer per week individueel les zou krijgen. Bij piano zou de pedagoge drie lessen per week gewild hebben en toen ik beleefd bedankte viel ze van verbazing bijna van het krukje af omdat ze dit uit respect voor ons deed en zoiets toch niet geweigerd kon worden. Ik ken mijn zoon echter als geen ander en wilde het wel leuk voor hem houden. Ik had in mijn eigen jeugd altijd voor de lol op gymnastiek, badminton en korfbal gezeten en wat langer op tennis, volleyball en pianoles maar alles met een gezonde dosis op amateuristisch niveau. Dat wilde ik graag zo houden.

Dankzij steun uit Nederland kon het humanitaire werk gewoon doorgaan. Deze keer voor een aantal dorpsscholen in het West-Georgische Goeria. In een van de scholen werd niet onderricht omdat het door de kapotte ramen binnenregende op de toch al verrotte houten vloer. We brachten er schoolboeken en spelmateriaal heen en beloofden op zoek te gaan naar een sponsor voor een kleine verbouwing. Maar ook hier gold wat we vaak opmerkten: de aandacht voor de dorpsschool en de tijd en energie die we in de actie voor hun school stopten was minstens zo belangrijk als het aantal boeken, wereldbollen en voetballen dat we overdroegen. Enkele weken later hadden we onze volgende schoolboekenactie in Imereti, de provincie naast Goeria. Deze keer reed er een bijzondere gast met ons mee: de Nederlandse schrijfster Joke van Leeuwen die op mijn persoonlijke uitnodiging van twee jaar geleden was ingegaan om naar Georgië te komen. Eduard genoot zo van de boeken van Joke van Leeuwen dat ik besloten had, na een interview met haar gelezen te hebben waarin ze aangaf geïnteresseerd te zijn in het bezoeken van weeshuizen, in de pen te klimmen en haar naar Georgië uit te nodigen. Samen met haar studenten had Ingrid Degraeve één van Leeuwens populaire kinderboeken vertaald: *Iep!* en ook werd het tijdens Jokes bezoek in het Koninklijk theater van Tbilisi op de planken gebracht. We bezochten met Joke niet alleen een verbeteringsgesticht voor jongens in Samtredia (voor wie we een tekenwedstrijd organiseerden met leuke prijzen), maar ook het doofstommeninstituut in Koetaisi. In het park ernaast genoten we van het mooie weer, zang, dans en sport, dat alles bij elkaar gebracht in het kader van het jaarlijkse Koetaisifeest.

We hadden een zeer gevarieerde zomervakantie. We huurden een huisje voor het hele seizoen in Moekhatsqaro, op twintig minuten buiten de stad waar het lekker koel en rustig was. We hadden een paar keer gasten en maakten sjasliks of lekker veel spaghetti met frisse salade. Eduard en ik deden er veel spelletjes en ik las hem luierend in de hangmat op het lange balkon *Het Sleutelkruid*, *Don Quichote* of *Pudding Tarzan* voor of las in mijn eigen dikke pil *Les trois mousquetaires*. Eduard leerde ook met een buks op een schietschijf schieten en vond het prachtig toen lijfwacht Zaza een paar keer een salamander beet had. Misja had geen tijd om die zomer rust te nemen. Hij had de minister van onderwijs tegen zich in het harnas gejaagd. Er was namelijk geld beschikbaar gesteld door de stad Tbilisi om aan dertienduizend eersteklassertjes schoolboeken, schriften en een rugzak cadeau te doen. De minister van onderwijs die van mening was dat het hier om een verkapte politieke verkiezingsstunt ging (eind oktober 2003 parlementsverkiezingen) verbood de distributie ervan op de scholen. Toen Misja besloot de boekendistributie buiten op een groot plein te organiseren moest er plotseling juist op die dag een militaire parade gepland worden op dat bewuste plein. Het liep erop uit dat de stadsraad het Ministerie dwong alle boeken, schriften en rugzakken die op 1 september nog rustig in de opslagplaatsen opgestapeld lagen uit te delen.

Mijn ouders voegden zich eind juli bij ons en we reden na wat regenachtige dagen in het huisje in Moekhatsqaro naar het kuuroord Sjovi in het hooggebergte van Ratsja waar we ruim een week verbleven met prachtig weer. We dronken er mineraalwater uit verschillende bronnen en maakten lange wandeltochten door de bergen. Mijn moeder kwam zelfs aan schilderen toe in deze rustgevende omgeving. Half augustus gingen Eduard en ik nog naar de kust met mijn vriendin Ana en een schoolvriendje van Eduard wiens moeder op alle dag liep en blij was dat haar zoon onder de pannen was. Ook bodyguard Zaza ging mee. Op het strand ging hij op een respectabele afstand van ons af zitten. Samen met Ana deed ik die zomer ook een korte taalstage in de Mingreelse binnenlanden om praktijkervaring op te doen in de Mingreelse taal. Toen ik voor Eduard die met mijn schoonmoeder elders heen ging de vakantietas inpakte zocht ik een makkelijk Russisch boek dat Giuli hem voor zou kunnen lezen. Ik koos *Krokodil Gena en andere verhalen*, een beroemd Russisch kinderboek en vroeg me af waar en wanneer ik het eigenlijk gekocht of gekregen had. Op het eerste blad stond: '7 juli 1992, Moskou, gekregen van Alla'. Had ik toen geweten dat ik dat boek op de kop af elf jaar later in de vakantietas van mijn zevenjarige zoontje zou stoppen die met mijn Georgische schoonmoeder op vakantie ging! Zulke momenten vind ik zo heerlijk, daar doe ik het gewoon voor! En wie weet waar we over elf jaar weer zullen staan, zo anders dan dat ik me dat vandaag de dag zou kunnen voorstellen, het lot staat voor niets en dat is het interessante van het leven, nietwaar?

Net voor het schooljaar weer begon viel Giuli languit op straat, de combinatie van een hoge hak en een brede broekspijp. Ze brak haar pols en had een hoofdwond. Dat ze een lichte hersenschudding had gehad kwam ze pas weken later te weten toen ze alweer druk in de weer was met haar colleges en zich opnieuw erg slecht voelde. Ze had geen keuze en moest weken het bed houden. Ik had zelf mijn universiteitsstudenten ingeruild voor gemotiveerdere MBA-studenten van de zeer dynamische Caucasus Business School. De studenten hadden er naast Engels ook zes uur per week Frans, Duits of Turks in hun pakket. Het collegegeld lag vrij hoog en derhalve was de uurvergoeding voor het onderwijzend personeel een stuk interessanter dan aan de Universiteit.

Het waren zenuwslopende tijden voor allemaal. We maakten ons erg druk om de veiligheidssituatie in het algemeen en de politieke situatie in het bijzonder. Begin november zouden de parlementsverkiezingen zijn en Misja's partij had veel kans om een grote hoeveelheid zetels te behalen. Hij liet balpennen bedrukken met de tekst: '2003, jaar van de overwinning' en de witte vlag met de vijf rode kruizen ernaast. Deze middeleeuwse Georgische vlag was het symbool van zijn partij geworden en werd hoe langer hoe populairder, zelfs in stadions werd hij steeds vaker gebruikt.

Na de zomer werden door een alerte oudere overbuurvrouw 's nachts vier mannen op het dak van ons woonhuis in Tbilisi gesignaleerd. Ze vertelde het onze bewakers 's morgens vroeg en rond het middaguur van 3 september werden we plotseling geëvacueerd. Er moest een en ander gecontroleerd en veilig bevonden worden voor we terug het appartement in konden. Zo stond ik plots in mijn huiskleren op straat, ook de schoonmaakster die net bij ons was. We besloten een pizza te gaan eten in onze straat en wachtten enkele uren tot alles gecontroleerd en verzegeld was. Naar zeggen van het hoofd bewaking waren er geen vreemde voorwerpen op of onder het dak aangetroffen maar hadden ze het ons gezegd als het wel zo geweest was? Eén ding stond als een paal boven water: de bewaking die we hadden was niet afdoende en er dienden strengere maatregelen getroffen te worden.

Omdat mijn moeder eind oktober zestig jaar werd zouden Eduard en ik van 25 oktober tot 9 november 2003 naar Nederland gaan. Er stond ook een bezoek aan de Efteling op het programma en voor mij wat zakelijke afspraken en een lezing over Georgië aan de Rijksuniversiteit Groningen waar mijn neef geschiedenis gaf.

Het kwam in die zin goed uit dat we twee weken niet in Tbilisi zouden zijn omdat er tijdens en na de verkiezingen toch altijd extra veiligheidsrisico's speelden. Net voor mijn vertrek had de Nederlandse ambassadeur me naar aanleiding van de op til zijnde verkiezingen gezegd: 'Dit is de laatste kans voor Georgië om te laten zien dat het democratisch kan zijn, zo niet...'

Als familieleden of kennissen in Nederland me vroegen hoe het in Georgië ging maakte ik hen deelgenoot van mijn bezorgdheid, want veel positiefs had ik jammer genoeg niet te melden: Georgië staat vierde op de lijst van meest corrupte landen en is aan de kant gezet door het Internationaal Monetair Fonds en door hulpprogramma's van multilaterale donoren als de Europese Unie. Het land kan niet voldoen aan de criteria, voert zijn hervormingen niet door, het parlement is al in maanden niet meer bijeengekomen zonder ruzie, schandalen, provocaties en absentie zodat er niet gestemd kan worden. Het land is aan het afglijden, aan het verloederen, bijna niemand heeft er nog grip op. De vraag rijst dan of men een land mag laten verloederen. Want zonder te overdrijven is het een feit dat Georgië bijna kon worden opgedoekt. Het land zou 'niet langer aan noodhulp toe zijn maar al in de ontwikkelingsfase terecht zijn gekomen' met de daarbij behorende inkomensgenererende projecten en het beschikbaar stellen van micro-kredieten. Ja, dat ook (en vooral in de hoofdstad), maar kom, zou ik dan tegen de donoren willen zeggen, pak je plunjezak eens en hobbel mee naar de mijnstad Tsjiatoera waar oude omaatjes op de achtste verdieping proberen te overleven op brood en verrotte appeltjes zonder water, stroom of enige vorm van verwarming, rijd eens mee naar het Svanetische Oesjgoeli waar nog niet eens een eerstehulppost of een busverbinding te vinden is, laat staan schoolboeken of kom eens kijken in een woonblok in het Imeretische Kopitnari waar ontheemde gezinnen al tien jaar lang hun matrassen in de badkamer hebben liggen!' In die zeven jaar van kleinschalige goed doordachte en geografisch zeer verspreide projecten heb ik met mijn 'noodhulpaanpak' toch veel bereikt en heb ik – zoals de Georgiërs zelf zeggen – overal hoop gegeven en liefde gezaaid. Ik heb nooit dankjewels verwacht, maar voelde van binnenuit dat wat ik deed goed was, hoe kleinschalig ook.

De anarchistische situatie met een onduidelijke veiligheidssituatie in meer en meer regio's werd bewust in stand gehouden door de belanghebbende clans (drugsbaronnen, smokkelaars, gewapende bendes) die de overheid bestierden, er valt immers zoveel te verdienen daar waar de situatie onduidelijk is, de burger onmondig is en straffeloosheid regeert.

De president, die in het buitenland nog enige geloofwaardigheid had maar het thuis verbruid had, overzag het niet meer, er gebeurde heel wat buiten zijn weten om. De tijd was voorbij dat zijn woord wet was, ook hij had het moeilijk zijn wil door te drukken. Hij had kansen laten liggen en had keuzes moeten maken toen men nog wel naar hem luisterde. Dat is onvergeeflijk, het gaat hier om het besturen van een land! Zijn familieleden zaten in zaken, hadden clans gevormd en hij kon ze niet laten oppakken, ze niet afvallen, de man moet constant in complete tweestrijd verkeerd hebben: zijn familie, zijn oude Russische vrienden en mentaliteit en anderzijds het land dat een harde hand nodig had om corruptie aan te pakken, orde op straat te handhaven en respect voor de wet af te dwingen. Hij kon het niet meer bieden. De parlementsverkiezingen van begin november zouden een spiegel zijn, een aanloop voor de presidentsverkiezingen van anderhalf jaar later. De zetelverdeling en de wil van de kiezers zouden de nieuwe machtsverdeling uittekenen en de kansen voor een nieuw te vormen regering in de nabije toekomst bepalen. Met ministers die van aanpakken weten en doortastend genoeg zijn om de internationale donoren, buurlanden en investeerders aan te trekken en te laten zien dat het ook anders kan.

Men vreesde verkiezingsfraude door de regeringspartij die over de middelen beschikte om hun reële percentage van vijf procent op te trekken naar dertig procent. Men vreesde relletjes, men vreesde het afblazen van de verkiezingen waarna zeker opstand zou komen.

Nét voor de verkiezingen trok president Sjevardnadze naar Mingrelië, waar hij in het dorpje Tkiri (Teklati) een rundeveebedrijf bezocht. Het toeval wilde dat ik dit veeteeltproject goed kende omdat het door de Nederlandse overheid medegefinancierd was toen ik op het consulaat werkte. Ook was ik betrokken geweest bij de problemen die het vervoer van vijfentwintig drachtige zwartbonte koeien tot de Zwarte-Zeehaven Poti met zich meebrachten. De president was dus Friese zwartbonte koeien over hun bol aan het aaien! Dit was voor Misja de aanleiding om Sjevardnadze publiekelijk in zijn hemd te zetten: 'Denkt hij nu echt dat die Hollandse koeien, die mijn vrouw Sandra hierheen heeft gehaald, op hem zullen stemmen?'

Een Nederlandse journaliste, Loes Nas, tevens waarneemster voor de OVSE (Organisatie voor Vrede en Samenwerking in Europa) verwoordde de gang van zaken in het plaatsje Nachidoeri (Kvemo-Kartli, een gebied dat aan Azerbeidzjan grenst en een flinke Azerische minderheid heeft) voor de website van de Wereldomroep. Twee spraakmakende citaten eruit:

Ongeletterde Azeri-boeren werden met hun vrouwen een stoffig klaslokaal ingestuurd om met de hulp van de plaatselijke autoriteiten een cirkel rond de bovenste partij op de lijst te zetten. Bij het inleveren van het stembiljet werd het stemvee gecontroleerd of ze inderdaad wel op de 'goede' partij hadden gestemd.

en

Voor onze ogen ontrolde zich een travestie van democratie.

Eerst werd er gesteggeld over het aantal niet-gebruikte stembiljetten, steeds weer opnieuw moest er geteld worden omdat er kleine verschillen waren. Uiteindelijk kwam men tot overeenstemming. Toen wilden de commissieleden gaan eten, en de enveloppen achterlaten in een kamer waar niemand erbij kon. Wij protesteerden. Dan toch maar doorgaan. De stembus werd op tafel geleegd. Eerst werden de enveloppen uit de vaste bus geteld. Vervolgens die uit de draagbare bus.

Net nadat de eerste bus was geleegd, viel het licht uit, en op miraculeuze wijze ging het na een paar minuten weer aan en wat bleek? Iemand had in het donker de mobiele stembus opengemaakt en plotseling lagen er veel meer dan 23 enveloppen op tafel.

Na de verkiezingen van 2 november bleek dat er zoals verwacht gesjoemeld was met het tellen van de stemmen. De verkiezingen zelf waren ook niet rimpelloos verlopen. Verkiezingswaarnemers spraken van onvolledige kiezerslijsten, gebrek aan kennis van stemprocedures, kiezersintimidatie, valse stembiljetten, gebrek aan mogelijkheid geheim te stemmen, carousselstemmen, reeds ingevulde stembiljetten en obstructie van monitors. In Kvemo-Kartli en Adjarië waar ook in de aanloop naar de verkiezingen sprake was geweest van geweld werd zelfs ontvoering van stembussen gerapporteerd!

De door de Kiescommissie officieel bekendgemaakte voorlopige cijfers vertoonden een mijlenbreed verschil met de opiniepeilingen van verschilllende van elkaar onafhankelijke bronnen. De zogenoemde *exit polls* duidden de Nationale Beweging van mijn man als winnaar aan terwijl de Staatskiescommissie als eerste de regeringspartij en als tweede de partij Heropleving (Adjarië) bestempelde, gevolgd door een derde, de Nationale Beweging.

Het volk begon zich te vermannen, durfde de straat op te komen ondanks weer en wind en hield vol. Dit was niet meer alleen een protest tegen vervalste verkiezingen maar een schreeuw om serieus genomen te worden, een schreeuw om vrijheid, om erkenning als volk wiens stem gehoord moest worden. Die schreeuw werd steeds luider en concreter: president Sjevardnadze moest en zou opstappen en er moesten nieuwe verkiezingen uitgeschreven worden! Jong en oud trok naar de Roestaveliboulevard, waar handtekeninginzamelacties werden gehouden om de president tot aftreden te dwingen. Er werden broodjes en grote stukken plastic tegen de regen uitgedeeld en er werd gezongen en gedanst, nachten lang. Gezinsleden losten elkaar af om én op de kinderen te passen én aan het massale protest deel te nemen.

Ik liep rond met gemengde gevoelens: enerzijds een gevoel van trots omdat mijn Georgiërs zo moedig, vreedzaam en eensgezind de straat op waren gegaan, iets waar we jaren op gewacht hadden. Anderzijds bang omdat het plotseling zo dichtbij kwam, het om leven en dood ging en om de toekomst van ons Georgië en van ons eigen gezin.

Precies een jaar later zouden gelijkaardige taferelen zich in de Oekraïne afspelen waar president Koetsjma standvastig bleef beweren dat Oekraïne geen Georgië was. Toen de Georgische president Sjevardnadze op een ochtend de demonstranten kwam bezoeken werd hij weggefloten. Misja liep door de menigte in de richting van Sjevardnadze maar die werd door zijn lijfwachten snel naar de auto geloodst en beweerde later dat hij niet had begrepen dat Misja met hem had willen spreken.

Toen de Heroplevingspartij uit Adjarië op een provocatie aanstuurde en hun aanhangers (spontaan of omgekocht) zich in de protesterende menigte bij het parlement wilden mengen verplaatsten de drie leiders van de protestbeweging, Nino Boerdjanadze (parlementsvoorzitster), Zoerab Zjvania (leider van de democratische partij) en Misja (voorzitter van de stadsraad) zich naar het gemeentehuis waar de vijfkruizenvlag in de top werd gehesen.

Eduard en ik waren in Nederland en hadden onze koffers al bijna weer ingepakt voor de terugreis toen we met zijn allen besloten om de protesten en de reacties van de Georgische regering af te wachten. Er zou wellicht een hertelling van de stemmen inzitten. Maar het liep anders.

Op 17 november, onze tienjarige huwelijksdatum, zat ik in spanning aan internet en telefoon gekluisterd om nieuws te krijgen over een vermeende schietpartij in de Mingreelse hoofdstad Zoegdidi waar mijn man heen was gegaan om de bevolking ervan te overtuigen mee te doen aan de nationale burgerlijke ongehoorzaamheidsactie en te volharden in hun demonstratie tegen de huidige regering die hun stemmen had gestolen. Er raakten enkele activisten gewond maar geen van hen was bang en de jonge vrouwen stapten zelfs op de schutters af en trokken zo de mutsen van hun gezichten af.

Misja belde me 20 november en informeerde naar onze zoon: ik vertelde dat hij op een basisschool in de buurt te gast was geweest in groep vijf. Dat het goed ging en hij mee had mogen doen met dictee Nederlands waar hij maar liefst een acht voor haalde. En dat hij naast een leuk jongetje zat met blauw haar en oorringetjes. 'En dat voor een provinciestad!' schaterde Misja het uit. Wat een opluchting dat hij zo kon lachen, het ontspande misschien wat.

Daarna ging het snel. Misja trok donderdag 20 november naar het Mingrelische Tsalendjikha waar hij in een autobus stapte en met enkele honderden aanhangers naar Zoegdidi reed. Daar voegden zich nog meer bussen, personenwagens, vrachtwagens en zelfs tractoren bij de mars op de hoofdstad. In elke stad kwamen er honderden aanhangers bij die met vijfkruizenvlaggen uit de ramen zwaaiden en al toeterend met grote lichten op heel dreigend de hoofdstad naderden. Misja zei in een interview dat het twee dagen later Heilige Jorisdag (*Giorgoba*, een van de grootste feestdagen in Georgië) was en dat dat de bevrijding van Georgië zou betekenen. De tientallen kilometers lange stoet die van een hoog punt, de Kruiskerk in Mtzkheta, gefilmd werd, kroop als een slinger van lichtjes op vrijdagavond 21 november Tbilisi binnen. Voor Sjevardnadze en de zijnen moet dit indrukwekkende tafereel angstaanjagend geweest zijn, vergelijkbaar met een giftige slang die zich al slingerend een weg door de nacht baant op zoek naar zijn onvermijdelijke prooi. Tegen beter weten in had Sjevardnadze toch het nieuw 'verkozen' parlement bijeengeroepen voor de openingszitting om 'continuiteit en stabiliteit in het land te handhaven'. Deze stuiptrekking wekte zo mogelijk nog meer irritatie op bij de demonstranten die vastbesloten waren om de zitting niet te laten plaatsvinden. Het minimum aantal parlementsleden om de zitting geldig te verklaren, het zogenoemde quorum, werd niet gehaald. Ook de patriarch was een opvallende afwezige. Op het allerlaatste moment kwam echter een vertegenwoordiger van de Nieuwe Rechtsen met zijn fractie de vergaderzaal binnen onder applaus van de aanwezigen. Sjevardnadze die met een aantal volgeschreven bladzijden op het spreekgestoelte verscheen bedankte hem hartelijk en begon zijn redevoering.

Misja had de dag tevoren via de televisie aan alle ordebewaarders de oproep gedaan de wapens niet op te nemen tegen hun eigen moeders, zonen, vrienden en geen bevelen op te volgen van een ondemocratisch bewind.

Die vrijdagavond toen de spanning in Georgië in dikke plakken te snijden was, had ik theaterkaartjes om met mijn ouders naar mijn jeugdidool Paul van Vliet te gaan in het nieuwe Scheldetheater aan de zeedijk. Thuis zet ik nog wel eens zijn 'September' of 'De Zee' op in een nostalgische bui. Ik merkte op dat het publiek ouder was dan ik had verwacht. Tijdens mijn verblijf kreeg ik ook de kans om de film *Depuis qu'Otar est parti* te bewonderen van Julie Bertucelli (2002) die in 2003 in Cannes de 'Grand Prix de la Critique' wegsleepte. Deze regisseur had in korte tijd precies de essentie van de hedendaagse sociale context gevat uit het oogpunt van drie generaties vrouwen. De manier waarop Bertucelli deze drie verschillende generaties typeerde was ongelooflijk. De oudere generatie die echt geleefd had en ook wist wat de prijs van vrijheid was. De jonge generatie die wilde leven en naar een weg zocht om de nieuw gewonnen vrijheid inhoud te geven en de tussengeneratie, mannen en vrouwen van middelbare leeftijd die met leugens opgegroeid waren en zich verloren voelden in de nieuwe maatschappelijke vorm van het onafhankelijke Georgië en niet bij machte waren om hun kinderen het houvast te bieden waar ze zelf met gematigd succes naar op zoek waren.

De dag van de ontknoping, zaterdag 22 november 2003, kon ik telefonisch noch via internet met Georgië in contact komen. Gelukkig belde mijn Nederlandse vriendin uit Antwerpen me op die zelf ook met een Georgiër getrouwd is en nodigde me uit om live – beelden uit Georgië te komen bekijken via hun schotelantenne. Ik aarzelde geen moment. Binnen twintig minuten, zoonlief achterin, koerste ik met mijn broers Opeltje naar de Waaslandtunnel: zoals zo vaak gesloten, dan maar de ring op, Kennedytunnel, sportpaleis, Italiëlei, parkeren.

Later zou ik in NRC's 'Hollands Dagboek' schrijven:

Op tv zien we duizenden mensen met vlaggen en spandoeken (...) Binnencamera's nemen het over: de foyer van het parlement met dicht opeengepakte betogers. Ik zie alleen maar mannen en camera's. Plots ontwaar ik mijn man, in bruine jas. Hij staat voor de deur van de vergaderzaal waarin Sjevardnadze het parlement toespreekt. Misja heeft een roos in zijn hand en verzamelt de afgevaardigden van zijn partij om samen naar binnen te gaan. 'Gaan' is het woord niet. Ze golven erin, met veel geduw en getrek. Misja begint met uitgestrekte arm naar de president wijzend, te roepen om zijn aftreden, hij baant zich een weg naar voren, de situatie is dreigend, ik voel angst, bang dat dit op fysiek geweld uitloopt. Gelukkig zit mijn zoontje aan tafel te tekenen en ziet hij niet wat volgt. Later zal hij echter de beelden tot in den treure herhaald zien op verschillende kanalen en het op zijn manier natekenen. De persoonlijke lijfwachten van de president evacueren Sjevardnadze, die de ernst van de situatie lijkt te onderschatten. De betogers stormen nu echt de zaal binnen. Misja steekt zijn roos in de lucht. Dan gebaart hij zijn aanhangers en medebetogers tot rust te komen. Uit zijn betoog maak ik op dat het parlementsgebouw op ongewapende manier is ingenomen, dat ze niet gehinderd werden door politie of soldaten. Het getimmer op gestoelte nemen we voor lief.

Als ik die avond mijn man aan de lijn krijg en hem feliciteer, zegt hij dat dat erg voorbarig is, dat er een arrestatiebevel tegen hem en de parlementsvoorzitster loopt en hij nog steeds achter de tralies terecht kan komen. Ik noch mijn ouders konden die nacht de slaap vatten.

Toen ik – terug uit Antwerpen – het autootje het parkeerterrein van onze flat op wilde draaien zag ik plotseling een perswagen van de Belgische televisie. 'Toch niet voor ons, hè' schoot het door me heen. Enkele meters verder stond een busje met hetzelfde opschrift. Ik kreeg natte voeten en dook met Eduard het tropisch golfslagbad in naast het parkeerterrein. Van daaruit belde ik mijn ouders om te vragen wat dit te betekenen had. 'Ja', er hadden inderdaad persmensen voor de deur gestaan maar ze hadden ze niet binnengelaten. Ik wist genoeg en vluchtte met Eduard door de donkere nacht over de zeedijk naar een naburige flat waar mijn tante woont. Mijn vader kwam ons er via de parkeergarage met de auto ophalen. De pers te woord staan of ze beelden gunnen was op dit moment geen verstandige keuze.

Achteraf gezien was mijn verblijf in Nederland in die zin nuttig geweest omdat ik uitgebreid de kans kreeg om de Nederlandse media in haar berichtgeving over Georgië te volgen. De meeste van de verslaggevers kende ik persoonlijk en ik wist dat ze vanuit hun standplaats Moskou het Georgische nieuws vaak via Russische bronnen tot zich namen wat logischerwijs een zeer gekleurde versie was van wat er zich in de zuidelijke Kaukasusrepubliek werkelijk aan het afspelen was. Zelfs de enkelingen die er een paar novemberdagen voor opofferden om in Tbilisi te gaan kijken wat er onder de Georgiërs leefde, kwamen nog niet of onvoldoende met een genuanceerde berichtgeving voor de dag. Wat ik in de Nederlandse media allemaal niet over mijn man, zijn achtergrond, zijn opleiding, zijn drijfveren, zijn geldschieters en zijn fanatieke optreden heb moeten horen en lezen beschrijf ik hier liever niet. Ik wist gelukkig zelf beter, veel beter en wachtte dan ook rustig mijn kans af om op een gelaten en uitgebalanceerde manier mijn zegje te doen omtrent de gebeurtenissen in mijn tweede vaderland. Gelukkig heb ik zo de berichtgeving kunnen bijsturen en haalden de feiten ook weldra de waarheid naar boven.

Van ooggetuigen hoorde ik later dat de zonsopgang van zondag 23 november, Giorgoba of Heilige Jorisdag, een unieke ervaring was. Na weken van regen, kou en guur weer baadde de zo goed als bevrijde stad in een zee van zonnestralen. Eenieder voelde dat dit wel een heel bijzondere feestdag zou worden. Igor Ivanov, de Russische minister van buitenlandse zaken kwam zondagochtend 23 november in Tbilisi aan. Zo gezegd om Sjevardnadze in het zadel te houden. Verschillende GOS-(lid)staten hadden president Poetin – die zelf overigens niet met Sjevardnadze wegliep – daartoe verzocht omdat ze de ontwikkelingen in de Kaukasische republiek met argusogen volgden. Maar Ivanov kwam als mosterd na de maaltijd, Sjevardnadzes lot was al bezegeld.

Rond de middag maakte ik met mijn ouders nog een wandeling over de Scheldedijk, Misja belde me om me ietwat gerust te stellen en mee te delen dat steeds meer eenheden van het Georgische leger 'overgelopen' waren naar de kant van de revolutionairen.

Op BBC en CNN kunnen we de beelden uit Tbilisi nu live volgen. Massa's betogers staan voor het parlement, al voor de derde week. De beelden van de vorige dag worden herhaald. Onder aan de tekstbalk verschijnt plotseling in witte letters 'Reports: Shevardnadze has signed resignation'. Kippenvel. Tien minuten later wordt het bevestigd door de Georgische televisie: ik slaak een langgerekte kreet en steek mijn arm de lucht in. Dan plof ik op bed neer en komen er voor het eerst tranen. Tranen van opgehoopte spanning vermengd met tranen van besef, het besef dat dit historie is, dat dit betekent dat wij terugkeren naar een ander Georgië en dat dit wel eens grote consequenties zou kunnen hebben voor ons verdere leven.

Laat die nacht belde mijn man. Hij had nagenoeg geen stem meer. Wat dat betreft had het geen dag langer moeten duren. Nino Boerdjanadze werd interim-presidente: zij zou het land naar de volgende verkiezingen leiden die binnen zes weken zouden plaatsvinden.

De dag van de bevrijding is in Misja's woorden de dag van de herwonnen waardigheid van het Georgische volk geworden.

De internationale media berichtten de hele dag over de fluwelen annex Rozenrevolutie in Georgië. Er heerste een euforische stemming maar ik besefte dat het nu zaak was dat de Georgiërs de eensgezindheid en vreedzaamheid vasthielden en de wraakgevoelens van Sjevardnadzes medestrijders beteugelden.

Een paar dagen later werd mijn man door de verschillende oppositiepartijen naar voren geschoven als gemeenschappelijke kandidaat voor de post van president van Georgië.

Tijdens het avondeten belde Eduards klasgenootje Eleentje. Ze vroeg met haar lieve stemmetje wanneer hij weer terugkwam en vertelde dat de hele klas vandaag brieven had geschreven aan Misja. Eduard vroeg mij waarom dat zo was. En ik antwoordde dat de kinderen hem waarschijnlijk wilden bedanken voor alles wat er de laatste dagen gebeurd was en hem succes wilden wensen voor de toekomst...

Donderdag 27 november betoogden honderden activisten bij de universiteit. Zij hadden bloed geproefd en wilden dat er ook op de universiteit waar corruptie hoogtij vierde, koppen zouden rollen. Maar de universiteitsstudenten zelf, die hun diploma's op de tocht zagen staan en 'waar voor hun geld' wilden, kwamen massaal de straat op in een tegenactie. Als dat maar goed zou aflopen!

Ik kroop een paar uur in bed met een finimalletje omdat ik koude rillingen had en iets op voelde komen. Mijn man grapt altijd als hij thuis op het nachtkastje een doosje finimal ziet liggen: '*Atten-*

tion, ça finit mal'. In de namiddag belde hij, hij had de studenten tot bedaren gebracht en liet de rector (voorlopig) onaangeroerd: een politieke beslissing.

Op 9 december 2003 vlogen Eduard en ik vanuit Amsterdam terug naar Tbilisi. Misja had ondertussen de bewaking kunnen verscherpen zodat wij ons niet bedreigd of onveilig hoefden te voelen. Het was een feit dat er nog heel wat gewapende lieden die lid waren geweest van de vorige regering met wraakgevoelens rondliepen.

Het televisieprogramma *Netwerk* en een regionale krant vlogen met ons mee en filmden onze aankomst. Natuurlijk werden we met rozen onthaald.

Een van de eerste avonden thuis was ik naar een politiek praatprogramma op Roestavi-2 aan het kijken die tijdens de revolutie duidelijk de kant van het (protesterende) volk had gekozen, waarbij onder in beeld constant binnengekomen SMS'jes verschenen. Die gingen bijna allemaal over de Rozenrevolutie en over de rol van haar drie leiders (Misja, Nino Boerdjanadze en Zoerab Zjvania). Tot ik plots mijn naam onder in beeld zag verschijnen. Ik las de volgende tekst: 'Wij verwelkomen onze Nederlandse schoondochter en zijn trots op haar! afzender: Georgië.' Ik kreeg er tranen van in mijn ogen en was diep ontroerd. Dat was pas thuiskomen, wat een heerlijke verwelkoming! Ik was óók trots op mijn Georgiërs! Ze hadden het toch maar mooi klaargespeeld en het schier onmogelijke mogelijk gemaakt!

Veiligheidshalve vond men het niet meer verantwoord dat we in onze oude woning zouden blijven en dus verhuisde SOCO, die door de groeiende belangstelling van sponsors toch aan het uitdijen was, naar de Barnovstraat en kregen wijzelf – eveneens in het centrum – een driekamerflat op de vierde verdieping van een appartementencomplex pal naast het parlement toegewezen waar we bijzonder graag wonen omdat het comfortabel, overzichtelijk, praktisch en makkelijk bereikbaar is.

Ik kon de vazen voor alle rozen die ik kreeg niet meer aangesleept krijgen: rozen van famlie en vrienden, rozen op school, rozen op het werk en rozen overal waar we onze neus maar lieten zien. Ook de groentenkoning van Nederland, Jan Hak, die een appelproject opende in Georgië kwam met een bos rozen aanzetten. Hij vroeg me een woordje tot de genodigden te richten over Georgisch-Nederlandse betrekkingen, wat wel aan mij besteed was. Ik was allang blij dat ik het lintje niet hoefde door te knippen, dat zou zo first-ladyerig en derhalve voorbarig geweest zijn. Dat deed een ander. Jan Hak kwam als altijd grappig uit de hoek: 'Ladies first,' zei hij met een knipoog toen hij me voor liet gaan.

Campagne voeren voor de presidentsverkiezingen van 4 januari 2004 was eigenlijk overbodig maar ik vond het fijn om de traditie voort te zetten en trok met een aantal parlementsleden naar West-Georgië, enkele Nederlandse journalisten in mijn kielzog. Het waren meer triomftochten dan iets anders en ik voelde me echt een soort Julia Roberts telkens als ik uit de auto stapte om een menigte joelende Georgiërs toe te spreken. Ik begon in Mingrelië waar Misja's *mars op de hoofdstad* immers ook begonnen was en feliciteerde de duizenden toestromenden in het Mingreels met 'hun revolutie'. Ik kreeg er twee duiven en een zwaan cadeau en in Goeria kreeg het publiek me zelfs aan het zingen op het podium. En overal, tot in de kleinste dorpjes toe, rozen, rozen en nog eens rozen in alle maten en in alle mogelijke materialen. Rozenbusiness was een *booming business* geworden, dat kon al op het conto van de Rozenrevolutie geschreven worden! Ik begon overal mijn praatje met een roos in mijn hand waarvan ik tijdens de redevoeringen van de sprekers vóór mij de doornen had zitten afpulken. De strekking van mijn verhaal was dan ook dat er geen rozen zonder doornen waren en dat we weliswaar een grote overwinning hadden behaald maar de strijd nog niet gestreden was en er nog heel wat obstakels genomen zouden moeten worden om het land uit het diepe dal te trekken waarin het zich bevond.

Half januari gingen Misja en ik in Goedauri een weekend skiën en voelden ons eigenlijk niet anders dan anders. We bewogen ons vrij als vogels en lieten de lijfwachten in de sneeuw bijten omdat ze ons niet konden volgen. Het was een heel bijzonder weekend, een soort 'zolang-het-nog-kan'-uitje.

Eind januari schreef ik op verzoek van de Nederlandse Economische Voorlichtingsdienst een stuk waarin ik het potentieel van de Georgische economie uitmat en de eventueel geïnteresseerde zakenman ervan probeerde te overtuigen dat alle problemen evenwel niet als sneeuw voor de zon waren verdwenen bij het aantreden van het nieuwe bewind, maar dat het klimaat – tot in alle uithoeken van het land maar vooral in de hoofdstad – merkbaar veranderd was en het voortzetten van oneerlijke praktijken en oude gewoontes hoe langer hoe meer werd afgestraft. Dat aan de grenzen strenger werd gecontroleerd, smokkelroutes waren afgesneden en de dialoog tussen ambtenaar en burger een stuk transparanter was geworden. Dat samenwerking en investering in sectoren als transport, toerisme, landbouw (biologische tuinbouw, zaden, kruiden en specerijen, exotische vruchten en noten, honing) voor Nederland interessant kon zijn en dat ik ook perspectieven zag in de milieu- en energiesector waarbij bijvoorbeeld aan recyclage van glas en papier en alternatieve energiebronnen uit wind of zon gedacht kon worden.

We bereidden ons zorgvuldig voor op de installatie of met een mooier woord presidentiële inauguratie. Ik kocht in Parijs kleren en een crèmekleurige wintermantel en werd bij het kiezen van mooie haaraccessoires door het verkoopstertje aangesproken: '*C'est pour un marriage?*' 'Ja,' zei ik, 'daar kun je het eigenlijk best mee vergelijken.' Juwelen en schoenen kocht ik in Georgië. Mijn ouders kwamen over voor de kerkelijke inzegening van 24 januari in Gelati in West-Georgië en de inauguratie in Tbilisi van 25 januari. Naar Gelati vlogen we met helicopters. Nog krijg ik kippenvel als ik terugdenk aan de aanblik van het kloostercomplex Gelati vanuit de lucht. We cirkelden eromheen en zagen duizenden toegestroomden met vlaggen en vaandels naar de helikopter zwaaien. Dit was diezelfde Gelatikerk die thuis in Terneuzen jarenlang als een soort voorbode op onze keukenmuur had gehangen met mijn eerste indrukken van het land erop gekrabbeld. We landden op een vlak terrein en liepen nog twee kilometer te voet, bergopwaarts. Ik droeg een warme felrode jurk met een grote zwarte strik op mijn buik en een zwarte jas eroverheen die niet dicht kon. Dit ontwerp was door de jonge Georgische designer Djaba Darsamelidze gemaakt. De uiteinden van mijn lange haar had ik naar buiten laten omkrullen. Het was een soort Alice in Wonderland-tenue wat bijzonder goed bij die dag pastte. Bij de kerkelijke inzegening nam Misja op een troon plaats met een lange kaars in zijn hand. Na de ceremonie liepen we over een rode loper naar het graf van David Aghmasjenebeli (David de Bouwer), de heerser die in de twaalfde eeuw Oost- en West-Georgië groot maakte. Het was moeilijk lopen, er waren duizenden mensen en ze wilden allemaal een glimp van de president opvangen of een foto maken en we werden behoorlijk onder de voet gelopen, ondanks de vele lijfwachten. De wind die ons allen 's morgens zo had verontrust was gaan liggen.

Ik schonk het Gelatiklooster voor haar bescheiden observatorium een telescoop die ik via de Georgische ambassade in Moskou had laten overkomen. Men was ermee in zijn nopjes.

Die nacht sliep ik maar enkele uren. De vijf zussen van mijn vader waren net gearriveerd en zouden er de volgende dag in Tbilisi ook bij zijn. 's Morgens vroeg gingen alle dames gezamenlijk naar de kapper, ik liet mijn haar opsteken en versieren met mooie haaraccessoires. Het deed oosters aan. Ook mijn felroze getailleerde zijden jurk tot over de knie met een opstaand kraagje en een zwarte lange zijden overjas deden Chinees aan. Tot op die dag had ik nog nooit op zulke hoge hakken gestaan maar het wende snel. Waar ik maanden later nog steeds complimenten over kreeg was de crèmekleurige lange wintermantel met gouden knopen die me wonderbaarlijk goed stond maar die een plaatselijke stomerij enkele weken later helaas verprutste.

De zon scheen, alle hoogwaardigheidsbekleders en buitenlandse genodigden hadden hun plaatsen ingenomen links en rechts van het spreekgestoelte, vóór de zuilen van het parlement. Theatrale muziek klonk door de luidsprekers en Zijne Excellentie de president van Georgië werd aangekondigd. Hij legde met zijn hand op de bijbel de eed af en begon aan zijn historische rede waarin hij beloofde hard te zullen werken aan de heropbouw en hereniging van Georgië, samen met een verantwoordelijke regering die naar de burger – ongeacht zijn etnische oorsprong – luistert en hem beschermt. Dat Georgië de wereld zoveel te bieden heeft met zijn sterke culturele tradities, gastvrijheid en prachtige natuur en dat talenten en kennis ontwikkeld moesten worden. Hij onderstreepte dat het land zich als christelijke natie richt op Europese integratie en op goede relaties met de buurlanden (waarbij hij een vriendschappelijke hand aan Rusland uitstrekte). Dat armoede en ellende een belediging is voor elke Georgiër en zijn cultuur. Dat Georgië de Amerikanen dankbaar is voor haar steun in moeilijke tijden en dat het een sterk leger moet opbouwen. Na de rede ontrolde zich een indrukwekkende militaire parade waarna helikopters duizenden rozenblaadjes over de menigte strooiden. Door de wind kwamen ze enkele tientallen meters verder terecht. Misja dook vervolgens het publiek in en Eduard en ik volgden hem, maar door de verzoeken om foto's en handtekeningen raakten we elkaar al gauw uit het oog.

Het galaconcert in de Staatsopera dat erop volgde met als eregast niemand minder dan Collin Powell was een unieke belevenis: Georgische sterren uit de opera-, ballet-, en klassieke muziekwereld waren ervoor uit Europa en Amerika overgevlogen en zetten het ene na het andere meesterwerk op de planken. Ook ons aller Maria Gulegina die we tien jaar eerder in New York hadden ontmoet toen zij naast Pavarotti stond te schitteren kreeg een daverend applaus. Victor Joesjtsjenko die een jaar later zijn land naar de overwinning zou leiden via de oranje revolutie was ook te gast en het was een staaltje Georgische diplomatie dat hij de Oekraïense minister van Buitenlandse Zaken die ook in het theater aanwezig was, niet kruiste. Alles was perfect georchestreerd. De droom waar we tien jaar lang zo hard voor gewerkt hadden was werkelijkheid geworden, maar we waren beiden realistisch en nuchter genoeg om te beseffen dat de werkelijkheid nu de werkelijkheid zou blijven en we de komende jaren nog veel meer van onszelf zouden moeten vergen.

Ter afsluiting van deze dag zaten we aan aan een officieel diner met zo'n honderd gasten.

's Avonds lag ik op bed uit te blazen en na te genieten van de dag terwijl de onvermoeibare Misja nog naar een concert was gegaan. Op televisie volgde ik hoe hij daar op het toneel verscheen en onverwacht Nino Soechisjvili optilde, een van de leidsters van de ‘Soechisjvilebi’, oftewel ‘Het Nationaal Ballet’, beroemd in binnen- en buitenland om haar traditionele Georgische solo- en groepsdansen gemengd met een flinke dosis moderne ritmes en instrumenten. De televisiecommentator zei: ‘Wat zal de first lady daarvan zeggen?’ en ik glimlachte. Ik was alleen maar gelukkig en straalde. Het was trouwens de eerste keer dat er in deze bewoordingen naar mij verwezen werd. Later vroeg ik aan Nino of ze niet geschrokken was toen Misja haar zo hoog in de lucht tilde en ze antwoordde: ‘Nee hoor, waarom zou ik bang moeten zijn in zijn handen terwijl het hele land nu in zijn handen is?’

Epiloog
Sakartvelos gaumardjos!

2004 was voor bijna iedere Georgiër, in zowel binnen- als buitenland een hoopgevend jaar. Georgië en de Georgiërs kregen nieuwe kansen en gingen nieuwe uitdagingen aan. Ze kregen meer vertrouwen in hun overheid en hun rechtssysteem en zagen dat er stapsgewijs verbeteringen kwamen op verschillende terreinen. Een van de belangrijke punten was het langzaam maar zeker wegwerken van achterstallige betalingen van ambtenarensalarissen en pensioenen. De politiemacht werd hervormd, de grenscontrole werd verscherpt, ambtenaren die aantoonbaar overheidsgeld achterover hadden gedrukt of belasting hadden ontdoken werden opgepakt en van hun vrijheid beroofd of tot een financiële schikking aangezet. Het leger werd aangekleed, gevoed en getraind en er werd vaart gezet achter de privatisering van grote objecten. Op 26 mei, de nationale feestdag, haalde mijn man tijdens zijn toespraak voorafgaand aan de indrukwekkende militaire parade als voorbeeldstelling een man naar voren die had besloten zijn drie zonen in militaire dienst te laten gaan, omdat hij bereid was offers te brengen voor het land waar hij sinds kort zo trots op was.

Misja's bezoek aan Adjarië voor een inspectie van de troepen op 24 januari, de ochtend van de kerkelijke inzegening, had de bal in deze autonome regio aan het rollen gebracht. Ondanks het feit dat de lokale overheid op het laatste moment de aanvang van de inspectie van 's morgens tien uur naar acht uur had verplaatst waren er honderden mensen op de been om Misja te verwelkomen. Hoezeer Aslan Abasjidze en zijn beveiliging ook hadden gepoogd de menigte uit zicht te houden, het geroep en gejoel bereikte Misja's oren en toen hij ze uiteindelijk handen schuddend moed insprak, was het hek van de dam, ondanks de repressies en tientallen arrestaties die die dag nog zouden volgen. Toen Misja in maart opnieuw naar Adzjarië trok werd zijn escorte tegengehouden door militairen waarna hij per helikopter en later per auto toch Adjarië binnenreed en met bloemen werd verwelkomd door mannen, vrouwen en kinderen die – kilometerslang – aan beide kanten van de weg stonden opgesteld. Vóór het werkpaleis van Aslan Abasjidze in Batoemi stonden toen krap tweehonderd man '*baboe, baboe*' (opa, opa!) te roepen wat Misja hun de bijnaam '*baboe-inebi*' deed geven.

Eind april liep een duizendtal troepen over en plaatste zich onder het centrale gezag. Aslan Abasjidze raakte in paniek en blies de Cholokibrug nabij Koboeleti op waardoor de bevolking zich nog meer en nog opener tegen hem keerde. Toen de spanning de eerste dagen van mei 2004 flink begon op te lopen zei ik tegen Misja dat alles in Adjarië goed zou komen, omdat het 6 mei opnieuw Heilige Jorisdag zou zijn, waarop hij blij verrast uitriep: 'Echt waar?!' Inderdaad volgde de ontknoping in de nacht van 5 op 6 mei toen de Russische minister Ivanov opnieuw ten tonele verscheen en Aslan Abasjidze met hem terug naar Moskou vloog en zo voor zijn 'eigen' mensen en hun nieuwe leider vluchtte. De autonome republiek, die zo lang had dwarsgelegen vanwege de heersende Abasjidze-clan, was bevrijd en de weg naar een eerlijker verdeling van de middelen kwam daarmee open te liggen. De vierenveertig appartementen, geitenboerderijen en hondenkennels zouden alle geveild worden. De Nationale Beweging won er de verkiezingen die eind juni 2004 volgden voor het voorzitterschip van de Hoge Raad van Adjarië, vergelijkbaar met het parlement.

Ik was de avond van 5 mei vanuit Tbilisi met mijn lijfwachten en een volgauto naar Batoemi gereden, maar we kwamen daar door allerlei omleidingen en verkeersdrukte pas aan toen de zon opkwam. Ik reed naar een kerkje aan de boulevard om bij de ikoon van de Heilige Joris kaarsen te branden. Ook Misja was ondertussen gearriveerd. Voor mij was het extra bijzonder, omdat ik de Rozenrevolutie in november niet van dichtbij had kunnen meemaken en nu getuige kon zijn van een Rozenrevolutie in notendop.

Nooit zal ik vergeten hoe Misja en ik na een vermoeiende triomfdag (mooi afgesloten met vuurwerk) de volgende ochtend in

Batoemi in een hotelkamer wakker werden en er onder ons balkon een menigte zijn voornaam stond te scanderen. Ook de internationale pers stond in de rij voor een interview met de man die erin geslaagd was Aslan Abasjidze te verjagen.

Toen ik besloot om op 1 juni, internationale kinderdag, niet in de hoofdstad te blijven, maar die dag door te brengen met Georgische en Ossetische kinderen in de Tsqinvaliregio, werd ik aan de stadsingang van Tsqinvali tegengehouden. Ik had dat niet verwacht. Dachten ze nu echt dat ik iets kwaads in de zin had? Ik zette mijn zin door en maakte mijn belofte aan de kinderen in het dorp Tamarsjeni waar en bracht ze, per helikopter, cadeautjes en een vriendelijk woord. Ook lieten we medicijnen achter in een dorpsziekenhuis. Op de terugweg probeerde ik vol zelfvertrouwen opnieuw over de weg door Tsqinvali te reizen maar werd ik opnieuw, en een stuk agressiever dan eerder op de dag, tegengehouden – zodat ik opnieuw gedwongen was het luchtruim te kiezen. De *de facto*-Ossetische regering liet via haar woordvoerders weten dat men had overwogen onze helikopter neer te schieten, een gevaar waar ik me niet ten volle bewust van was geweest. De volgende dag kreeg ik dan ook tientallen telefoontjes van familieleden en vrienden die doodsangsten hadden uitgestaan.

In 2004 kreeg Georgië internationaal niet alleen meer aandacht, maar ook meer aanzien en een nauwere aansluiting bij Europa en haar instellingen. Ook op sportgebied werden successen geboekt, bekroond met twee gouden en twee zilveren medailles tijdens de Olympische Zomerspelen in Athene.

Tijdens officiële bezoeken stonden Misja en ik fier op de rode loper naar onze nieuwe Georgische vijfkruizenvlag te kijken terwijl het nieuwe volkslied 'Vrijheid' (muziek van Zakaria Phaliasjvili, tekst van David Maghradze) door de blazers werd ingezet. We bezochten samen de Raad van Europa in Straatsburg (tien jaar na onze ontmoeting en opnieuw kreeg ik rozen van Misja!), Berlijn, Washington, de Europese Unie in Brussel, Moskou, Londen, Tallinn, Riga en Vilnius. Misja bracht ook staatsbezoeken aan andere landen, maar ik ging niet mee als ik voor mezelf niet een duidelijke rol zag weggelegd in een apart programma. Want de toerist uithangen heb ik in mijn leven al genoeg gedaan en kan ik in de toekomst vast nóg doen. Nu dringt de tijd en werken we zo resultaatgericht mogelijk ook al weten we van tevoren niet hoe het allemaal zal lopen en of we in onze missie zullen slagen.

Voor mij persoonlijk was 2004 niet alleen een zoektocht naar een evenwicht tussen wat enerzijds van me verwacht werd als first lady en anderzijds hoe ik die rol zelf wil invullen, maar was het jaar ook vooral een strijd om zoveel mogelijk van mijn alledaagse bezigheden te blijven volhouden. Bescheiden blijven, gewoon 'mama' blijven die tijd neemt voor haar kind en bij school en naschoolse activiteiten betrokken is. Aanspreekbaar blijven en tijd nemen voor burgers, winkelen, in de rij staan, wandelen, Franse les geven, tijd vrijmaken voor voldoende rust en ontspanning in de vorm van muziek en sport. En toch ook altijd flexibel genoeg zijn om me aan te passen aan Misja's *last minute*-agenda.

Een dag na de inauguratie, op 26 januari, zat ik alweer in blazer, spijkerbroek en paardenstaart op mijn SOCO-kantoor aan nieuwe projecten te werken, alsof er niets veranderd was. Maar natuurlijk was er veel veranderd en konden we op mijn stichting SOCO de toegenomen belangstelling en de vraag naar projecten weldra niet meer met zijn drieën aan. Vier maanden later waren we met zeven collega's (waarvan één in een filiaal in het West-Georgische Tsjiatoera) en nog was het vaak doorwerken in het weekend of 's avonds thuis.

We richtten ons heel duidelijk op de medische sector en op onderwijs en kregen in deze sectoren een steeds luidere stem als het om coördinatie en medezeggenschap in beleidsbepaling ging.

Voor pure first lady-activiteiten en agendaplanning nam ik een secretaris in dienst die ook goed op de hoogte was van mijn prioriteiten in alles wat niet puur humanitair was: respect en aandacht voor alle bevolkingsgroepen en geloofsovertuigingen in het land, constante dialoog met lokale overheden, ministeries, niet-gouvernementele organisaties en ambassades, goed verspreide aandacht voor de media, goede relaties met de buurlanden. Maar ook promotie van klassieke muziek, het uitdragen van een gezonde (sportieve) en tolerante levensstijl en last but not least het ontwikkelen van verantwoordelijk burgerschap. Dat laatste houdt in dat ik de vrouwen en de jeugd (de voornaamste dragers van verandering in de Georgische maatschappij) wil stimuleren hun eigen keuzes te maken, het heft in eigen hand te nemen, voor hun eigen toekomst in te staan door het kennen van hun rechten, door zelfontplooiing en educatie, en voor de middenklasse bijvoorbeeld het aangaan van particuliere verzekeringen. Ik voel namelijk aan dat zonder een verzekeringssysteem (van overheidswege én particulier) er nooit een einde zal komen aan de honderden smeekbeden die mij en tientallen andere (invloed)rijken wekelijks bereiken om huisvesting, voedingsmiddelen, medische zorg, maar ook om het helpen vinden van een baan of om juridische bijstand bij onrecht. Het blijft zo anders dweilen met de kraan open.

Elk verzoekschrift neem ik serieus. Eerst en vooral moet de informatie geverifieerd worden. Vaak stuit je daarbij al op de kern van de zaak. Als de oorspronkelijke brief uiteindelijk naast de geverifieerde informatie gelegd wordt ziet het verzoek er al heel anders uit en kan pas bepaald worden of je er zelf iets aan kunt en mag doen of niet. Als justitie erbij komt kijken sta je vaak machteloos. Als iemand te kort gedaan is door bijvoorbeeld zijn gemeente, zijn werkgever of de politie kun je wel helpen door te laten merken dat je de zaak of het dossier volgt en geïnteresseerd bent. Dan krijgt de persoon tenminste een eerlijke kans en worden de regels volgens het boekje toegepast. Maar er zijn ook veel verzoeken, zoals om financiële hulp of om een persoonlijk onderhoud met mijn man, waar ik niet op kan ingaan. Mijn antwoord is dan steevast dat men hem in zijn functie moet benaderen, als parlementslid, als minister, als voorzitter van de stadsraad of als president. Ik houd me bezig met mijn stichting met haar eigen aanpak, competenties en prioriteiten en kan dat al amper bolwerken. Bovendien kan ik het niet over mijn hart verkrijgen om mijn man bij thuiskomst, aan een officieel diner of tijdens een zeldzame parkwandeling te bestoken met verzoeken en raadgevingen van burgers. Het gezin moet in ons geval geen verlengstuk van de werkomgeving zijn maar juist een geheel andere sfeer creëren, wat een dagelijkse opgave is.

Ik reis veel door het land, ben elke twee à drie weken een paar dagen op pad. Ik geef mijn ogen en oren tijdens de regionale tripjes en projectbezoeken goed de kost, zodat ik op de hoogte ben van wat er onder de bevolking leeft en vooral ook hóe die bevolking (over)leeft. Daarop stem ik mijn toekomstige activiteiten af. Als ik denk dat het zin heeft, speel ik informatie door aan mijn man.

Wat er een jaar na de Rozenrevolutie in de Oekraïne plaatsvond is niemand ontgaan en de link met Georgië werd onontkoombaar gelegd. Victor Joesjtsjenko, die mijn man al enkele jaren kende, was in december 2003 voor Misja's verjaardag overgekomen en sprak toen de wens uit dat een dergelijke vreedzame omwenteling in de Oekraïne ook plaats zou vinden. Het feit dat de massale protesten die na de verkiezingen in de Oekraïne uitbraken opnieuw samenvielen met de Heilige Jorisdag was voor ons een teken dat ook deze zogeheten 'oranjerevolutie' tot een vreedzaam einde gebracht zou worden. Oud en Nieuw brachten we met de familie Joesjtsjenko in Kiev door waarop we ter ontspanning met zijn allen naar de Karpaten in het Lvovdistrict vlogen. Daar werd de Karpatische verklaring opgesteld waarin Misja en Victor onderstrepen dat de vreedzame revoluties in hun beider landen een nieuwe golf van liberalisering hebben gebracht.

Er is nog veel werk te doen, we zijn nog niet klaar. Dus zeg ik tegen mijzelf: schouders eronder en rug recht! *Sakartvelos gaumardjos!* (Op Georgië!)

Lees ook van Archipel:

Hedy d'Ancona, *Het persoonlijke is politiek*

[...] *Onafhankelijkheid van vrouwen begint niet met de gedegen opleiding, niet met de goede baan, het riante salaris of het maatschappelijk applaus. Het zijn comfortabele condities, meer niet. Echte onafhankelijkheid, die begint met de acceptatie van jezelf door jezelf.* [...] – Hedy d'Ancona, brief aan Hadassah, 1978

In *Het persoonlijke is politiek* vertelt Hedy d'Ancona op zeer persoonlijke wijze over de ontwikkelingen die zijzelf en de vrouwenbeweging in de jaren zeventig doormaakten en hoe uiteindelijk het persoonlijke politiek werd. Aan de hand van haar eigen ontstaansgeschiedenis en de door de oorlog dramatisch verlopen liefdesgeschiedenis van haar ouders, maakt ze duidelijk hoe persoonlijke ervaringen je visie op de samenleving kunnen bepalen en hoe je wortels doorslaggevend kunnen zijn voor je politieke opvattingen.

Voordat Hedy d'Ancona (1937) fulltime politicus werd, was ze docent Sociale Geografie aan de UvA en feministisch actievoerder. Ze was betrokken bij de oprichting van Man Vrouw Maatschappij en het maandblad *Opzij*. Binnen de politiek heeft ze diverse functies bekleed: lid van de Eerste Kamer voor de PvdA, staatssecretaris voor Emancipatie, lid van het Europese Parlement en minister van WVC.

Brenda Maddox, *Maggie. De creatie van de Iron Lady, Margaret Thatcher*

Wie is Margaret Thatcher? Wie is deze vrouw die zich wist te ontworstelen aan haar achtergrond en zich staande wist te houden in het snobberige Oxford-milieu en vervolgens in het mannenbolwerk van de conservatieve partij? Haar invloed op de politiek is uitgebreid beschreven, niet in het minst door haarzelf. Maar waar nauwelijks nog aandacht aan is besteed, is het persoonlijke verhaal van de Iron Lady.

Maggie is het portret van een zeer gedreven en vastberaden vrouw. Iron Lady en moeder van twee kinderen die de huishouding en opvoeding aan de nanny en haar man Dennis Thatcher overlaat. Zij groeit op in een streng Methodistisch gezin. De normen en waarden die zij tijdens haar jeugd van haar ouders meekrijgt, laat ze in haar verdere leven niet los: de kracht van de vrije markt, het universele karakter van de conservatieve moraal en het belang van zelfstandigheid en onafhankelijkheid. Als zij probeert in 1959 een plaats in het kabinet te veroveren, stuit ze op verzet. Het feit dat ze vrouw is én vasthoudend, veroorzaakt onrust. Onder andere bij de toenmalig leider van de Conservatieven Edward Heath: 'Als we haar toelaten, zullen we nooit meer van haar afkomen.' Zijn angst bleek bewaarheid te worden. Een decennium later zit zij op zijn plek en in 1979 wint ze de verkiezingen. Het Thatcher-tijdperk is een feit.

Brenda Maddox heeft verschillende biografieën geschreven, waaronder de biografie over D. H. Lawrence waarvoor ze de Whitbread Biography Award heeft gewonnen. Voor haar biografie over Nora Joyce won ze o.a. de Silver Pen Award en was ze genomineerd voor de National Book Award. Haar werk is in tien talen vertaald.

*Men vindt niet snel een biografe die zo objectief is als Maddox.
– *Washington Post*
*Maddox is to the point en heeft gevoel voor humor. – *Daily Telegraph*
*Maddox schrijft helder en zelfverzekerd. – *Spectator*

Nina Loegovskaja, *Ik wil leven*

Ik ben geen mechanische machine die kan werken zonder onderbreking en zonder rust, ik ben een mens. Ik wil leven! Mijmeren! Maar goed dat ik morgen naar school moet, dan heb ik een beetje rust van mezelf, hoewel, daar staat tegenover dat ik dan de maatschappij niet leer kennen. Maar uiteindelijk kan die de pot op! Alleen Genka is er nog enthousiast over en kan uren lezen wat Lenin en Stalin hebben gezegd en welke successen ons de Sovjet-Unie heeft gebracht. Ach, leven, leven! Moge de honden je verscheuren.

Ik wil leven is het geheime dagboek van een onzekere tiener vol hoop en dromen, die opgroeit in Moskou tijdens een van de donkerste periodes van het Stalin-regime. Net als Anne Frank leefde Nina onder extreme, onmenselijke omstandigheden, vol angst en gevaar. En net als zij hield Nina een dagboek bij. Het dagboek is haar vertrouwelinge, daarin kan ze vrijuit praten over haar haat jegens Stalin, haar bewondering voor Tolstoj, haar verliefdheden en irritaties over haar familie, de schoonheid van het platteland en de vloek een meisje te zijn. Haar verhaal eindigt in 1937, twee dagen voordat de geheime dienst een inval doet in het huis van Nina's familie en dit compromitterende dagboek vindt. Uit de KGB-archieven blijkt dat de achttienjarige Nina werd gezien als een contrarevolutionaire die van plan was Stalin te vermoorden. Zij en haar familie werden veroordeeld tot vijf jaar Goelach-archipel en zeven jaar Siberië.

Nina Loegovskaja (1919) is na haar bevrijding gaan schilderen in plaats van schrijven. Twaalf jaren gevangenschap hadden haar voorgoed het zwijgen opgelegd. Nina Loegovskaja overleed in 1993.

*Een zeer bijzonder dagboek van een Russische Anne Frank [...] Haar analyses en kritieken getuigen van een verbluffende volwassenheid. Zo'n intellect en passie verwacht men niet van een schoolmeisje.
– *Corriere della Sera*

*Nina's dagboek is niet het enige dat is verschenen, maar zij is wel de meest opmerkelijke persoonlijkheid. – *Times Literary Supplement*

Caroline Kraus, *Borderliner. Een herinnering*

Na het overlijden van haar moeder verruilt Caroline haar veilige upper-middle-class leventje aan de oostkust voor een nieuw leven in San Francisco. In de lokale boekhandel waar ze gaat werken, ontmoet ze Jane.

Op het eerste gezicht lijkt ze een inspirerende en energieke jonge vrouw, die Caroline de aandacht en vriendschap geeft die ze op dat moment hard nodig heeft. Maar langzamerhand ontdekt ze dat achter dat open en lieve karakter van Jane nog een persoon schuilgaat: iemand die bedriegt, manipuleert en zelfs fysiek geweld gebruikt. Iemand die de onbedwingbare behoefte voelt alles wat mooi is kapot te maken.

Borderliner is het fascinerende verhaal van een wanhopige en verslavende vriendschap. Met gevoel voor detail en in onsentimenteel proza legt Kraus de verborgen dynamiek en donkere kant van deze vrouwenvriendschap bloot.

Caroline Kraus (1967) was drieëntwintig jaar toen zij Jane ontmoette. Na haar vlucht uit San Francisco is zij de filmschool in New York te gaan volgen. Ze is auteur en freelance journalist. Momenteel werkt ze aan een roman en een filmscenario. *Borderliner* is haar debuut.

*Dit is het verhaal van een desintegrerend leven; het zou een Hitchcock kunnen zijn, maar het feit dat het werkelijk gebeurd is maakt de verschrikking van Kraus' verhaal nog heviger en de opluchting eveneens omdat we weten dat ze het overleefd heeft. *Borderliner* is een fantastisch debuut. – Joyce Maynard, auteur van *Thuis in de wereld*

*Dit is het soort boek dat de lezer in zijn ban houdt en schrijvers inspireert. Verspil geen tijd met het lezen van deze aanbeveling. Sla het boek open en begin te lezen. Het geschrevene spreekt voor zich. – Hope Edelman, auteur van *Motherless daughters*